RESEARCH REPORTS ON THE POLITICS OF
CONTEMPORARY CHINA

（第15辑）

当代中国政治
研究报告

深圳大学当代中国政治研究所／编

主编／黄卫平　汪永成

执行主编／陈　文　谷志军

社会科学文献出版社
SSAP
SOCIAL SCIENCES ACADEMIC PRESS (CHINA)

目　录

城市治理研究

改革进程中"经济特区"与"自贸区"的政治辨析 ⋯ 黄卫平　袁进业 / 3

城镇化与城市治理现代化 ⋯⋯⋯⋯⋯⋯⋯⋯⋯⋯⋯ 李忠尚 /17

现代城市参与式治理建构的可能性

　　——基于杭州《我们圆桌会》案例的比较分析 ⋯⋯⋯⋯ 韩福国 /31

城市社区业主维权精英研究：生成原因与行动逻辑 ⋯ 胡胜全　陈　文 /53

城镇化进程中的阶层分化与政治整合

　　——基于深圳市的经验分析 ⋯⋯⋯⋯⋯⋯⋯ 谷志军　卢天琪 /82

国家治理研究

回应与网络反腐的演进机制

　　——基于两个案例的实证考察 ⋯⋯⋯⋯⋯⋯ 文　宏　黄之玦 /103

"访"不胜防？

　　——信访作为中国的"痛点"及其舒缓 ⋯⋯⋯⋯⋯⋯ 刘正强 /118

协商民主视野下的民族区域自治

　　——规范、困惑与超越 ⋯⋯⋯⋯⋯⋯⋯⋯⋯⋯⋯ 郑　毅 /127

中国年轻一代的特征、问题及其对社会治理的挑战 ⋯⋯⋯⋯ 黄彦杰 /146

香港政治研究

精英民主与大众民主的结合

　　——2017 年香港行政长官普选方案的政治分析 ··· 张定淮　刘　剑 /161

香港媒体中的内地人形象研究综述及对提升香港

　　青年国家认同的启示 ······················· 林艺娜 /173

论新阶段完善香港政制发展的难点问题 ······· 张树剑 /191

东南亚政治研究

新加坡是不是成功的典范?

　　——关于新加坡政治发展中几个关键问题的思考 ············· 肖　俊 /203

海外中国研究

美国的中国问题研究:历史、方法和前景 ············· 张春满　何　飞 /221

《当代中国政治研究报告》征稿启事 ······························ /232

城市治理研究

改革进程中"经济特区"与"自贸区"的政治辨析

黄卫平　袁进业*

摘　要：如果说设立"经济特区"是改革开放的重大举措，那么设立"自由贸易试验区"就是全面深化改革的重要任务。比较来看，当年创"经济特区"到如今建"自贸区"在改革的层级、改革的直接目的、改革的宏观效应、地方政府的改革空间等方面存在相似之处；但是，在改革的共识、地方政府主政改革者、国内外的背景条件、产生的社会效应、最高决策层面临的挑战等方面存在重大差异。分析和评估这两项改革举措出台的异同，有助于更深入地理解当前的"自贸区"建设在中国"全面深化改革"中的功能、意义及其困境。

关键词：经济特区　自由贸易试验区　改革开放

中国的"经济特区"和"自由贸易试验区"是在改革开放的不同历史阶段，由国家最高决策层推出的重大改革举措，除了所需要推进的改革具体内容不同外，分析和评估这两项改革举措出台的背景、动因等方面的异同，也许有助于更深入地从政治层面去理解当前的"自贸区"建设在中国"全面深化改革"中的功能、意义及其困境。

---

* 黄卫平，深圳大学城市治理研究院院长，当代中国政治研究所所长，教授；袁进业，当代中国政治研究所研究生。

（一）　当年创"经济特区"与如今建"自贸区"的若干相似因素

第一，就改革的层级而言，都是属于"获得中央授权的改革先行试验区"[①]，属于国家行为。

1980 年广东省人大常委会通过《广东省经济特区条例》后，还要提请全国人大常委会审议并批准，当时广东省委领导清醒地认识到，"特区是中国的特区，在广东举办，所以广东的特区条例是中国的条例，我们是社会主义国家，要搞特区，没有全国人大常委会通过，正式授权，是无法创办的"[②]，时任全国人大常委会委员长叶剑英同志对此给予了充分理解和重要支持。当年在第五届全国人大常委会第十五次会议上作关于在广东、福建两省设置经济特区和《广东省经济特区条例》的相关说明者，正是时任国家进出口委员会、国家外国投资管理委员会副主任兼秘书长，后来曾任中共中央总书记、国家主席的江泽民同志。从而明确体现了广东省的"经济特区"也就是中国的经济特区，是全国人大通过国家立法形式创办的。

2013 年国务院正式批准设立的上海"自贸区"的全称是"中国（上海）自由贸易试验区"[③]，也明示了在上海建的"自贸区"是国家层级的自由贸易试验区。正如习近平同志指出的，加快实施自由贸易区战略，是我国新一轮对外开放的重要内容。党的十七大把自由贸易区建设上升为国家战略，党的十八大提出要加快实施自由贸易区战略。党的十八届三中全会提出要以周边为基础加快实施自由贸易区战略，形成面向全球的高标准自由贸易区网络。[④]

第二，就改革的直接目的而言，都是国家根据不同地区的地缘优势或区位特点，以及相应的不同发展目标，围绕国家区域发展战略的总体部署，先后选择了若干改革试验区，希望通过先行探索，取得改革经验，逐步推开，以辐射全国，从而推进国家的整体改革与发展。

如 1980 年中国的"经济特区"始创于广东、福建两省毗邻港澳台地区

[①]　黄卫平、郑超：《深圳经济特区建立与发展的政治意义》，《理论视野》，2010 年第 5 期。

[②]　广东省政协文史资料研究委员会编《广东文史资料第八十五辑：经济特区的由来》，广东人民出版社，2002，第 334 页。

[③]　国务院：《中国（上海）自由贸易试验区总体方案》，2013 年 9 月 18 日。

[④]　习近平：《加快实施自由贸易区战略加快构建开放型经济新体制》，习近平主持中共中央政治局就加快自由贸易区建设进行第十九次集体学习，2014 年 12 月 5 日。

的深圳、珠海、汕头、厦门等四个城市的部分地区，1988 年又增加了海南经济特区，2010 年再加上新疆维吾尔自治区的喀什经济特区，总体上服务于国家以推进市场为导向的经济体制改革和努力推动并保障实现国家和平统一的大政方针。改革开放初期中央选择的 4 个"经济特区"，都是在地缘上与国际市场最为接近，又是原有计划经济体制相对薄弱的地区。

而国家从 2013 年先在上海市浦东的特定片区创建"自贸区"，再到2015 年将"自贸区"扩大到广东、天津、福建等三个省市的若干片区，2016 年又进一步在辽宁、浙江、河南、湖北、重庆、四川、陕西等七省市增设"自贸区"①，则是在迎接新一轮全球经济治理和贸易规则的重构中，进一步统筹内外，扩大开放，将长江经济带规划、粤港澳合作、两岸经贸发展、京津冀协同、西部大开发、东北老工业基地振兴等国内区域发展战略与"一带一路"对外开放战略对接和串联，全面提升国内国外一体化开放的新格局。

第三，就改革的宏观效应而言，都是以经济改革来拉动或倒逼全面改革。

无论是当年"经济特区"探索共产党领导的社会主义国家进行市场导向的经济改革，成功后最终推广为国策，还是如今的"自贸区"，以制度创新为核心，以形成可复制可推广的经验为要求，简政放权，推动政府职能转变，促进贸易投资、金融服务便利化，探索公布"负面清单"，营造市场化、国际化、法治化营商环境，其实都是以发展市场经济、促进自由贸易为突破口，来以点带面，逐步倒逼和拉动经济、政治、社会、文化等各方面体制机制的变革。中央要求"自贸区"在投资贸易便利、监管高效便捷、法制环境规范等方面加快改革，尽快探索出有效的成果，在扩大服务业对外开放和完善金融体制改革等方面，更多地引进国际先进经验，同时做好各方面的风险测试和管控，以切实防范系统性风险，实现国家治理体系和治理能力现代化，完善和发展中国特色社会主义，从容应对国内外形势变化、发展的全新格局。就是要迎接美国奥巴马政府所谓"重返亚太"，企图策划以"跨太平洋伙伴关系协定"（TPP）来遏制中国崛起的挑战。虽然美国新一届总统特朗普对 TPP 持否定态度，但美国政府对中国崛起的忧虑与恐惧，以及

---

① 《G20 前夕中国再增 7 个自贸试验区凸显各具地方特色"改革牌"》，《21 世纪经济报道》2016 年 9 月 1 日，第 1 版。

千方百计试图遏制中国的图谋和总体态势将难以从根本上改变，特别是特朗普在竞选过程中表现出来的贸易保护主义倾向和反全球化的言论，与当下甚嚣尘上的逆全球化潮流相互激荡，既给中国的经济发展带来严峻挑战，也提供了重大机遇。因此，习近平同志在 2016 年 11 月 19 日亚太经合组织工商领导人峰会上明确指出，"我们将深入参与经济全球化进程，支持多边贸易体制，推进亚太自由贸易区建设，推动区域全面经济伙伴关系协定尽早结束谈判"。中国不仅试图通过新一轮扩大开放来促进国内的供给侧结构性改革，而且主动扛起了积极推动自由贸易和经济全球化的大旗。也正如习近平同志在达沃斯世界经济论坛 2017 年年会开幕式上的主旨演讲中所强调的"我们要坚定不移发展全球自由贸易和投资，在开放中推动贸易和投资自由化便利化，旗帜鲜明反对保护主义"①。

第四，就地方政府的改革空间而言，虽然都是"中央授权的改革先行试验区"，但这种授权总体上较为宏观，具体改革举措还需要地方政府解放思想、勇于创新，创造性地贯彻中央精神、实现国家意志。

这不仅在客观上给各"经济特区"、各"自贸区"的地方政府自主创新、积极探索预留了一定空间，促进了地方政府间的绩效竞争；而且在事实上并不能免除地方政府改革决策者所必须承担的"政治风险"和"行政"及"法律"责任，那就是"改革"取得的成就无疑是中央的正确领导，而"改革"中很多难以避免的"瑕疵"，乃至"失误"，地方政府的主政者也必须有所担当，这种情况特别是当最高决策层在思想解放的方向和程度出现重大分歧时尤甚。

近年来，我国不少地方政府为了积极推动改革创新，调动广大干部干事创业的积极性，破解在国家雷霆反腐、高压执纪的背景下一些官员的"不作为"现象，纷纷试图推出一些"容错免责"的相关制度。这从主观动机而言，也许是正面的，但从客观现实来说，则并无实际意义，可以说是"有口惠而无实至"。因为首先从理论与逻辑分析来看，我国实行的党内监督和问责体制是以自上而下的逐级监督问责为特征的，是否"容错免责"的权限在上级党组织，各级官员并无自我"依法容错免责"的可行性；其次从改革开放的历史经验事实而言，大量案例表明，各级决策层在

① 参见习近平《共担时代责任，共促全球发展——在世界经济论坛 2017 年年会开幕式上的主旨演讲》（新华社瑞士达沃斯 2017 年 1 月 17 日电）。

推进改革中出现的重大"失误",其领导人都毫无疑问被追究了"政治责任"、"行政责任"乃至"刑事责任",如改革开放初期著名的"80年代初广东走私和'投机倒把'现象"、"1984年海南汽车事件"、"1985年晋江假药案"等,都是典型的因为地方政府改革决策者缺乏经验、操之过急或管控失当,以及片面理解中央精神所致;最后从当下"全面从严治党"的战略全局而论,党中央正在深化国家监察体制改革,"推动党内监督和国家监察全覆盖",党内监督要"在强化日常监督执纪上下功夫,抓早抓小,动辄则咎"①,因此,如何实现"两个尊重"和做好"三个区分"②,是由上级党组织,直至党中央才可能把握的,"容错免责"不可能成为规范性的体制机制,至多属于精神激励性政策导向,其尺度与标准是上级党组织的"自由裁量权",严格意义上只有党中央才可能给勇于担当者担当,为敢于负责者负责。

这也正是为什么以习近平同志为核心的党中央选拔干部的标准,不仅要求其"忠诚"、"干净",而且还必须对党的事业有"担当"③,能为推进改革开放义无反顾。就这个意义而言,改革者的勇气比智慧更重要,因为"改革的红利"是与"改革的风险"成正比的。④如果改革是毫无风险而又受到体制高度激励的事业,那早就不知有多少官员高歌猛进了,何至于党中央既要积极呼吁,又要谨慎从事,唯恐犯"颠覆性"错误。而对于处于我国改革前沿的广大地方干部,只有从党和国家前途命运的大局出发,勇于改革,大胆创新,积极探索,"用担当诠释忠诚"⑤,所谓"苟利国家生死以,岂因祸福避趋之",才能真正不辜负党中央设置各类改革先行先试地区的期待与初衷。习近平同志明确指出:"衡量一名共产党员、一名领导干部是否具有共产主义远大理想,是有客观标准的,那就要看他能否坚持全心全意为人民服务的根本宗旨,能否吃苦在前、享受在后,能否勤奋工作、廉洁奉公,能

---

① 参见《中国共产党第十八届中央纪律检查委员会第七次全体会议公报》。

② 参见中共广东省委印发的《广东省党的问责工作实施办法》,2016年12月18日。所谓"两个尊重"指"尊重历史"和"尊重实情";所谓"三个区分"指,"区分因缺乏经验、先行先试出现的失误与明知故犯的违纪违法行为";"区分国家没有明确规定时探索性试验与国家明令禁止后有法不依,我行我素的行为";"区分加快发展的无意过失与为谋私利故意违纪违法的行为"。

③ 习近平:《重用忠诚干净担当的干部》,习近平主持中共中央政治局就严肃党内政治生活、净化党内政治生态进行第三十三次集体学习,2016年6月28日。

④ 参见黄卫平《论中央授权下的改革局部先行模式》,《学术前沿》2014年第2期(下)。

⑤ 参见《中国共产党第十八届中央纪律检查委员会第七次全体会议公报》。

否为理想而奋不顾身去拼搏、去奋斗、去献出自己的全部精力乃至生命"①。

（二）当年办"经济特区"与如今建"自贸区"的重大差异

第一，就"改革的共识"而言，当下中国与 30 年前相比较差异极大。

当年"经济特区"的创立，拉开了中国市场化改革的序幕，虽然当时也有强大的传统意识形态阻力，但刚刚经历了"文革"悲剧，百废待兴的中国，以"文革"和历次政治运动受害者联盟为主力，以广大急于脱贫致富的普通群众为主体，社会各阶层都对抛弃"阶级斗争为纲"，拥抱"以经济建设为中心"的改革路线有着广泛的共识，广大人民群众普遍认同邓小平同志关于"贫穷不是社会主义，更不是共产主义"②的判断，而那些"把改革开放说成是引进和发展资本主义，认为和平演变的主要危险来自经济领域"的少数"理论家、政治家，拿大帽子吓唬人"③，总体上不得人心，这正是 1992 年邓小平同志的"南方谈话"对市场导向的改革产生巨大推动作用的广泛社会基础。

而现在"自贸区"的创建，是在中国经济高速发展近 40 年后，经济下行压力不断加大，社会利益不断分化的条件下发生的。一方面，全国人民逻辑上都是改革的获益者，国家综合实力空前提高，人民群众的生活水平普遍改善；另一方面，由于对改革红利分配机制公平、正义程度存疑，不少人面对难以想象的官场贪腐，因而对未来的改革心存疑虑，期待感降低；这也就是习近平总书记强调要让人民群众对改革有"获得感"、共享发展红利的重要原因。④

如果一定要说当下中国对"改革"有何"共识"，那就是"全面深化改革"成为唯一可能的共识，也就是社会各阶层都期待通过"改革"来摆脱困境，实现自己的价值目标，但对于具体"改革"的方向和路径则充满争议。因此，习近平同志反复强调，"找到全社会意愿和要求的最大公约数，

①　习近平：《在新进中央委员会的委员、候补委员学习贯彻党的十八大精神研讨班开班式上的讲话》，2013 年 1 月 5 日。
②　《邓小平文选》（第 3 卷），人民出版社，1993，第 64 页。
③　《邓小平文选》（第 3 卷），人民出版社，1993，第 375 页。
④　习近平：《科学统筹突出重点对准焦距，让人民对改革有更多获得感》，习近平主持召开中央全面深化改革领导小组第十次会议，2015 年 2 月 27 日。

是人民民主的真谛";①"确立反映全国各族人民共同认同的价值观'最大公约数',使全体人民同心同德、团结奋进,关乎国家前途命运,关乎人民幸福安康。"②

第二,就地方政府主政改革者而言,已经整体性从当年的职业革命家群体转变为职业文官或技术官僚群体。

当年"经济特区"的改革推动者,是一批历经革命战争年代考验,又在新中国成立后承受了多次政治运动与党内斗争历练,特别是经历了十年"文革"洗礼的职业革命家群体,他们不仅具有强烈的理想主义情怀和献身精神,而且有着开放的思想胸襟和深刻的历史反思意识;他们的文化程度并不是很高,但在长期的政治实践中,坚持学习,勤于思考,从而具有很高的马克思主义理论素养;他们不仅是最后一批职业革命家,也是改革开放的先驱;他们在创建、主政"经济特区"时,往往也是官场的最后一站,他们敢闯敢试,勇于担当,"不唯上、不唯书、只唯实"③;无论他们在改革进程中思想解放的程度如何超前,他们的政治履历决定了其对党的忠诚度是毋庸置疑的。他们最后的命运也许多舛,但其为改革"筚路蓝缕,以启山林"所创立的伟业,已无可争辩地表明他们是以"革命"献身精神开创"经济特区"的"改革元勋"。历史经验不断地告诉我们,由于改革不是一般意义的改动与变化,而是体制机制的重大变革,是权力与利益关系的重新调整,因此,改革无疑是高风险事业,必然遭遇巨大阻力,改革者往往会在艰难的探索进程中付出必要代价、作出重大牺牲,但改革的许多具体成果会被历史积淀下来,不断地惠及后人。习仲勋④、任仲夷⑤、项南⑥、梁湘⑦、袁庚⑧等同志就是当年创建与推动"经济特区"建设最典型而杰出的职业革命家群体中的一员。

而现在主政中国"自贸区"的地方官员,都是在改革开放进程中,由

---

① 习近平:《在庆祝中国人民政治协商会议成立 65 周年大会上的讲话》,2014 年 9 月 21 日。
② 习近平:《青年要自觉践行社会主义核心价值观——在北京大学师生座谈会上的讲话》,2014 年 5 月 4 日。
③ 《陈云文选》(第 3 卷),人民出版社,1995,第 371 页。
④ 参见夏蒙、王小强《习仲勋画传》,人民出版社,2014。
⑤ 参见李次岩《任仲夷画传》,人民出版社,2014。
⑥ 参见夏蒙、钟兆云《项南画传》,人民出版社,2014。
⑦ 参见于光远《要给梁湘一个评价》,《炎黄春秋》2006 年第 9 期。
⑧ 参见涂俏《袁庚传》,作家出版社,2008。

现行体制精心培养起来的技术官僚或职业文官，他们都有很高的学历，受过良好的专业训练，很多人还有海外学习经历，拥有博士、教授头衔，有着丰富的理论知识和很高的专业素养，当中国"容易的、皆大欢喜的改革已经完成了，好吃的肉都吃掉了，剩下的都是难啃的硬骨头"① 时，能够在多大程度上寄希望于他们以"壮士断腕"、"刮骨疗毒"的勇气和自我牺牲精神来推动改革，是值得持续关注的。② 因此，习近平同志最近特别强调，"党政主要负责同志是抓改革的关键，要把改革放在更加突出位置来抓，不仅亲自抓、带头干，还要勇于挑最重的担子、啃最硬的骨头，做到重要改革亲自部署、重大方案亲自把关、关键环节亲自协调、落实情况亲自督察，扑下身子，狠抓落实"③。

第三，就改革的决策模式而言，已逐步从"摸着石头过河"过渡到重视"顶层设计"，而改革的方向也从主动与国际市场接轨转而尝试让世界与中国的发展战略接轨。

从国内情况来看，30 多年前建"经济特区"，强调的是解放思想，冲破传统僵化的意识形态束缚，所谓"特事特办，新事新办，立场不变，方法全新"④，是"必须大胆吸收和借鉴人类社会创造的一切文明成果，吸收和借鉴当今世界各国包括资本主义发达国家的一切反映现代社会化生产规律的先进经营方式、管理方法"⑤。由于当时国家整体经济发展落后、法制建设薄弱，改革实际上就是要冲破束缚生产力发展的体制机制，挑战不合时宜的法规；就是要向发达国家开放、向先进文明开放，而最高层实际上实行的是"摸着石头过河"的渐进式理性决策模式。

而现在中国已是世界经济发展的引擎和火车头，并正处在"全面依法治国"的新时期，各项法规制度比较健全，开始强调改革要重视"顶层设计"。习近平同志明确指出，"要实现立法和改革决策相衔接，做到重大改革于法有据、立法主动适应改革发展需要。在研究改革方案和改革措施时，要同步考虑改革涉及的立法问题，及时提出立法需要和立法建议。实践证明

---

① 《习近平接受俄罗斯电视台专访》，《新华日报》2014 年 2 月 9 日，第 A01 版。
② 参见张思平《深圳改革大潮中的市委书记们》，创新发展研究院的内部研究报告。
③ 《习近平主持召开中央全面深化改革领导小组第 32 次会议强调：党政主要负责同志是抓改革的关键要亲自抓带头干扑下身子狠抓落实》（新华社北京 2017 年 2 月 6 日电）。
④ 1983 年 2 月 7 日胡耀邦同志到深圳经济特区考察时回答记者。
⑤ 《邓小平文选》（第 3 卷），人民出版社，1993，第 373 页。

行之有效的，要及时上升为法律。实践条件还不成熟的、需要先行先试的，要按照法定程序作出授权。对不适应改革要求的法律法规，要及时修改和废止"①。如果说当年的"经济特区"，还曾经是某种程度的"优惠政策的洼地"，那么现在办"自贸区"，却是试图建设"制度创新的高地"，两者的难度与风险很难等量齐观。

从国际背景而言，当年中国改革开放建"经济特区"，是在百废待兴之际，抛弃"文革"时期那种"唯我独革"、扬言要与全世界"帝修反"作斗争的自我封闭的极端政治，转而学习、借鉴人类一切文明成果，来为完善和发展中国特色的社会主义"杀出一条血路"。而当时以美国为首的西方资本主义国家总体上以正面的态度来看待中国进入世界市场体系，其主观上也许是试图通过"和平演变"，将中国纳入美国主导的全球化进程，但客观上中国也因此通过积极加入世界贸易组织，接受已有的"游戏规则"，在吸收、引进国际资本、技术，开拓海外市场方面取得重大成就。中国的改革开放无疑与世界的经济全球化进程相辅相成，相得益彰。正如习近平同志指出的："我国是经济全球化的积极参与者和坚定支持者，也是重要建设者和主要受益者"②。

经过 30 多年改革开放，中国已是全球第二大经济体，正满怀信心地重返世界舞台的中心，假以时日，只要决策层不犯"颠覆性错误"，重登 GDP 世界第一，实现中华民族伟大复兴指日可待。而这种新兴大国崛起的趋势，正极大地挑战着现存的以美国为主导的世界秩序，也深刻地改变着中国地缘政治的格局，所谓美国"重返亚太"、搞 TPP、遏制中国，不仅曾是美国的国家战略，也事实上迎合了东南亚不少国家地缘政治的需要。中国越强大，周边国家疑虑越重。为此，党中央认为：当前我国经济发展进入新常态，妥善应对我国经济社会发展中面临的困难和挑战，更加需要扩大对外开放。为了努力抢占先机、赢得主动，中国最高决策层审时度势，高瞻远瞩地提出"一带一路"发展战略和发起建立"亚洲基础设施投资银行"等新型多边金融体系，努力促进国际货币基金组织完善份额和治理机制改革，积极要求参与制定海洋、极地、网络、外空、核安全、反腐败、气候变化等新兴领域的

---

① 《中共中央关于全面推进依法治国若干重大问题的决定》，2014 年 10 月 23 日。

② 习近平：《加快实施自由贸易区战略　加快构建开放型经济新体制》，习近平主持中共中央政治局就加快自由贸易区建设进行第十九次集体学习，2014 年 12 月 5 日。

治理规则，这些都是极具象征意义的重大历史转折，全面开启了新一轮大国博弈的全球性竞争态势，深刻影响着世界的政治经济发展走向。

可以说，过去 30 多年的改革，是中国主动向国际社会开放，与主流世界接轨，接受既有的"游戏规则"来参与博弈；而今天中国在过去改革成就的基础上，开发"一带一路"和建立"亚投行"，就是开始尝试要让世界与中国的发展战略接轨，至少是要求"对现有国际机制的有益补充和完善"①，参与国际"游戏规则"的制定，"为国际社会提供更多公共产品"②，以"共同完善全球治理"③，"提高新兴市场国家和发展中国家的代表性和发言权"④。在这在某种程度上意味着中国改革发展的重大转向和国际政治力量对比的重大转换。在这样的背景下，"自贸区"试验与当年办"经济特区"时的中国对外经济关系和综合国力相对比较，优势正在发生根本性逆转。

第四，就改革的宏观效应而言，"自贸区"建设的改革动力已远不及当年创办"经济特区"。

正是由于中国改革开放取得的伟大成就，国家经济体量和综合国力快速跃升，中国与世界的关系，特别是与发达国家的比较优势正在发生重大变化，这也在一定程度上导致国内改革创新动力机制的衰减。在经历"文革"悲剧之后，中国社会各界曾有着强烈的危机意识，一度热议所谓"球籍"问题⑤，强烈要求推动改革。20 世纪 80 年代末 90 年代初东欧剧变、苏联解体，邓小平同志更是深感危机，大声疾呼"不改革开放，不发展经济，不改善人民生活，只能是死路一条"⑥。然而随着改革开放和市场经济的迅速

---

① 习近平：《中国发展新起点　全球增长新蓝图——在二十国集团工商峰会开幕式上的主旨演讲》，2016 年 9 月 3 日。

② 同上。

③ 同上。

④ 习近平：《推动创新发展　实现联动增长——在二十国集团领导人第九次峰会第一阶段会议上的发言》，2014 年 11 月 15 日。

⑤ 1956 年 8 月 30 日毛泽东同志曾在中共第八次全国代表大会预备会议上的《增强党的团结，继承党的传统》讲话中提出著名的"球籍"问题，他说"你有那么多人，你有那么一块大地方，资源那么丰富，又听说搞了社会主义，据说是有优越性，结果你搞了五六十年还不能超过美国，你像个什么样子呢？那就要从地球上开除你的球籍！"（《毛泽东文集》第 7 卷，人民出版社，1999，第 89 页）十年"文革"的全局性、长时期决策失误，给党和国家带来的巨大损失，使人们对毛泽东同志当年关于"球籍"问题有了更加深刻的反思，激发了改革开放意识。

⑥ 《邓小平文选》（第 3 卷），人民出版社，1993，第 370 页。

发展，一方面社会财富和政府的财政能力急剧增长，经济总量在全球经济体中早已"坐二望一"，似乎已经彻底摆脱了被"开除球籍"的危险，全社会的危机意识不断减弱；另一方面公共权力的监督制约机制却没有得到相应重视，从而导致在党的十八大之前相当一段时间内，官场腐败愈演愈烈，"形式主义、官僚主义、享乐主义和奢靡之风"的"四风"现象一度甚嚣尘上，进一步深化改革的动力机制逐步衰竭。

如果说，邓小平同志积极创建和大力支持"经济特区"建设，拉开改革开放的序幕，就是在为深陷计划经济泥潭和极左政治的传统社会主义制度摆脱困境、寻求出路，为共产党领导的市场导向经济改革探索，用的是"杀出一条血路"这样置之死地而后生的表述，这是伟大的中国共产党人的自我觉醒和救赎。从1984年邓小平同志首次视察深圳后题词"深圳的发展和经验证明，我们建立经济特区的政策是正确的"，再到1992年他在"南方谈话"中强调"深圳的重要经验就是敢闯"，"特区姓'社'不姓'资'"，都表明"经济特区"曾经是中国改革开放的最主要和最重要的"窗口"、"试验田"、"示范区"、"排头兵"，为国家改革承担了"探路和示范的作用"，是改革开放的"精彩缩影"，也曾一度在当时引发了激烈的意识形态争论和高层政治分歧。① 以至于以"经济特区"建设为标志的改革开放被党中央视为决定当代中国命运的关键抉择。

而现在的"自贸区"建设，是在国家"全面深化改革"的大局中，各种类型、名目繁多的国家授权进行先行先试改革的试验区中的一种，而且还往往是各种类型的改革试验区的交叉叠加。从2005年以来，国家先后批准在上海浦东新区、天津滨海新区、重庆市、成都市、武汉城市圈、长株潭城市群、深圳市、沈阳经济区、山西省、义乌市、厦门市、黑龙江"两大平原"等12个层次不同、种类不一的地区建立"综合配套改革试验区"②。2015年中共中央办公厅、国务院又印发了《关于在部分区域系统推进全面创新改革试验的总体方案》，"选择1个跨省级行政区域（京津冀）、4个省级行政区域（上海、广东、安徽、四川）和3个省级行政区域的核心区（武汉、西安、沈阳）进行系统部署，重点促进经济社会和科技等领域改革

---

① 参见马立诚、凌志军《交锋》，人民日报出版社，1998年。
② 参见国家发改委印发的《进一步做好国家综合配套改革试验区工作的意见》（发改经体〔2015〕2011号），国家发改委网站，2015年9月23日。

的相互衔接和协调，探索系统改革的有效机制、模式和经验"①。如深圳市既有老牌"经济特区"的品牌，又是"国家综合配套改革试验区"，其前海区域还是"深圳前海深港现代服务业合作区"，而前海与蛇口区域也是"中国（广东）自由贸易试验区"的组成部分，现在深圳无疑又在广东省境内被纳入了国家"全面创新改革试验的总体方案"所选择的特定区域。如此叠床架屋地给类似深圳市等部分地区授权改革，一方面固然反映了中央全面深化改革的决心和推进改革的紧迫性，另一方面则反映了改革实际推进的程度远不如决策层的预期，各种授权改革的试验区"品牌效应"式微，社会影响力和显示度不高，才不得不一再，再而三地颁发改革"特许证"，以催促改革。这与当年"经济特区"引发的争议和轰动效应相比，难以望其项背。

第五，就最高决策层面临的严峻挑战而言，维护国家政权安全成为一个重要考虑事项。

经验事实表明，改革是危机推动、问题倒逼的。近40年前，启动改革开放筹建"经济特区"，中国最高决策层面对的不仅是"文革"后百废待兴的局面，而且是如何向世人，首先是如何向国人证明共产党领导人民建设社会主义制度的优越性，如何合理地解释过去约30年中国社会主义制度，特别是10年"文革"悲剧的曲折历史。因此，邓小平同志曾反复强调"什么叫社会主义，什么叫马克思主义？我们过去对这个问题的认识不是完全清醒的"②，"我们总结几十年搞社会主义的经验"，恰恰是"社会主义是什么，马克思主义是什么，过去我们并没有完全搞清楚"③，并尖锐地指出，总结建国以来指导方针上的失误，"最根本的一条经验教训，就是要弄清楚什么叫社会主义和共产主义，怎样搞社会主义"④，也由此开始了党对中国特色社会主义实践与理论的探索。在邓小平同志看来，"如果在一个很长的历史时期内，社会主义国家生产力发展的速度比资本主义国家慢，还谈什么优越性？"⑤ 因此，"团结全国各族人民，调动一切积极因素，同心同德，鼓足干

① 《关于在部分区域系统推进全面创新改革试验的总体方案》，《南方日报》2015年9月8日，第A07版。

② 《邓小平文选》（第3卷），人民出版社，1993，第63页。

③ 《邓小平文选》（第3卷），人民出版社，1993，第137页。

④ 《邓小平文选》（第3卷），人民出版社，1993，第223页。

⑤ 《邓小平文选》（第2卷），人民出版社，1994，第128页。

劲，力争上游，多快好省地建设现代化的社会主义强国。……这就是当前最大的政治。"①

而经过 30 多年改革开放的成功实践，中国特色社会主义理论也在不断发展，中国已一跃成为世界第二大经济体，比近代以来任何时候更加接近中华民族的伟大复兴，邓小平同志 1980 年关于"我们一定要、也一定能拿今后的大量事实来证明，社会主义制度优于资本主义制度。这要表现在许多方面，但首先要表现在经济发展的速度和效果方面"② 的预言，已经成为不争的现实。毛泽东同志当年关于"超过美国，不仅有可能，而且完全有必要，完全应该"③ 的指示精神正在得到不断落实，以习近平同志为核心的党中央也已明确宣布"道路自信、理论自信、制度自信、文化自信"④，表明邓小平同志那一代未曾完全搞清楚的问题，经过 30 多年的改革洗礼，现在的中央决策层已经搞清楚了。那么，为什么还必须"全面深化改革"？那是因为党在向国际社会和人民群众表达"四个自信"的同时，还极其清醒地认识到党的各级领导干部，特别是高级领导干部正前所未有地面临"四大考验"和"四大危险"，那就是"执政考验、改革开放考验、市场经济考验、外部环境考验"和"精神懈怠危险、能力不足危险、脱离群众危险、消极腐败危险"⑤，党的十八大以来反腐败斗争揭露的触目惊心的事实和完全超越一般普通民众想象的大批案例，不仅表明了党中央反腐败的坚强决心，也反映了酿成如此大面积高层次腐败的体制机制，如不"全面深化改革"将难以为继。正如习近平同志在中国共产党成立 95 周年大会上明确指出的"我们党作为执政党，面临的最大威胁就是腐败"⑥。严酷的现实已经将"全面从严治党"的历史使命尖锐地摆在最高决策层面前。因此，必须"告诫全党，要时刻准备应对重大挑战、抵御重大风险、克服重大阻力、解决重大矛盾，坚持和发展中国特色社会主义，坚持和巩固党的领导地位和执政地位，使我们的党、我们的国家、我们的人民永远立于不败之地"⑦。表明中国改革决策层面临的重大挑战已经不再只是发展经济，而是如何"把权力关进制度

---

① 《邓小平文选》（第 2 卷），人民出版社，1994，第 248～249 页。
② 《邓小平文选》（第 2 卷），人民出版社，1994，第 251 页。
③ 《毛泽东文集》（第 7 卷），人民出版社，1999，第 89 页。
④ 习近平：《在庆祝中国共产党成立 95 周年大会上的讲话》，2016 年 7 月 1 日。
⑤ 习近平：《在党的群众路线教育实践活动总结大会上的讲话》，2014 年 10 月 8 日。
⑥ 习近平：《在庆祝中国共产党成立 95 周年大会上的讲话》，2016 年 7 月 1 日。
⑦ 习近平：《在庆祝中国共产党成立 95 周年大会上的讲话》，2016 年 7 月 1 日。

的笼子"，要把维护国家政治安全特别是政权安全、制度安全放在第一位。①

所以，在深化自由贸易为品牌的中国"自贸区"改革试验中，人们却意味深长地发现，广东省珠海市"横琴自贸区"改革举措中出现了"试行全体公务员申报公示个人财产"这样的选项，并由珠海市人大常委会通过了全国自贸区建设中首部关于"廉洁示范区"建设的立法，即《促进中国（广东）自由贸易试验区珠海横琴新区片区廉洁示范区建设的决定》②，以立法形式来推进廉政建设；而在广东省深圳市的"前海自贸区"也将"推动'前海廉洁示范区'建设"作为重要的改革项目，不仅借鉴了香港廉政监督模式，整合纪检、监察、检察、公安、审计五种监督职能的机构，设立"前海廉政监督局"，并选聘由人大代表、政协委员、行业精英和香港籍人士组成的廉政观察员队伍，还将出台《前海廉政监督条例》《前海防止利益冲突暂行规定》等规范性文件，以及试行"廉政年金"制度，严格禁止副处以上领导干部和局属公司中层正职以上管理人员的配偶、子女及其配偶在前海经商办企业。③ 可见中国在面对全球自由贸易新格局挑战的同时，还必须首先有效解决对公共权力的监督和制约问题，这也许是比自由贸易更困扰中国决策层的关键，在当下中国政治语境中的表达就是"全面从严治党"的成效决定"全面深化改革"的成败，而"全面深化改革"的成败从根本上决定国家的政权安全。因此，目前国家正在制定国家监察法，探索建立国家监察委员会的制度改革，进一步将依规治党与依法治国统一起来，全面加强对公共权力的监督与制约。

---

① 参见《习近平对政法工作作出重要指示》（新华社 2017 年 1 月 12 日电）。
② 参见《珠海为横琴"廉洁示范区"建设专门立法》，《南方日报》2016 年 12 月 1 日，第 A07 版。
③ 参见《前海自贸区推进"廉洁示范区"建设》，《南方日报》2016 年 11 月 22 日，第 A09 版。

城镇化与城市治理现代化

李忠尚[*]

　　摘　要：改革开放以来，我国城镇化迅速发展，推进城镇化是城市治理现代化的重要内容。然而，当前我国的城镇化还面临五大问题：大量农业转移人口难以融入城市社会，市民化进程滞后；土地城镇化快于人口城镇化，城镇用地粗放低效；城镇空间分布与资源环境承载能力不匹配，城镇规模结构不合理；"城市病"问题日益突出，城市服务管理水平不高；体制机制不健全，阻碍了城镇化健康发展。为此，要深刻认识城镇化的根本目的，在吸取国内外先进经验的基础上，努力实现城市治理现代化。

　　关键词：城市治理　城镇化　国家治理

　　让我们把镜头摇回 1978 年，当时的深圳尚是一个破落的小渔村，粤港边境的逃港潮此起彼伏，屡禁不止。时任广东省委第一书记习仲勋同志主张变堵为疏，进而提出设立出口贸易加工区，把经济搞活的建议。邓小平同志高瞻远瞩，以改革开放设计师的远大眼光、政治家的胸怀和坚定的钢铁意志

---

　　* 李忠尚，中央国家机关正厅局长，鹏城学者，深圳大学特聘教授，宁波大学包玉刚讲座教授、中国人民大学资深教授、博士研究生导师，中国国际广播电台前副总编、高级记者，中华人民共和国驻澳大利亚前公使衔参赞，中国人民银行前局长、研究员，德国敏斯特大学、德国法兰克福大学、美国华盛顿大学等校客座教授及客座科学家，德国 1984 年波恩大学哲学博士，美国努斯市金钥匙获得者等。

欣然同意，指出"杀出一条血路来"。30 多年过去了，深圳发生了翻天覆地的变化，从一个小渔村发展为千万人口的国际大都市。那鳞次栉比的钢铁大厦，宽阔整洁的城市大道，丰富繁荣的各类市场、购物中心，以年轻人口为骨干的市民集体，一切都使人感到现代化的城市气息扑面而来，而且朝气蓬勃、蒸蒸日上。深圳的开发区已从"三来一补"等初级制造过渡到研发制造，华为手机、大疆无人机等公司已成为国内顶尖、国际上名列前茅的产业领头军。这是一个人间奇迹，一个在中共领导下中国人民创造的人间奇迹。当然，发展快了，富了，进步了，也会出现不少问题。在此情势下，深圳大学城市治理研究院正式成立，可谓应运而生、生逢其时，我们是该认真研究并加强城市治理了。

以深圳等特区为榜样，30 多年来，全国各地经济开发区、高新技术开发区等如雨后春笋，层出不穷；它们犹如成片果园，结满了累累硕果，大家收获着丰收的喜悦。我国国民经济的迅速发展催生了大批的城市群，尤其是北上广深等特大城市，城市居民均超千万乃至 2000 多万人，铺天盖地的楼群仍然满足不了居住的需求，纵横交错的道路（如北京已建成六环路，京津冀一体化，四纵四横大环线）却使交通显得更加拥堵。于是，高层领导人甚至发问"是否逼着我们迁都？"各地各城的楼市、交通、治安、反腐等深层次问题浮出水面，科学治理城市成为一个非常重要的任务。

（一）改革开放以来，我国国民经济尤其城镇化迅猛发展，已达中等偏高收入国家水平

国家统计局发布的 2015 年国民经济运行数据显示，从城乡结构看，城镇常住人口 77116 万人，比上年末增加 2200 万人，乡村常住人口 60346 万人，减少 1520 万人，城镇人口占总人口比重为 56.1%。具体来看，2015 年末，中国大陆总人口（包括 31 个省、自治区、直辖市和中国人民解放军现役军人，不包括香港、澳门特别行政区和台湾省以及海外华侨人数）137462 万人，比上年末增加 680 万人。全年出生人口 1655 万人，人口出生率为 12.07‰，死亡人口 975 万人，人口死亡率为 7.11‰，人口自然增长率为 4.96‰，比上年下降 0.25 个千分点。从性别结构看，男性人口 70414 万人，女性人口 67048 万人，总人口性别比为 105.02（以女性为 100），出生人口性别比为 113.51。从年龄构成看，16 周岁以上至 60 周岁以下（不含

60 周岁）的劳动年龄人口 91096 万人，比上年末减少 487 万人，占总人口的比重为 66.3%；60 周岁及以上人口 22200 万人，占总人口的 16.1%；65 周岁及以上人口 14386 万人，占总人口的 10.5%。全国居住地和户口登记地不在同一个乡镇街道且离开户口登记地半年以上的人口（即人户分离人口）2.94 亿人，比上年末减少 377 万人，其中流动人口为 2.47 亿人，比上年末减少 568 万人。年末全国就业人员 77451 万人，其中城镇就业人员 40410 万人。

2015 年中国国内生产总值为 676709 亿元，同比增长 6.90%；2015 年中国城镇居民家庭恩格尔系数为 34.8%，中国农村居民家庭恩格尔系数为 37.1%；2015 年中国城镇化率为 56.10%。

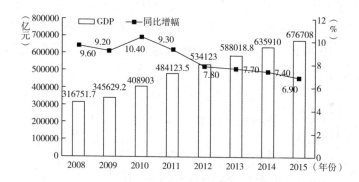

图 1　2008～2015 年全国 GDP 及同比增速

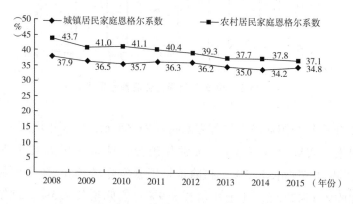

图 2　2008～2015 年中国居民家庭城乡恩格尔系数

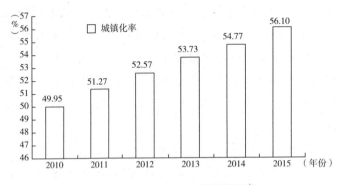

图3　2010～2015年中国城镇化率

2015年中国社会消费品零售总额为300931亿元，同比名义增长10.7%（扣除价格因素，实际增长10.6%），我国居民人均可支配收入2015年达到21996元，同比增长7.4%，超过GDP增速，为居民消费需求和消费支出增长提供了基础。

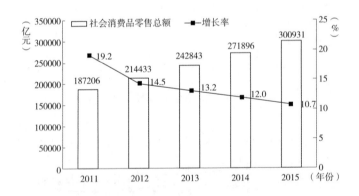

图4　2011～2015年我国社会消费品零售总额

2015年全年全国居民人均可支配收入21966元，比上年增长8.9%，扣除价格因素，实际增长7.4%。按常住地分，城镇居民人均可支配收入31195元，比上年增长8.2%，扣除价格因素实际增长6.6%。农村居民人均可支配收入11422元，比上年增长8.9%，实际增长7.5%。城镇居民人均消费支出21392元，增长7.1%，扣除价格因素实际增长5.5%；农村居民人均消费支出9223元，增长10.0%，扣除价格因素，实际增长8.6%。

随着我国城乡居民人均可支配收入水平不断提高，增强的消费能力为婴童产业的繁荣提供了保障。

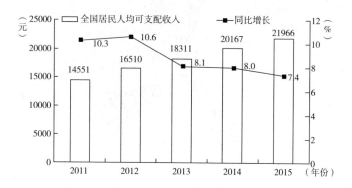

图 5 2011～2015 年全国人均可支配收入及实际增长率

图 6 2010～2015 年中国居民人均可支配收入

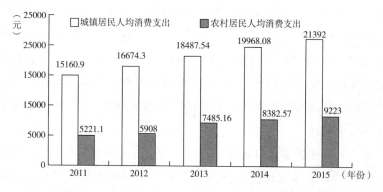

图 7 2011～2015 年中国城乡居民人均消费支出

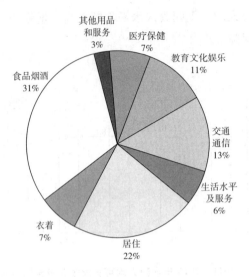

图 8　2015 年中国城镇居民消费支持及其构成

注：以上见国家统计局公布的统计数据。

前几天，中国社科院发表了《中国经济增长报告（2015－2016）》，预计 2016 年我国经济增长将达 6.7%，整体而言，中国正处于工业化后期阶段，正式进入中等偏高收入国家行列，其中六省市进入高收入阶段。报告认为，可持续的城市化成为我国跨越中等收入陷阱的关键，如果把物质资本投资转化为人力资本进而进行技术创新，就有可能形成新的增长潜力。我国国民经济完全可能持续较快健康稳定增长。

（二）近年来我国快速城镇化存在的五大问题

改革开放以来，我国城镇化率年均提高 1.02 个百分点；2000 年以来，城镇化率年均提高 1.36 个百分点，2012 年城镇化率达 52.57%，2015 年城镇化率为 56.10%，与世界平均水平大体相当，甚至略高一些。时任国家发改委主任徐绍史说："城市综合服务能力明显提升，人居环境逐步改善。但也必须看到，我国城镇化质量不高的问题也越来越突出。"概括起来，主要存在以下五个问题。

一是大量农业转移人口难以融入城市社会，市民化进程滞后。被纳入城镇人口统计的 2 亿多农民工及其随迁家属，未能在教育、就业、医疗、养老、保障性住房等方面平等享受城镇居民的基本公共服务，城镇内部出现新的二元结构矛盾，存在社会风险隐患。

二是土地城镇化快于人口城镇化，城镇用地粗放低效。一些城市"摊大饼"式扩张，脱离实际建设宽马路、大广场，新城新区、开发区和工业园区占地过多，建成区人口密度偏低，耕地减少过多过快。不仅浪费了大量土地资源，也威胁到国家粮食安全。

三是城镇空间分布与资源环境承载能力不匹配，城镇规模结构不合理。东部一些城镇密集地区资源环境约束加剧，中西部资源环境承载能力较强地区的城镇化潜力有待挖掘。城市群布局不尽合理，城市群内部分工协作不够、集群效率不高；部分特大城市主城区人口压力偏大，与综合承载能力之间的矛盾加剧；中小城市集聚产业和人口功能不足，潜力没有得到充分发挥；小城镇数量多、规模小、服务功能弱。

四是"城市病"问题日益突出，城市服务管理水平不高。一些城市空间无序开发、人口过度集聚，重经济发展、轻环境保护，重城市建设、轻管理服务，交通拥堵问题严重，食品药品等公共安全事件频发，大气、水、土壤等环境污染加剧，城市管理运行效率不高，公共服务供给能力不足，城中村和城乡接合部等外来人口聚集区人居环境较差。

五是体制机制不健全，阻碍了城镇化健康发展。现行户籍管理、土地管理、社会保障、财税金融、行政管理等制度，在一定程度上固化了已经形成的城乡利益失衡格局，制约了农业转移人口市民化和城乡发展一体化。

（三）关于我国城镇化建设的五点意见以及进行城市治理研究的建议

按照世界城市化的一般规律，我国仍处在城镇化率30%～70%的快速发展期。显而易见，我们的城市建设突飞猛进，已经取得了举世瞩目的巨大成就，特大城市的基础设施建设现代化率已名列世界前茅；城镇的秩序、安全、交通、环境、市场供应、居民生活等均取得傲人的成绩，城乡一派太平盛世景象。但是，除以上五条外，我们也都感到身边出现的特大城市人口急剧增加、房地产价格飞涨、交通拥堵严重、环境污染等亟待解决的问题颇多。以往我国城镇化主要靠高投入、高消耗、高排放的工业化，但大拆大盖的房地产业等城镇化发展模式难以为继，必须走以提升质量为主的科学发展之路。外国人评价"中国人善于造城"，那么造好城后如何管理？老城市如何持续发展？城市治理问题就摆在了我们的面前，而且从未如此迫切。

　　我们认为，第一，要认识我国城镇化的目的，就是缩小直至消灭城乡差别、工农差别和脑劳差别，实现共同富裕，迈向中国梦乃至共产主义。这是因为"为人民服务"是我党和政府的根本使命。"我们的目的是要建立社会主义制度，这种制度将给所有的人提供健康而有益的工作，给所有的人提供充裕的物质生活和闲暇时间，给所有的人提供真正的充分的自由。"① "在共产主义社会高级阶段，在迫使个人奴隶般地服从分工的情形已经消失，从而脑力劳动和体力劳动的对立也随之消失之后；在劳动已经不仅仅是谋生的手段，而且本身成了生活的第一需要之后；在随着个人的全面发展，他们的生产力也增长起来，而集体财富的一切源泉都充分涌流之后，——只有在那个时候，才能完全超出资产阶级权利的狭隘眼界，社会才能在自己的旗帜上写上：各尽所能，按需分配！"② 在这一过程中，"要消灭城乡之间、体力劳动者和脑力劳动者之间的差别。这是很长时期才能实现的事业。要完成这一事业，必须大大发展生产力，必须克服……巨大的习惯势力和保守势力。"③ 我们是社会主义国家，缩小乃至消灭三大差别走向共同富裕，进而实现复兴中华民族的中国梦乃至实现共产主义，是我们须臾不可忘记的根本目的。

　　第二，要坚持以人为本，发展经济就是为了让人民过上更好的生活，这一宗旨不可忘记。中国共产党"一个中心两个基本点"的根本点就是为人民服务，就是让人民共同富裕，就是为了人的自由全面发展。按照马克思主义的观点，每个人的自由全面发展是社会发展的最终目的，充分体现了人类发展的必然趋向。自由的充分实现和人类的彻底解放，是人类从必然王国飞跃到自由王国的标志，也是自由和解放的最高境界。然而，个人的自由发展必须依赖于集体的行动和社会的发展与解放，只有通过集体行动，只有社会的发展与解放，个人的自由发展才是可能的。同样，个人的自由发展依赖于社会关系和社会制度的变革，而这种变革只有通过集体、阶级的行动才能实现。社会不解放，个人就不能自由。只有到了共产主义社会，才是"个人的独创的和自由的发展不再是一句空话的唯一社会"。正是由于社会的解放是个人自由全面发展的前提条件，所以马克思把目光重点投向变革社会制度、解放全人类上面，也就是说，马克思之所以把其学说最后落实到社会解

---

①　恩格斯：《对英国北方社会主义联盟纲领的修正》，《马克思恩格斯全集》第二十一卷，人民出版社，1965，第570页。

②　马克思：《哥达纲领批判》，《马克思恩格斯全集》第二十五卷，人民出版社，2001，第20页。

③　列宁：《伟大的创举》，《列宁选集》第四卷，人民出版社，2012，第11页。

放即人类解放的科学社会主义上面，正是为了解决每个人的自由全面发展这一核心问题。这正是我们社会主义国家建设的目的，是我们共同过上好日子的中国梦。

第三，要把城市治理置于国家治理的总规划之下，在中央的统一领导下又发挥地方的主观能动性，推进国家及城市治理体系和治理能力现代化。习近平同志2015年2月17日在省部级主要领导干部学习贯彻十八届三中全会精神全面深化改革专题研讨班开班式上发表重要讲话，要完善和发展中国特色社会主义制度推进国家治理体系和治理能力现代化。他强调，必须适应国家现代化总进程，提高党科学执政、民主执政、依法执政水平，提高国家机构履职能力，提高人民群众依法管理国家事务、经济社会文化事务、自身事务的能力，实现党、国家、社会各项事务治理制度化、规范化、程序化，不断提高运用中国特色社会主义制度有效治理国家的能力。习近平指出，党的十八届三中全会提出的全面深化改革的总目标，就是完善和发展中国特色社会主义制度、推进国家治理体系和治理能力现代化。这是坚持和发展中国特色社会主义的必然要求，也是实现社会主义现代化的题中应有之义。

习近平强调，改革开放以来，我们党开始以全新的角度思考国家治理体系问题，强调领导制度、组织制度问题更带有根本性、全局性、稳定性和长期性。今天，摆在我们面前的一项重大历史任务，就是推动中国特色社会主义制度更加成熟更加定型，为党和国家事业发展、为人民幸福安康、为社会和谐稳定、为国家长治久安提供一整套更完备、更稳定、更管用的制度体系。这项工程极为宏大，必须是全面的、系统的改革和改进，是各领域改革和改进的联动和集成，在国家治理体系和治理能力现代化上形成总体效应，取得总体效果。

习近平指出，国家治理体系和治理能力是一个国家的制度和制度执行能力的集中体现，两者相辅相成。我们的国家治理体系和治理能力总体上是好的，是有独特优势的，是适应我国国情和发展要求的。同时，我们在国家治理体系和治理能力方面还有许多亟待改进的地方，在提高国家治理能力上需要下更大气力。只有以提高党的执政能力为重点，尽快把我们各级干部、各方面管理者的思想政治素质、科学文化素质、工作本领都提高起来，尽快把党和国家机关、企事业单位、人民团体、社会组织等的工作能力都提高起来，国家治理体系才能更加有效运转。习近平指出，推进国家治理体系和治理能力现代化，必须完整理解和把握全面深化改革的总目标，这是两句话组成的一个整体，即完善和发展中国特色社会主义制度、推进国家治理体系和治理能力现代化。我们的方向就是中国特色社会主义道路。

习近平强调，一个国家选择什么样的治理体系，是由这个国家的历史传承、文化传统、经济社会发展水平决定的，是由这个国家的人民决定的。我国今天的国家治理体系，是在我国历史传承、文化传统、经济社会发展的基础上长期发展、渐进改进、内生性演化的结果。我国国家治理体系需要改进和完善，但怎么改、怎么完善，我们要有主张、有定力。中华民族是一个兼容并蓄、海纳百川的民族，在漫长历史进程中，不断学习他人的好东西，把他人的好东西化成我们自己的东西，这才形成我们的民族特色。没有坚定的制度自信就不可能有全面深化改革的勇气，同样，离开不断改革，制度自信也不可能彻底、不可能久远。我们全面深化改革，是要使中国特色社会主义制度更好；我们说坚定制度自信，不是要故步自封，而是要不断革除体制机制弊端，让我们的制度成熟而持久。

习近平指出，推进国家治理体系和治理能力现代化，要大力培育和弘扬社会主义核心价值体系和核心价值观，加快构建充分反映中国特色、民族特性、时代特征的价值体系。坚守我们的价值体系，坚守我们的核心价值观，必须发挥文化的作用。民族文化是一个民族区别于其他民族的独特标识。要加强对中华优秀传统文化的挖掘和阐发，努力实现中华传统美德的创造性转化、创新性发展，把跨越时空、超越国度、富有永恒魅力、具有当代价值的文化精神弘扬起来，把继承优秀传统文化又弘扬时代精神、立足本国又面向世界的当代中国文化创新成果传播出去。只要中华民族一代接着一代追求美好崇高的道德境界，我们的民族就永远充满希望。

习近平同志的重要讲话为我们从事城市治理研究指明了方向，从历史与现实、理论与实践结合上，深入阐释了全面深化改革总目标的历史背景、现实根据、科学内涵，深刻回答了坚持改革总目标必须解决好制度模式选择、价值体系建设等重大问题；他强调了推进国家治理体系和治理能力现代化，其视野广阔、思想深刻，政治性、理论性、指导性很强，从更深的层次上吹响了全面深化改革的冲锋号。

习近平关于国家治理现代化的思想就是我们城市治理研究工作的指导思想。我们的城市治理研究也正是国家治理的一部分，是部分与整体的关系，是局部与全局的关系，从改革开放和社会进步来说就是先锋与大本营的关系。从这个意义上说，深圳的这一研究对全国具有实验田的作用，大有作为。

第四，在人口集中、人员复杂的广大城市里，城市安全非常重要，而城市反腐则是保证城市长治久安的根本大计，例如国际性的城市工程腐败、权钱交易、权力寻租等则是要认真研究对策，严肃法纪，遏制乃至消除的。在以自由、平等、博爱为旗帜的欧洲，其实某些大国的工业化、城市化正是以剥夺农民的土地以及牺牲农民的利益为代价而完成的，这当然未排除对殖民地的掠夺和剥削。我国的城市化起因于各类开发区，兴旺于所谓旧城改造，巨大动力来自于"土地财政"和房地产商的利益驱动，以至于全国曾兴起基建的热潮，外国人称"中国到处是工地"。如今高楼大厦盖起来了，一大批干部倒下去了。例如西北某大城市近郊，几千年来旱涝保收、盛产棉花小麦的良田，被强行圈去近百公顷搞什么"××论坛"，结果荒芜了10余年，最后投机商转手倒卖，赚了几十亿元。而失地农民得到的只是可怜的几万元/亩，却失去了祖祖辈辈赖以生存的耕地，除种地外又无特长，导致民怨沸腾。这一腐败现象不仅败坏党和政府的威信，而且危害城市治安。所以，建设廉洁城市是保证城市安全的核心前提之一；只有举起反腐败的利剑，方能促进城市安全和城市健康发展。

第五，借鉴国内外先进经验，健全城市治理法规，早日实现城市治理现代化。近代以来，欧洲、北美洲在建设城市、管理城市等方面积累了丰富的经验，也有不少教训。例如德国人喜欢精致的小镇、古典的小楼、宽阔平整的道路，而不喜欢林立的高楼大厦和大城市的喧嚣；追求完美、高精尖等高科技，却也崇尚哲学和音乐。还有法国的宫殿式楼房和浪漫，英国的典雅乡镇和绅士，美国高楼林立的大城市和暴发户式牛仔，似乎织就了一幅美妙的画卷。但是，美国的枪杀事件屡见不鲜，近年愈演愈烈，纽约的地铁天天上演劫杀恐怖片；英法德庆幸枪案较少并一直为黄赌毒、抢劫偷盗等案件频发无奈，然而近年大批难民涌入，引起治安恶化，强奸案多发。为治理好城市，欧美制定了一系列的规章制度，设置了较好的执法机构，形成了严格有效的执法队伍。例如德国和澳大利亚的警察就实行综合执法，包括交通、治安、纠纷甚至还管私搭乱盖；如果某家人在自己房子边搭盖小屋，邻居就可举报，警察核实后即发限期拆改单，否则罚款，滞交罚款则要加多倍滞纳金，直至封掉银行账户乃至拘留法办。这些都是针对教训和存在的问题而总结出来的办法。值得指出的是，德国敏斯特大学就设有城市研究所，斯图加特市就有著名的城市研究所，对城市的设计、建设、管理等进行综合研究。

此类机构我们可以与之交流合作，以收"他山之石，可以攻玉"之效。

（四）重温"十个没有"和"十个如果"，为实现中国梦而进行新的长征

最后，我想引用一个目前在北京等地热传的典故：面对中国目前的现实，我们共同温习毛泽东的"十个没有"和邓小平的"十个如果"，以期得到有益的启发，包括对城市治理的启发。

1940年2月1日，毛泽东曾在延安民众讨汪大会的讲演中颇为自豪地说："这里一没有贪官污吏，二没有土豪劣绅，三没有赌博，四没有娼妓，五没有小老婆，六没有叫化子，七没有结党营私之徒，八没有萎靡不振之气，九没有人吃摩擦饭，十没有人发国难财。"这种纯洁而高尚的党风，直接推动着中国革命胜利前进。

新中国成立后，毛泽东提出进京赶考，不学李自成，号召"两个务必"，要求全党时刻保持清醒头脑，迅速荡涤旧中国遗留下来的污泥浊水，并将"十个没有"扩展到全国。新中国的建立，在东方的地平线上出现了中国历史上唯一一个人民当家作主的国家；中国的凝聚力空前增强，中国人的爱国热情空前高涨，中国人的创造力空前提高，中国人民面对西方国家的封锁更加团结。中国人民在中共领导下独立自主，自力更生，奋发图强，艰苦奋斗，到1976年毛泽东逝世，中国已经发展成为一个虽然不富裕，但以铮铮铁骨和可观实力可与美、苏并列的国家，自立于世界民族之林，扬眉吐气。这"十个没有"对中国历史上几千年来少数人统治多数人的历史进行了彻底颠覆，这"十个没有"让中国虽不富裕但成为路不拾遗、夜不闭户、人民幸福指数很高的国家，这"十个没有"让西方各国感受到了中国在世界上举足轻重的作用，这"十个没有"可让中国总理自豪地说中国一无外债、二无内债、到20世纪末中国将实现四个现代化，这"十个没有"现在读起来仍然让人感到十分亲切，十分自豪，回味无穷。

毛泽东给我们留下的"十个没有"的共和国，为我们后来的改革开放提供了高尚的精神财富和基本的物质基础。邓小平同志以政治家的宽阔胸怀，高举毛泽东思想的旗帜，倡导和设计改革开放，从检验改革开放成败的高度提出了"十个如果"，以防患于未然，防止别有用心的人借改革开放之名将中国引入歧途。这里，让我们重温邓小平的"十个如果"。

"如果走资本主义道路，可以使中国百分之几的人富裕起来，但是绝对

解决不了百分之九十几的人生活富裕的问题。"①

"按照现在开放的办法，到国民生产总值人均几千美元的时候，我们也不会产生新资产阶级。基本的生产资料归国家所有，归集体所有，就是说归公有。"②

"如果我们的政策导致两极分化，我们就失败了"③。

"如果产生了什么新的资产阶级，那我们就真是走了邪路了。"④

"但风气如果坏下去，经济搞成功又有什么意义？会在另一方面变质，反过来影响整个经济变质，发展下去会形成贪污、盗窃、贿赂横行的世界。"⑤

"如果走资本主义道路，可能在某些局部地区少数人更快地富起来，形成一个新的资产阶级，产生一批百万富翁，但顶多也不会达到人口的百分之一，而大量的人仍然摆脱不了贫穷"⑥。

"我们实行的是社会主义的分配制度，我们的人均四千美元不同于资本主义国家的人均四千美元。特别是中国人口多，如果那时十五亿人口，人均达到四千美元，年国民生产总值就达到六万亿美元……就表明社会主义优于资本主义。"⑦

"如果搞资本主义，可能有少数人富裕起来，但大量的人会长期处于贫困状态，中国就会发生闹革命的问题。中国搞现代化，只能靠社会主义，不能靠资本主义。历史上有人想在中国搞资本主义，总是行不通。我们搞社会主义虽然犯过错误，但总的说来，改变了中国的面貌。"⑧

"如果搞两极分化，情况就不同了，民族矛盾、区域间矛盾、阶级矛盾都会发展，相应地中央和地方的矛盾也会发展，就可能出乱子。"⑨

---

① 《建设有中国特色的社会主义》，《邓小平文选》（第3卷），人民出版社，1993，第64页。
② 《在中央顾问委员会第三次全体会议上的讲话》，《邓小平文选》（第3卷），人民出版社，1993，第90页。
③ 《一靠理想二靠纪律才能团结起来》，《邓小平文选》（第3卷），人民出版社，1993，第111页。
④ 《一靠理想二靠纪律才能团结起来》，《邓小平文选》（第3卷），人民出版社，1993，第111页。
⑤ 《在中央政治局常委会上的讲话》，《邓小平文选》（第3卷），人民出版社，1993，第154页。
⑥ 《中国只能走社会主义道路》，《邓小平文选》（第3卷），人民出版社，1993，第208页。
⑦ 《社会主义必须摆脱贫穷》，《邓小平文选》（第3卷），人民出版社，1993，第224页。
⑧ 《吸取历史经验防止错误倾向》，《邓小平文选》（第3卷），人民出版社，1993，第229页。
⑨ 《善于利用时机解决发展问题》，《邓小平文选》（第3卷），人民出版社，1993，第364页。

"如果富的愈来愈富，穷的愈来愈穷，两极分化就会产生，而社会主义制度就应该而且能够避免两极分化。解决的办法之一，就是先富起来的地区多交点利税，支持贫困地区的发展。"①

这"十个如果"，是邓小平同志作为改革开放的"总设计师"在自己生命的最后阶段为中国留下的语重心长的嘱咐，是邓小平理论中的基本原则之一。他的这一系列理论假设，绝不是随意而空洞的政治预言，而是他从自己丰富的社会主义革命与建设实践中生发出来的忧患意识，是他的"警世恒言"，是他晚年对中国改革开放的伟大实践中总结出来的极其宝贵的经验。凡事预则立，不预则废。伟哉，邓公！小平同志永远活在人民心中。

"现在，我们比历史上任何时期都更接近中华民族伟大复兴的目标，比历史上任何时期都更有信心、有能力实现这个目标。"习近平总书记在中央纪念中国工农红军长征胜利80周年大会上发表的重要讲话中指出："长征胜利启示我们：只有掌握科学理论才能把握正确前进方向；只有立足实际、独立自主开辟前进道路，才能不断走向胜利。""改革是决定当代中国命运的关键一招，我们必须坚定不移高举改革旗帜，坚决冲破思想观念束缚，坚决破除利益固化藩篱，坚决清除妨碍生产力发展和社会进步的体制机制障碍，不断推进国家治理体系和治理能力现代化。创新是引领发展的第一动力，我们必须解放思想、实事求是、与时俱进，坚定不移推进理论创新、实践创新、制度创新以及其他各方面创新，让党和国家事业始终充满创造活力、不断打开创新局面。"② 让我们在长征精神感召下，为国家治理以及城市治理现代化乃至实现中华复兴的中国梦而贡献自己的绵薄之力。

---

① 《在武昌、深圳、珠海、上海等地的谈话》，《邓小平文选》（第3卷），人民出版社，1993，第374页。

② 习近平：《在纪念红军长征胜利80周年大会上的讲话》，人民出版社，2016。

现代城市参与式治理建构的可能性[*]

——基于杭州《我们圆桌会》案例的比较分析

韩福国[**]

摘　要： 在现代城市公共事务治理中，市民的参与既是民主的体现，又是政府优化治理的一个很好的资源，构成了参与式治理的前提。本文对杭州市的治理信息平台——《我们圆桌会》进行了案例的比较分析，通过对其创建以来的所有讨论议题进行了分类研究，并且结合广东的《民意圆桌会》进行了比较分析。《我们圆桌会》通过"圆桌会"这一公共参与平台的建设，多元主体对公共事务议题进行讨论，围绕着"我们"这一可能的"现代城市共同体"的培育，试图实现现代城市治理从制度建设层面上升到治理理念的塑造的转变和提升。现代城市通过城市治理过程中所有层面的公民的公共参与，最终形成城市公共议题的民众参与，逐步形成中国城市治理的未来民主取向。但是，如何选择参与代表，意见如何科学化衡量，以及如何形成意见进入城市治理的决策当中，而不是满足于意见的初步呈现和民主治理的初步设计，仍然是这一努力中有待于解决的难题。

---

[*] 非常感谢复旦大学林尚立教授，杭州市胡征宇研究员、王平研究员、孙颖处长等人的精彩观点，也感谢朱狄敏提供的基础资料。本文是 2014 年国家社会科学基金一般项目"我国地方政府创新扩展模式研究"（14BZZ049）的部分成果和 2012 年上海市教育委员会创新课题"地方政府创新与中国整体性社会治理：基于政府持续创新的实证分析"（12ZS016）的部分研究成果。

[**] 韩福国，复旦大学国际关系与公共事务学院副教授、复旦大学城市治理比较研究中心主任。

关键词： 治理　制度建构　理念塑造　圆桌会

改革开放以来，中国已经进入到了快速城市化的阶段，中国特定的人口基数造成了中国城市在城市治理方面的巨大压力。因此，如何寻求一条建构现代城市良性治理的路径，已经成为中国各个层级城市的核心议题。

一　问题的界定：城市治理与信息沟通

中国现代城市的生活主体处在一个急速塑造的过程中，尤其是沿海发展比较快的城市区域，面临着国际上的不同文化冲击和国内的不同人群融合困境。多元并存既是一种互相融合的机遇，同时也面临着巨大的挑战。因此，现代城市治理中的关键因素在于，城市治理中的社会需求信息如何汇集，政府如何引导政策信息与民众进行有效的互动，从而形成一个治理共识，达成问题的有效解决，这在现代公共政策的塑造与公共治理中已是一个达成的基本共识。

中国城市治理一直侧重于城市的物质形态建设，停留在传统的城市管理模式，很少有从城市的治理理念重塑与治理路径重构的深度实践。随着中国城市人口的大量集聚，除了公共管理体制存在着许多制度性的困境而需要改革以外，不同人群之间出现了国际城市发展历史中普遍的现象：职业的分隔，社会的分隔，对某一喜爱的功能过分地修养教化，宗族主义和国家主义，从而缺乏有机的合作关系和思想。① 因此，中国城市的治理，需要从理念的塑造到路径的建设而构成一个完整的制度架构，否则现代城市很难体现"市民的个人和全体的意志"，体现现代城市的目的——"能自知自觉，自治自制和自我实现"②。

根据现有的治理文献，以及中国政府对城市治理的政策界定，我们把城市治理分为以下两个二级范畴：城市物质形态的建设与管理，城市社会形态的发展与提升。在此之下各分为六个三级范畴。其中城市物质形态的建设与管理包括：城市市政管理、城市经济发展、城市规划建设、城市环

---

① 〔美〕刘易斯·芒福德：《城市发展史——起源、演变和前景》，宋俊岭、倪文彦译，中国建筑工业出版社，2005，第584页。

② 〔美〕刘易斯·芒福德：《城市发展史——起源、演变和前景》，宋俊岭、倪文彦译，中国建筑工业出版社，2005，第584页。

境生态、城市公共安全、城市形象品牌。城市社会形态的发展与提升包括：城市政府治理、城市文化道德、城市人群融合、城市社会保障、城市政治民主、城市社会自治。

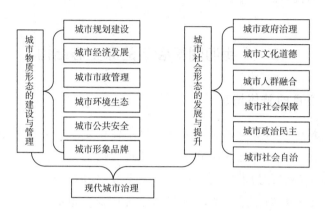

图 1 现代城市治理领域结构

基于浙江省民营经济发达而社会发育比较活跃的环境，杭州市一直注重用民主的方式和手段来解决民生问题，提出了"民主促民生"的城市治理战略。《我们圆桌会》是一个共商治理事务的电视节目，是杭州市城市治理中的一个重要载体，它期望通过平等的、公开的、多元的"圆桌"形式，让杭州市逐渐发育成熟的复合主体，进行城市公共治理事务的沟通和交流，从而获得相互的认同和理解，寻求治理方法的解决，从而使得城市治理主体的"我们"得以呈现。

在稍后的几乎同一时期，广州大洋网也从社会组织层面，推出了《民意圆桌会》这一节目载体，与杭州市政府主动建构的平台形成了有趣的呼应。大洋网在民意通频道上设立的《民意圆桌会》是大洋网与广州市政府合作打造的一个政府与百姓交流的网络平台，旨在为政府汇集民生问题以求得解决。该节目以"有事您说话，民意大家谈"为宗旨，紧扣本地民生热点，每期邀请各方嘉宾共坐一桌、以事论事。不求意见统一，只求观点碰撞，以此推动百姓民生问题的解决之路。

"圆桌会"无论从形式上还是从内容上都是一种对"协商治理"理念的有意义的尝试，这种哲学层面的城市治理理念与具体的城市问题的解决途径的有机结合，体现了"桌面上的平等沟通"与"桌面下的有效治理"两个层面的复合。

本文通过对《我们圆桌会》的整体性分析，以及对其与《民意圆桌会》的比较研究，希望能够对这一平台在现代城市治理中的功能和意义，提供一些有建设性的视角。

二　《我们圆桌会》的原生态结构

（一）项目的整体情况

根据杭州市的期望和规划，作为"民主促民生"的六大发展战略的具体实现载体的交流谈话类电视节目——《我们圆桌会》自2010年12月20日在杭州电视台综合频道正式开播以来，至今（2012年7月27日）已19个月，共播出396期，涵盖的治理议题十分广泛，也取得了广泛的社会影响，与《杭网议事厅》一起，成为浙江省杭州市在城市治理实践上的一个标志性品牌。

《我们圆桌会》的治理互动节目是由杭州市委办公厅、市政府办公厅、市委宣传部、市发展研究中心、杭州文广集团等单位牵头，在杭州电视台综合频道创办的以党政、市民、媒体"三位一体"和党政、院校、企业、媒体"四界联动"的电视节目，地方政府希望以此为平台，实现"多方互动、各界融合、相互沟通、建言献策、合作共赢"的城市治理目的。

（二）地方政府的期望

通过对相关文件的解读和节目内容的分析，作为地方政府的杭州市在设计这一具体的治理机制的时候，期望通过"我们、交流、理解"这些核心的行动概念，从而在哲学理念的层面上建构起"我们"这一城市共同体，从而建构现代的城市"生活"，使得其"更好"。在中国政府主导的国家与社会关系的基本结构下，地方城市政府主动地引导现有的各个生活群体之间，尤其是政府和民众之间的行为互动和信息交流，达成一些基本共识，或者相互理解。这是一个基于城市治理的基本问题而从哲学理念层面启动了城市共同体的建构过程与整体性尝试。

杭州市在官方文件上对《我们圆桌会》的界定是"以'让我们生活得更好'为核心理念，以'我们、交流、理解'为主题词，建立党政、市民、媒体'三位一体'和党政、院校、行业企业、媒体'四界联动'的交流沟通电视平台,实现多方互动、各界交流、相互沟通、彼此理解"①。《我们圆桌会》围绕着城市治理的各个层面的议题,提供各个层面的人群进行平等、理性的对话和交流,从而把在节目中沟通的效果,即平等的精神和协商的理念,通过电视媒体传播到节目受众那里。

因此,它的主要功能如下。一是汇集民智,即通过节目讨论和互动,汇集专家、部门、行业企业和市民关于城市规划、建设、管理、发展等方面的意见。二是交流沟通,使每个人都以平等的姿态主动关联,社会各界在这一平台上共同参与、彼此理解、形成共识。三是推动发展,联动相关职能部门,建立健全意见、建议的分析、采纳机制,推进公开和透明。四是促进和谐,坚持正确的舆论导向,以生活的心态和平常的视角为切入点,就社会热点问题进行建设性的交流互动,反映民意、引导民意、凝聚人心。五是提升素质,通过专家的剖析和多方交流互动,解读相关政策,提升市民素质。

(三) 整体性制度体系的协调和匹配

《我们圆桌会》节目以演播室谈话为主,具体为 1 个主持人 +4 至 5 位嘉宾,根据实际情况设嘉宾主持人。每期嘉宾构成主要为:专家学者 +党政部门人士 +行业企业人士 +市民代表 +社会评论员 (媒体),过程穿插外场采访、背景资料回顾、电话热线、网络观察员 (杭网议事厅) 和信息员播报、调查发布等多种开放式的互动参与形态,增加节目信息量。在节目讨论过程中各方能够平等地参与,在形式上体现了"协商治理"的理念。

《我们圆桌会》是在杭州政府创新的浓厚氛围中生长出来的。在"民主促民生"战略理念框定下,杭州各个层面战略执行的制度方向都是一致的,它们都指向促进政府行政的公开和透明、政府服务的创新和延伸,培养老百姓的政治参与精神和民主意识,推进社会管理的创新。

因此,作为杭州电视载体上的互动传播平台,《我们圆桌会》是整个杭州市治理机制的一个有机部门,它是杭州市"三位一体"中的一环,即在

---

① 杭州市委办公厅、市政府办公厅印发《关于创办交流谈话类电视节目——〈我们圆桌会〉实施方案 (试行)》(市委办发〔2010〕157 号),2010 年 12 月 31 日。

基层城市治理问题解决层面，坚持解决机制的"关口前移"，"建立'和事佬'调'和'、人民调解促'和'、综合中心维'和'、司法机关保'和'、特殊措施求'和'为主要内容的'五链式'社会矛盾化解机制"；在城市治理的理念塑造层面，运用电视、报纸、广播、网络等媒体形式，搭建《我们圆桌会》、《杭网议事厅》、"民情热线"、"湖滨晴雨工作室"、"邻里值班室"和"向社会征集人民好建议"等多种形式互相沟通、协商协调、参与共建的平台，促进社会各界相互了解和信任，最终形成"倾听民声、吸纳民智、凝聚民心、便捷通畅的多元化诉求表达网络"①；在政府的管理制度设计层面，"公民导向的综合绩效考评（满意不满意评选）"、"开放式决策"、"社会复合主体建设"，加强政府决策的开放透明度与信息公开度，增进理解、消除分歧，从而构建社会信任，形成社会共识，促进社会和谐。

因此，《我们圆桌会》是杭州市整体性城市治理中的一个环节和平台，而不是杭州市某一个单独的政治措施。

三　《我们圆桌会》议题的幅度与深度

《我们圆桌会》的议题幅度和深度直接关系到其对信息的整合力度和沟通空间。它包含的议题十分广泛，"在《我们圆桌会》，您可以就衣食住行等民生问题提出建议"；"可以直接对话职能部门领导"；"可以与行业企业领袖和专家一起交流心得"；"可以对杭州城市发展的方方面面提出看法"；"可以了解到新闻热点的最权威解读"……总之"这是一张属于我们的圆桌：平等、对话、交流、协商"②。《民意圆桌会》的议题也是十分宽泛，但是对话的对象则相对比较狭窄，这正是中国目前城市治理中，社会组织推动与政府主动的一个重要区别。

一般对圆桌会的议题内容的分类方式，是将话题分类及所占百分比统计，按照具体的议题进行。《我们圆桌会》自 2010 年 12 月 20 日开播以来至今（2012 年 7 月 1 日）共播出 394 期的内容，在此对之进行传统分类方式的统计，结果见表 1。

---

① 黄坤明：《坚持"三位一体"创新社会管理——杭州市加强和创新社会管理的探索与实践》，《求是》2012 年第 1 期，第 49～51 页。

② 《〈我们圆桌会〉情况介绍》，2010 年 12 月 10 日，hwyst. hangzhou. com. cn。

表1　《我们圆桌会》节目内容分类表（仅按照节目具体议题分类）

序号	话题分类	期数	比例（%）	备注
1	交通出行	66	16.8	
2	环境生态	34	8.6	
3	文化建设	30	7.6	
4	教育就业	29	7.4	
5	城市发展建设	25	6.3	城市发展、建设、规划
6	经济建设	23	5.8	行业、企业、产业
7	精神文明建设	19	4.8	
8	业余生活	19	4.8	娱乐、休闲、婚姻、交友
9	维权惠民	18	4.6	
10	公共安全	16	4.1	
11	住房物业	16	4.1	
12	医疗	12	3.0	
13	社会管理	12	3.0	社会管理、社区管理
14	理财消费物价	12	3.0	
15	社会关怀	10	2.5	民工、空巢、保安
16	网络	10	2.5	
17	党政建设	10	2.5	
18	旅游	9	2.3	旅游、旅游业
19	民情、民意	8	2.0	
20	水电能源	6	1.5	
21	食品安全	6	1.5	
22	其他	4	1.0	
	总计	394	100.0	

可以观察到这种分类方式很难看出杭州市《我们圆桌会》在城市治理中的领域侧重点，也很难观察其所讨论的议题在整个城市治理中的意义。

（一）基于城市治理范畴的话题分类比较

根据以上城市治理领域的界定，对《我们圆桌会》的内容进行分类和界定，《我们圆桌会》自 2010 年 12 月 8 日开播以来至今（2012 年 8 月 31

日）共播出 417 期，其分类结果见表 2、表 3。

表 2　杭州市《我们圆桌会》议题（城市物质形态的建设与管理）

二级指标	三级指标	四级指标	数量（个）	比例（%）
城市物质形态的建设与管理	城市规划建设	城市空间规划	23	5.5
		市政基础建设	2	0.5
		城市住房建设	10	2.4
	城市经济发展	城市产业规划	10	2.4
		城市经济金融	12	2.9
		城市行业治理	19	4.6
	城市市政管理	城市市场品牌	9	2.2
		市政管理机制	4	1.0
		城市摊贩管理	2	0.5
	城市环境生态	城市交通管理	32	7.7
		城市卫生管理	9	2.2
		城市空气治理	6	1.4
	城市公共安全	城市水源保护	2	0.5
		城市自然生态	5	1.2
		城市污染治理	9	2.2
	城市形象品牌	城市食品安全	4	1.0
		公共疾控		
		城市公共治安	16	3.8
		城市灾害预防	7	1.7
		公共空间营造	3	0.7
		城市标示打造		
		城市色彩界定		
		城市形象定位		
二级指标议题数量			184	44.1
整体议题数量			417	100.0

可以看到，在杭州《我们圆桌会》的城市治理议题中，属于"城市物质形态的建设与管理"的总量是 184 个，所占比例为 44.1%，少于 50%。其中，比较突出的几个领域分别是："城市交通管理"（32 个），所占比例为 7.7%；"城市空间规划"（23 个），所占比例为 5.5%；"城市行业治理"（19 个），所占比例为 4.6%；"城市公共治安"（16 个），所占比例为 3.8%；"城市经济金融"（12 个），所占比例为 2.9%。

表 3　杭州市《我们圆桌会》议题（城市社会形态的发展与提升）

二级指标	三级指标	四级指标	数量（个）	比例（%）
城市社会形态的发展与提升	城市政府治理	城市发展理念	18	4.3
		政府职能转变	15	3.6
		城市交通管理	27	6.5
		政府绩效考评	7	1.7
	城市文化道德	城市道德认同	22	5.3
		城市文化建设	39	9.4
		历史建筑保护		
	城市人群融合	各个阶层融入	17	4.1
	城市社会保障	城市医疗体系	9	2.2
		城市教育体系	20	4.8
		就业社保养老	6	1.4
		城市生活宜居	35	8.4
	城市政治民主	政党公民	10	2.4
	城市社会自治	城市基层治理	7	1.7
		城市社会组织	1	0.2
二级指标议题数量			233	55.9
整体议题数量			417	100.0

在这其中，对于跨领域和交叉的议题，我们根据其具体的内容所指，进行了分类，没有采取重复计算的方式。

为了比较《我们圆桌会》的议题特征，我们按照同样的方式整理了广州《民意圆桌会》的议题内容（见表 4、表 5）。

表 4 广州《民意圆桌会》议题（城市物质形态的建设与管理）

二级指标	三级指标	四级指标	数量（个）	比例（%）
城市物质形态的建设与管理	城市规划建设	城市空间规划	7	3.8
		市政基础建设	10	5.4
		城市住房建设	5	2.7
	城市经济发展	城市产业规划		
		城市经济金融	3	1.6
		城市行业治理	15	8.1
		城市市场品牌		
	城市市政管理	市政管理机制	19	10.3
		城市摊贩管理	2	1.1
		城市交通管理	11	6.0
		城市卫生管理	5	2.7
	城市环境生态	城市空气治理	2	1.1
		城市水源保护	3	1.6
		城市自然生态	3	1.6
		城市污染治理	7	3.8
	城市公共安全	城市食品安全	3	1.6
		公共疾控		
		城市公共治安	11	6.0
		城市灾害预防	2	1.1
	城市形象品牌	公共空间营造	5	2.7
		城市标示打造	1	0.5
		城市色彩界定		
		城市形象定位		
二级指标议题数量			114	61.6
整体议题数量			185	100.0

可以发现，广州的《民意圆桌会》关于城市物质形态建设的议题比例

高达 61.6%，是议题中的主体部分。

表 5　广州《民意圆桌会》议题（城市社会形态的发展与提升）

二级指标	三级指标	四级指标	数量（个）	比例（%）
城市社会形态的发展与提升	城市政府治理	城市发展理念	1	0.5
		政府职能转变	10	5.4
		城市交通管理	8	4.3
		政府绩效考评		
	城市文化道德	城市道德认同	7	3.8
		城市文化建设	8	4.3
		历史建筑保护	1	0.5
	城市人群融合	各个阶层融入	3	1.6
	城市社会保障	城市医疗体系	2	1.1
		城市教育体系	6	3.2
		就业社保养老	1	0.5
		城市生活宜居	8	4.3
	城市政治民主	政党公民	13	7.0
	城市社会自治	城市基层治理	1	0.5
		城市社会组织	2	1.1
二级指标议题数量			71	38.4
整体议题数量			185	100.0

在"城市社会形态的发展与提升"议题方面，《民意圆桌会》的政府职能转变和政治民主的议题所占的比例比较突出，反映了珠江三角洲地区的社会关注特征。

（二）议题所体现的城市发展特征

从治理领域的分类观察，我们可以看到《我们圆桌会》和《民意圆桌会》在选择的议题上，涵盖比较丰富全面，尤其是涉及各个城市具体的城市治理困境。如果把两个城市的相同议题进行同类比较，就可以更加清晰地看出两个城市治理的异同点（见表 6）。

表 6　杭州与广州"圆桌会"的城市物质形态的建设与管理议题比较

比较类别	杭州		广州	
四级指标	数量（个）	比例（%）	数量（个）	比例（%）
城市空间规划	23	5.5	7	3.8
市政基础建设	2	0.5	10	5.4
城市住房建设	10	2.4	5	2.7
城市产业规划	10	2.4		
城市经济金融	12	2.9	3	1.6
城市行业治理	19	4.6	15	8.1
城市市场品牌	9	2.2		
市政管理机制	4	1.0	19	10.3
城市摊贩管理	2	0.5	2	1.1
城市交通管理	32	7.7	11	6.0
城市卫生管理	9	2.2	5	2.7
城市空气治理	6	1.4	2	1.1
城市水源保护	2	0.5	3	1.6
城市自然生态	5	1.2	3	1.6
城市污染治理	9	2.2	7	3.8
城市食品安全	4	1.0	3	1.6
公共疾控				
城市公共治安	16	3.8	11	6.0
城市灾害预防	7	1.7	2	1.1
公共空间营造	3	0.7	5	2.7
城市标示打造			1	0.5
城市色彩界定				
城市形象定位				
二级指标议题数量	184	44.1	114	61.6
整体议题数量	417	100.0	185	100.0

其中关于城市的行业治理、公共治安、交通管理等关系到现代城市发展的议题，在两个城市里面，都占有大致相同的比重。

表7　杭州与广州"圆桌会"的城市社会形态的发展与提升议题比较

比较类别	杭州		广州	
四级指标	数量（个）	比例（%）	数量（个）	比例（%）
城市发展理念	18	4.3	1	0.5
政府职能转变	15	3.6	10	5.4
城市交通管理	27	6.5	8	4.3
政府绩效考评	7	1.7		
城市道德认同	22	5.3	7	3.8
城市文化建设	39	9.4	8	4.3
历史建筑保护			1	0.5
各个阶层融入	17	4.1	3	1.6
城市医疗体系	9	2.2	2	1.1
城市教育体系	20	4.8	6	3.2
就业社保养老	6	1.4	1	0.5
城市生活宜居	35	8.4	8	4.3
政党公民	10	2.4	13	7.0
城市基层治理	7	1.7	1	0.5
城市社会组织	1	0.2	2	1.1
二级指标议题数量	233	55.9	71	38.4
整体议题数量	417	100.0	185	100.0

　　而在涉及"城市社会形态的发展与提升"的议题方面，例如关系到城市治理的发展理念、城市道德认同、城市文化建设与生活宜居和阶层融合等方面，杭州则凸显出了独特的取向。

1. 议题总体分布和杭州市城市发展特点紧密地联系在一起

　　我们可以看到，在杭州《我们圆桌会》的城市治理议题中，属于"城市物质形态的建设与管理"的总量是184个，比例为44.1%。

　　城市治理议题是杭州市城市发展中比较突出的问题，由于其城市规划空间导致的道路现状，作为著名旅游城市以及浙江省会城市的身份，杭州市的交通规划管理、治安、经济金融等问题都成为重点关注对象。

　　城市品牌是城市发展的"导向牌"、凝聚人心的"吸铁石"、城市形象的"金名片"。在杭州城市品牌的塑造上面，《我们圆桌会》围绕杭州市生活品质发展的理念，立足杭州城市治理特色，使得在横向上形成"四界联动"，纵向上城市品牌与各区、县（市）的特色区域品牌、市有关部门各领域品牌之间形成有效链接、良性互动、互为支撑、整体提升。

2. 城市治理的困境成为持续关注点

随着城市化进程的加快，日益严重的交通拥堵一直是影响杭州市城市发展的重要问题。从我们的统计（见表2、表3）中，可以看到"城市交通管理"包括两个治理层面，共59个议题，占所有议题的14.1%，比例较高。这说明《我们圆桌会》选择话题既有普遍性又有敏感性。

3. 注重城市治理理念的探讨

首先，在城市治理主体上，杭州城市发展一直侧重于城市复合主体的塑造。其利用具体议题中双重对接，即实现热点事件和普遍现象的对接以及心理疏导与理性分析的对接等方法，通过《我们圆桌会》这一解疑释惑和沟通交流的载体，引导多元主体进行相互理解，从而达成一种共识，塑造城市共同体，并以此作为理念探讨的基础。

其次，杭州《我们圆桌会》超越了单纯的对城市治理具体问题的分析，上升到城市发展理念探讨层面。与其他类似的节目——广州《民意圆桌会》相比较，杭州《我们圆桌会》的议题品质有了不同的变化。在属于软性治理范畴的"城市社会形态的发展与提升"上，《我们圆桌会》讨论的议题体现了杭州城市治理的这一典型特征，集中于"城市发展理念"（18个议题），所占比例为4.3%。同时，杭州市建设"学习创新型城市"的城市发展新取向的讨论，以及其他许多重要的城市定位的确立，都在这些议题中得到展现。

杭州城市发展一直侧重于城市复合主体的塑造，《我们圆桌会》在解疑释惑和沟通交流的载体上，引导多元主体进行相互理解，从而达成一种共识。除了上文所提城市生活和理念上的认同以外，《我们圆桌会》在"城市文化建设"方面的议题有39个，所占比例为9.4%，"城市道德认同"有22个议题，所占比例为5.3%，这样整个杭州市城市治理议题就上升到城市治理主体的建构层面上进行谈论，聚焦于城市共同体的精神塑造。

4. 注重政府在治理中的职能转型

要形成一个开放的、多元参与的城市治理结构，政府主导社会发展的传统范式需要转型，这也是现代城市治理中的一个核心要素。杭州《我们圆桌会》谈论的议题很多涉及了这一方面，如"政府职能转变"（15个议题），所占比例为3.6%；"政党公民"（10个议题），所占比例为2.4%等，这体现了与杭州市政府在"民主促民生"战略方向的吻合。

"民主是一种生活方式,它通过民主的治理方式来定义'我们'是谁。杭州经验的背后是民主的资源配置杭州经验里的民主是一个治理结构,解决了'我们'如何合作的关系。在城市的有限空间当中,'我们'一旦产生就会成为合作的可能。"①

四　社会效果观察及未来提升空间

"圆桌会"作为城市机制的一个典型载体,它的出现,在一定程度上改变了城市治理的生态,为现代城市的多元复合主体的治理参与提供了平台②,但是其具体制度设计与发展仍然存在一些需要重新界定和深化的空间。

(一) 功能界定:解疑释惑还是信息整合?

《我们圆桌会》是一档民生互动谈话类节目,其宗旨是作为政府与市民之间的桥梁,通过政务公开、解疑释惑、保障知情、意见听取等推进政府政策与民众理解之间的交流,从而形成相互的理解和认同。究其根本,这种"平等"交谈的价值主要体现在两个方面:一是为群众解疑释惑;二是是否在桌下有治理。

许多节目在具体的内容设计上,似乎成了单纯的解疑释惑,而缺少社会民众的信息整合。在节目的互动中,党政干部拥有主导发言权,而市民代表许多时候更像一个陪衬,并不能提供有效的意见表达。当然,节目为避免成为一栏大家相互"争吵"的电视秀,力图在平等讨论中达成共识和相互理解,但城市治理是一些具体的利益协调,如果没有多元层面的信息交流和碰撞,真正的沟通与解惑也无法达成。"政府多点宽容、多点包容,讲对了有

---

① 韩福国:《"民主是一种生活方式"》,杭州市生活与发展国际论坛,2011。
② 很多专家都给予《我们圆桌会》较高的评价,并对其寄托了厚望。国务院发展研究中心副主任卢中原认为,《我们圆桌会》平台的搭建,对民主制度的完善、政府公共职能的行使与强化、社会主义民主法治的建设,以及中国民主政治的实践具有重要意义。南开大学副校长朱光磊教授认为,《我们圆桌会》实现了政府决策体系的对外开放、各界意见的畅通表达和民生建设的生活化,不仅回归了城市本质,而且重建了城市精神。中国人民大学郑杭生教授认为,《我们圆桌会》这样一种形式,是贯彻民主精神的一种有效手段,通过这样一种形式,把民主、民生相互结合,用一种聚集的形式表达出来。

奖励，讲错了也不要惩罚，这样就会形成很好的互动关系。"① 相比较而言，广州《民意圆桌会》则更多强调参与的意愿和激情，无论是何职业、资质，都可报名参与，表达意见。

（二）　相关制度的衔接与吻合

《我们圆桌会》重于引导和沟通，《杭网议事厅》重于信息的表达，二者之间的具体联通机制如何？也是这一节目需要考虑的问题。这一问题同样存在于广州《民意圆桌会》的机制当中，它是网络延伸出的节目，从属于大洋网；杭州《我们圆桌会》与《杭网议事厅》是平行的组织关系，虽然它们有信息的沟通，但前者属于杭州电视台，后者属于杭州报业集团。两个节目载体与其他衔接的制度，有着不同的隶属关系。

同时，节目过于侧重政策宣传，而缺少城市治理的民众监督环节。民众台上所提意见和建议，与台下后续的治理绩效都缺乏必要的反馈和监督，久而久之，大家会认为节目仍然是一种谈话类的政策宣传。

在杭州市未来的城市治理中，由于汇集了多元复合主体，《我们圆桌会》需要解决如何从治理问题的讨论平台进展到治理问题的后续解决机制，这一发展空间是否能够被实现需要各个实践部门的职能联合和行为互动，需要后期的治理评估机制的跟进，需要治理状况的持续提升。

（三）　复合主体的多元性与变动性的结合

从《我们圆桌会》的参与嘉宾来观察，该节目主要有以下几个特点：第一，党政干部发言的机会较多，具有较大的话语权。对此《我们圆桌会》节目组应当多邀请一些部门一把手、高级别干部作为嘉宾参与进来，从而对节目影响力、解读权威性和问题信息的传递产生推动作用。第二，专家学者发挥得不是很充分，究其原因或是由于其表达能力不足，或是由于没有新的观点。第三，市民代表许多时候成为一个陪衬，声音比较微弱。另外，在市民代表的选择上，市民嘉宾重复率略高，很难具有代表性。在嘉宾选择环节设计中，代表性、平等性的缺失所造成的党政官员队伍与市民代表队伍的强弱势差，使得民生问题中真正的"民声"受限，远离了《我们圆桌会》创

---

① 毛丹：《架起政民沟通的桥梁——〈我们圆桌会〉专家研讨摘录》，载《〈我们圆桌会〉350 期》，2012，第 122 页。

办的"多元主体复合"的初衷，也很难整合到社会多层面的信息。第四，社会评论员队伍有些缺乏，应当培养一批具有建设性、高素质的新闻评论员队伍，用较强的批判性思维和精神探讨社会难点、热点、民主、民生问题。

（四）信息交流沟通过程与实际治理过程的结合

《我们圆桌会》的模式，作为一种对"协商治理"理念有益的尝试，从形式上初步体现了此理念，但是要达成节目的初衷，在许多层面还有很长的一段路要走。因为我们既要实现节目当初创办之时自我设定的价值定位和功能目标，同时要切实实现"民主民生"促进决策体系的民主化和"桌上谈民生""桌下谈治理"。

总体来看，在实际操作过程中，应当让"民声"更响一些，从形式与内容上建构起复合主体的整合平台。"今后在参与方式上，要让更多的陌生人参加节目，带着自己的问题和好奇来相关部门发问，参加的人越多，影响力也就越大。"① 希望该节目能够坚持下去，并逐渐完善自我，最终能做到形式与实质两个层面的民主民生。

结论：从制度治理到理念塑造

当前，中国社会正处于一个非常焦虑的阶段，各类非常态的现象都直指社会信任度问题。但社会要有序运行，城市要良性发展，除了政治改革要推进外，就社会的角度而言，还要争取形成社会基本共识，不同的群体诉求要有公约数。

问题的关键是社会共识怎样形成？杭州市《我们圆桌会》的载体，从政府的治理角度出发，但是又试图超越具体的问题解决机制，力图从城市的治理理念入手，在社会主体之间通过平等沟通、交流、讨论，互相理解，达到包容，才能形成共识。

（一）"我们"：现代城市的多元融合

人是现代城市治理的基础，也是城市治理的目的与归宿。"让我们生

---

① 潘一禾：《架起政民沟通的桥梁——〈我们圆桌会〉专家研讨摘录》，载《〈我们圆桌会〉350 期》，2012，第 122 页。

活得更好"首先面临的一个核心概念界定就是谁是"我们"？当谈到这个概念的时候，相对应的就是"他们"和"你们"。从城市发展角度观察，所有的现代城市都是一个各种人群不断集聚、文化不断融合的过程。新老城市"移民"共同构成了现代城市人口的主体。中国当前的城市人群处在新阶段的融合初期，对于"我们"的界定仍然以隔离与区别为主导。"我们"的本意，就是大家在共享社会利益的同时，也要共同承担社会责任。每个人对于社会的正负两面性都有自己的一份责任。由于在互动中可以"进行相互磨合和相互砥砺，学习公共交往、理性谈判和艰难协商的程序和技巧，养成我们相互让步、彼此节制和守约的日常习惯，由此培育和巩固我们大家都应当具有的相互依存、休戚与共的社会意识"①。从而参与"圆桌会"的过程也是共同承担社会责任、"重建"社会关系和市民精神的过程。就此意义上《我们圆桌会》对杭州市民的"社会意识"建设十分重要，因为"我们非常重视的'社会建设'其实也是在'重建'我们的社会关系和市民精神"。

在政府管理者和被管理者缺乏顺畅的沟通渠道的背景下，政府要从管制型政府转向服务型政府，就要打破隔膜，消除误解，与民众开展制度性的协商对话。政府如何构建制度性协商民主的对话平台？如何在这个平台上推进政府行政的公开透明？政府决策过程如何向老百姓开放、让老百姓参与？——从这个角度来说，《我们圆桌会》是政府开放式决策的延伸与常态化，也可算政治体制改革的范畴。坚持以知识与价值引领社会发展，以民主促民生，体现了人文关怀和城市情怀。而它平等的交流、民主的对话本身就是社会主义核心价值的体现。②

杭州市清醒地意识到，现代城市治理必须从城市共同体的价值观念出发，塑造一种现代的群体认同观念，才能真正建立城市良性发展的社会基础。《我们圆桌会》在选择人群参与上，把"党政、市民、媒体'三位一体'"和"党政、院校、行业企业、媒体'四界联动'"结合在一起，从个体到组织，从政府到社会，体现了杭州一直持续追寻的"社会复合主体"的城市治理主体的现代理念。

---

① 潘一禾：《〈我们圆桌会〉对杭州市民"社会意识"的建设意义》，载《〈我们圆桌会〉350 期》，2012，第 128 页。

② 采访王平主任对《我们圆桌会》的认识，采访人孙颖、韩福国；时间：2012 年 9 月 7 日；地点：杭州市政府。

因此，在城市中探讨"我们"这个理念，实质上就是想在传统与现代、东方文明与西方文明的融合中找到一种新的稳定的文化和社会组织结构的连接方式。"'我们'这个理念，跟'公众'、'大家'应该是不一样的。'我们'里有'我'，是有主体的存在，有主体的介入，有'我'的情感介入，它是属于此时此地的。所以'我们'是有主体的，既有主体就有半径，就有小群体、大群体的逐步扩散。同时它又有'个人'，应该有一种自我的升华，同时有一种向社会的扩散。"①

城市治理中的圆桌会载体，为每个个体、每个群体提供了对城市公共事务的讨论和沟通平台，使其具有了相互的自我认知。这种直接面对的场景，构成了一种哲学镜像式的"自我反观"，使得多元的人群具有"我们共同体"的意识，从而建构一个"开放的、多元的，而且有自我反思能力的我们"②。

（二）"圆桌会"：多元平等的沟通载体

现代城市认同，不是简单地基于在某些社会保障上的平等对待就能解决的，它必须落实在具体的城市治理行动上。如果说"我们"是一种理念，那么"圆桌会"就是一种机制载体。在与传统的等级分隔的"八仙桌"的对比下，"圆桌"本身就是现代社会平等理念的展现，由此所形成的以形成共识、留存分歧解决空间为目标的平等沟通、充分交流的平台，使得"我们"有了行动性的空间。在一定意义上，现代城市治理的所有涉及"参与、透明、平等、包容"的制度，都是"圆桌会"内涵的一种体现。

"圆桌"本身就是现代社会平等理念的展现，它与传统的等级分隔的"八仙桌"形成了一个鲜明的对比。在这样的平台上，进出是自由的，讨论也是开放的，参与是平等的。它是一个桥梁，是老百姓和政府进行讨论、沟通的桥梁，大家彼此平等，共同协商沟通，充分交流，形成共识，留存分歧解决的未来空间，这是"圆桌会"的本质内涵。《我们圆桌会》是"市民参与社会管理的平台和机会，党政领导与市民进行面对面的交流，诚恳地把有争议的问题拿到桌面上谈"。

杭州市以此作为城市公共治理沟通的一个标志平台，体现了现代国际大都市治理中持续关注的平等理念。通过"圆桌会"的平等沟通，"我们共同

①　胡征宇：《生活时空中的"我们"》，杭州市生活与发展国际论坛，2011。

②　《杜维明对〈我们圆桌会〉的评价》，载《〈我们圆桌会〉350期》，2012，第116页。

体"的意识才能在具体行动上得以落实和体现，为社会各界"增强认同感、归属感、参与感，城市文化气质因此变得更理性、更开放、更温和、更温暖"[①]，"将生命的形象、力量和目的回归到我们生存的中心"[②]。

（三）《我们圆桌会》：现代城市的多中心复合治理结构

通过"民主"的方式来讨论和解决"民生"问题，杭州市在全国最先提出"民主促民生"，《我们圆桌会》是这一理念下的现代城市民主治理的典型机制。

"我们"的复合主体是一个包含城市各个人群的多中心共同体结构，"圆桌会"则是一个多元复合主体的多中心的沟通交流机制。它作为在电视媒体上对城市问题的"存在方式、原因分析和解决途径"进行展现的一个界面，使得杭州市城市治理结构最终得以"整体性"地呈现出来。把社会意见（民智）的征集、政府部门的联动（发展）、引导共建（和谐）与共同意识培养（素质）有机地结合起来，形成了一个具有"完整性"的杭州市城市治理框架和结构。

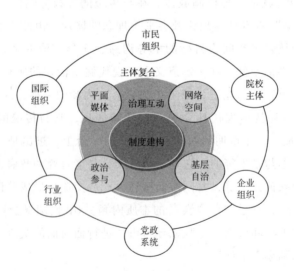

图 2   城市治理的理念与机制系统结构

---

① 《李文堂对〈我们圆桌会〉的评价》，载《〈我们圆桌会〉350 期》，2012，第 116 页。
② 〔美〕刘易斯·芒福德：《城市发展史——起源、演变和前景》，中国建筑工业出版社，2005，第 578 页。

从治理的符号化意义上观察，"圆桌会"体现的是一种平等协商的理念，即不论身份、地位、资质，大家都是"我们"中的一员，拥有平等的人格与相同的话语权。当小圆桌通过各媒体网络的传播而变成"一张城市的大圆桌"时，其所代表的平等、协商、理性讨论社会问题的价值观，将在很大程度上有利于社会各界寻求共识、化解分歧、疏导情绪、增进理解、促进和谐。

这一治理结构是符合中国城市未来的发展方向的，即我们就是要创造一个可以看得见的区域和城市结构，是"使人能熟悉他更深的自己和更大的世界而设计的，具有人类的教养功能和爱的形象"。在这样的一个城市形态里，人们"活动的中心将不是工业，而是教育；每一种作用和功能将按照它促进人类发展的程度来加以评论和批准，而城市本身将为日常生活中自发的冲突、挑战和拥抱提供一个生动的舞台"①。

（四）现代城市的理念重塑：让城市回归生活

城市通过集中外在的、硬性的物质材料（physical form）和内在的、软性的文化力量（cultural power），加快了人类交往的速度，扩大了人类交往的范围，因此，城市具有强大的集聚功能。随着生产方式的变迁和人类交往方式的演化，现代城市成了人类交往的主要载体和文化的主要容器，因此，"城市的主要功能是化力为形，化能量为文化，化死的东西为活的艺术形象，化生物的繁衍为社会创造力。"

但是"有机体、社团、个人，尤其是城市也一样，在调节能量并使其为生活服务方面，都是很脆弱的器件"②。城市本身也会异化成统治人的物体而不是服务于人类更好生活的工具。因此，芒福德认为城市要重新恢复其创造力，"必须创立一种社会组织形式，使之能处理现代人类所掌握的巨大能量：这种创立绝不亚于原先把发展过大的村庄及其堡垒改变为起核心作用的高度组织起来的城市那样大胆，不创立这种新的组织形式，城市不可能行

---

① 〔美〕刘易斯·芒福德：《城市发展史——起源、演变和前景》，中国建筑工业出版社，2005，第584页。

② 〔美〕刘易斯·芒福德：《城市发展史——起源、演变和前景》，中国建筑工业出版社，2005，第582页。

使积极的功能。"①

因此，如何恢复城市的"积极的功能"，是中国现代城市首要考虑的问题，也是所有城市需要面对的问题。只有具有对现代城市的共同认同，现有的城市中逐渐成长的各种"复合主体"才有可能具有真正复合的参与基础；只有具有了现代的认同理念，现在城市的民主治理、开放治理和协商治理才有其哲学基础；只有"我们"这一主体真正成长起来，城市共同体各个主体才有情感的交流、理性的传递和治理技术的精细，从而城市才可能回归其历史使命，才有可持续的治理基础，芒福德对城市未来发展的厚望才有中国的现实实现基础。

杭州市从"我们"这一城市共同体的理念认知出发，从各个方面提供现代城市共同体的生成载体，对城市的未来发展提供了一个急需问题解决的可能路径。杭州市政府主动采取开放的姿态，利用《我们圆桌会》平台，承接"民主促民生"的城市发展政治理念，衔接政府在开放式决策中的一贯精神，延伸到政府公共治理的全过程的公共参与，使得"我们"在城市治理过程中共同成长。

在城市公共事务治理中，市民的参与既是民主的体现，又是政府优化治理的一个很好的资源。② 通过城市治理过程中所有层面的公民的公共参与，最终形成城市对人生活本身的回归，因为"城市的最终任务是促进人们自觉地参加宇宙和历史的进程。城市，通过它自身复杂和持久的结构，大大地扩展了人们解释这些进程的能力并积极参加以发展这些进程，从而使得城市舞台上上演的每台戏剧，都具有最高程度的思想上的光辉，明确的目标和爱的色彩。通过感情上的交流，理性上的传递和技术上的精通熟练，尤其是，通过激动人心的表演，从而扩大生活的各个方面的范围，这一直是历史上城市的最高职责。它将成为城市连续存在的主要理由"③。

---

① 〔美〕刘易斯·芒福德：《城市发展史——起源、演变和前景》，中国建筑工业出版社，2005，第582页。

② 《林尚立对〈我们圆桌会〉的评价》，载《〈我们圆桌会〉350 期》，2012，第116页。

③ 〔美〕刘易斯·芒福德：《城市发展史——起源、演变和前景》，中国建筑工业出版社，2005，第586页。

城市社区业主维权精英研究：
生成原因与行动逻辑[*]

胡胜全　陈　文[**]

摘　要： 城市社区业主维权精英生成始于市场经济体制的改革以及由此带来的种种利益冲突，其在身份特质、资源掌控、行动魅力等方面表现出独特性，业主维权精英的维权行动充满智慧和策略，有其特定的行动逻辑。业主维权精英，其成长过程可以被认为是社区新式精英崛起的过程，整个业主维权过程实际上为新式精英参与社区治理提供了一种非正式和非正常的机制或渠道。那些具有强烈的权利意识、行动意识和公共精神的业主通过这个机制或渠道逐渐成长为社区治理的新式精英，从而逐渐完成社区治理精英的循环。业主维权客观上扮演着精英生产和培育公民的重要角色。

关键词： 城市社区　业主　维权精英

* 国家社科基金项目"社区治理转型研究"（12CZZ049），广东省高校人文社科重点研究基地项目"城市基层社会管理体制创新研究"（11JDXM74003），广东省高校特色创新类项目"国际大都市建设与城市治理创新研究"的成果。

** 胡胜全，深圳大学研究生院行政人员；陈文，深圳大学城市治理研究院当代中国政治研究所副所长，副教授。

一　研究问题与现状

（一）问题的提出

随着住房商品化改革的深入发展，以业主、房地产开发企业、物业管理公司等利益群体为主体的社区多元权益格局在各大城市已基本形成，社区已然成为众多主体的利益博弈场。由于我国商品房市场发展不成熟不规范、物业管理等相关法律法规不完善、行政权力过分干涉等原因，业主作为城市社区中的房产所有者与渗入其中的房地产开发商、物业管理公司等资本组织或其他组织的权益矛盾渐趋明显，引起了大量的业主维权行动，成为凸显城市社区中居民权利意识与行动意识的特殊符号。在住房商品化改革较为深入的上海、北京、广州、深圳等发达城市，被称为"有产者革命"的业主维权行动或极端激烈或依法理性，频频上演，不断吸引着人们的眼球。在这些不断上演的维权剧目中，业主维权精英则成为当之无愧的主角。

一般而言，可以将业主维权精英归为社会精英一类，他们是社会变迁过程中成长起来的精英人物，与上层统治权力无关，也不依靠雄厚的经济实力赢得大众的认同，而是在长期的维权过程中凭借其不畏困难的维权勇气、坚定的维权行动和充满智慧的维权策略等成长起来的维权领袖。业主维权精英是权利意识的先觉者和启蒙者，在意识上启发其他业主，在行动上引领其他业主参与维权，在组织上主导整个维权行动，在维权行动中是独立而自主的角色，并左右维权活动的开展、持续和最终的成败。那么这些业主维权精英是如何产生的，他们究竟是怎样的一群人，又是如何引领业主维权行动的呢？

（二）研究现状

业主维权在国外通常被纳入社会运动领域进行研究，国外学者对社会运动精英的研究主要集中在何为社会运动领袖、社会运动领袖如何产生、扮演何种角色、权威来源等几个议题上。斯泰根伯格研究了何为社会运动领袖的问题，她认为社会运动领袖是指那些参与社会运动组织决策并激励他人参与社会运动的人。① 麦卡锡和左尔德等人则针对社会运动领袖如何产生的问题进行了分析，他们认为社会运动领袖的产生是社会运动蓬勃发展的必然结果，就像商业活动的发展必然催生商业领袖一样，社会运动的专业化发展必将促生运动领袖。② 麦克亚当等学者则认为，运动领袖是从原先就已经存在的某些非社会运动组织中移植过来的。在社会运动领袖扮演何种角色问题上，社会运动理论家们普遍认为，运动领袖扮演着运动决策者的角色。而根据资源动员论的设想，运动领袖应该扮演的是"创业家"的角色，运动领袖们不仅要创办和运作社会运动组织，还要能够制造悲情和议题。Platt 和 Lilley 等学者对社会运动领袖的权威来源进行了研究，他们认为，领袖特殊的魅力源自追随者的追捧。③ 但 Melucci 则对上述学者的观点提出了批判，认为他们忽视了社会运动领袖与其追随者之间的社会性关系。他指出，社会建构的过程特别是媒体的公开宣传和报道对魅力型领袖的产生发挥了重要作用。可能的情况是，社会运动本身并没有明确的组织者和领导人，但是媒体会迫于报道的方便而"指定"一个。④

国内关于业主维权精英的研究尚不系统，主要散见于有关于业主维权的文献中，集中在业主维权精英的特征、作用、行动等几个方面的议题。在对业主维权精英特征的描述中，有学者就认为业主维权精英一般是那些对自己权利和利益比较关注，并积极为自己权益而行动的先知先觉的业主，通常他们都比较有时间，经济来源比较独立且丰厚，有一定的组织动员能力，公益心较强。业主维权过程中，业主维权精英担当了政府与群众沟通的桥梁，使业主理性地表达自己的利益，并缓和了政府的强硬态度。⑤ 管兵对 B 市的研究认为，维权领袖是维权过程中的核心人物，起着重要的组织号召和协调的作用。⑥ 另一些学者研究了业主维权精英与政府的互动关系，比如黄卫平、陈家喜从地方政府和社会互动的角度，提出在业主维权过程中，地方政府在

① Suzanne Staggenborg, "The Consequences of Professionalization and Formalization in the Pro-Choice Movement," *American Sociological Review*, 53 (1988): 585 – 605.

② John D. McCarthy and Mayer N. Zald, "Resource Mobilization and Social Movements: A Partial Theory," *American Journal of Sociology*, 82 (1977): 1212 – 1241.

③ Ibid., p. 127.

④ Alberto Melucci, *Challenging Codes: Collective Action in the Information Age* (Cambridge: Cambridge University Press, 1996).

⑤ 胡永雄：《应对业主集体维权的地方政府行为策略研究》，载《"第七届中国政府创新论坛：和谐社区与基层党建——南山模式及启示"学术研讨会论文集》，2009，第 85 页。

⑥ 管兵：《维权行动和基层民主参与——以 B 市商品房业主为例》，《社会》2010 年第 5 期。

与维权精英的博弈时采取了区分性回应策略。而策略的选择受制于三个变量：维权事件的起因与性质、维权领袖的构成、维权者的行动策略。[1] 还有一些学者研究了业主维权精英的嬗变问题，认为社会精英并不等于道德精英，有时候这些所谓的"社会精英"们并不能站在一个公正客观的立场上，因为他们更懂得这个社会的运行机制，更了解业委会在成立和监督机制上的漏洞，很可能做出侵害业主利益的事情，而且他们还懂得利用各种手段去掩盖事实的真相。[2]

关于业主维权精英的研究，国内外存在明显不同。国外关于业主维权精英并没有形成单独的研究领域，而是将其纳入社会运动的宏观领域进行研究，而国内由于社会运动在实践和理论上的先天匮乏，反而在业主维权领域形成了自己的独特研究领域，对业主维权精英的研究也涉及较多。但综合上述国内外的研究现状来看，对于业主维权精英的研究，国内外的相关文献均有涉猎，但均不系统，特别是国内的研究侧重于个案分析，对业主维权精英产生原因、行动策略等的综合性论述则比较缺乏。

二　城市社区业主维权精英的生成分析

城市社区业主维权精英的产生是多重因素作用的结果。从宏观方面来看，体制的变革和经济的发展为其提供社会环境变迁因素，基层社区呼唤新的精英参与社区治理。从微观方面来看，利益的受损为业主维权精英的生成提供了维权场域，而部分业主强烈的权利意识和行动意识则是其成长为业主维权精英的催化剂。

（一）环境变迁：体制的变革与经济的发展

在改革开放之前的计划经济时代，我国社会基本上是一个"总体性"的社会。在"总体性"的社会中，国家对经济以及社会各领域内的资源实

---

① 黄卫平、陈家喜：《城市运动中的地方政府与社会——基于 N 区业主维权案例的分析》，《东南学术》2008 年第 6 期。
② 南风窗调研中国南师大学生课题组：《业主维权与城市社区治理——来自南京市的实证研究》，《南风窗在线》2006 年 11 月 7 日。

行全面垄断，政治、经济、意识形态处于高度重叠状态。[①] 相对于市场经济时代的房产业主而言，单位居民实际上处于"无权"可侵的境地。并且，单位的全方位管制，也逐步造成了单位成员的依赖性人格，即使在住房等日常生活方面出现某些不满意，在冒着丢掉饭碗的情况下单位居民也根本不大可能站出来反抗国家，因此很难产生业主维权行动。

而伴随着住房体制的变革和经济的发展，市场经济条件下的房产业主大量催生，特别是《物权法》《物业管理条例》等相关法规的颁布，在法律上对"建筑物区分所有权"进行规定，使得业主的身份被塑造和强化，并从业主的专有所有权、共用部分处分权以及成员权中衍生出众多其他权利，比如参与权、决策权、使用权、监督权、收益权等等，业主实际上处于"有权可侵"的境地。但是，改革虽然强化了以业主为代表的中产阶层的利益与权利主体意识，却没有设计出优良的利益和权益保护机制，并且在发生利益冲突时也无法给予有效的化解，业主的权益实际上处于被确权却没有被有效保护的不平衡状态。当业主权益受损时，也将不再静默无言，逐渐走上了维权的道路。因此，改革带来的侵权与维权相伴相生，使得业主维权精英的产生成为可能。

（二）精英循环：旧式精英与新式精英的更迭

在传统的城市基层社区管理模式下，定位为自治组织的居委会行政化倾向日益严重，面对市场经济条件下的社区治理新挑战，居委会显得"力不从心"，城市社区不断呼唤新式精英的参与以便探索更为有效的社区治理形式。另外，居委会与居民的利益关联度上的不足导致居委会难以吸引社区居民广泛参与，并且居委会为主导的传统社区治理形式，也没有为新式精英的参与提供有效且能够激发他们积极参与的机制或渠道，这给社区精英的循环生成带来极大的难题。不仅如此，当新的参与或治理形式产生时，比如权益自治组织业主委员会，政府也没有为此做好积极引导和制度设计上的准备，从而引发了众多的社区矛盾。在传统且制度化的参与渠道不畅的情况下，以及在新的参与机制和权益申述维护制度尚未健全的情况下，一旦权益受损，社区居民便自觉或不自觉地逐渐走上了非正式和非制度化的权益维护道路。

[①] 孙立平：《转型与断裂：改革开放以来的中国社会结构变迁》，清华大学出版社，2004，第31页。

作为"经济独立人"的业主以其稳定的职业、较高的收入和文化水平被称为当前中国社会中产阶层的代表，是社区内治理精英的潜在生产基础。在长期的业主维权过程中，某些带头维权的业主游走于政府、物业公司、房地产开发商和业主之间，逐渐成为社区内的维权精英，是目前社区和谐治理不可忽视的力量。纵观整个业主维权过程，业主维权精英的成长过程可以被认为是社区新式精英崛起的过程，而整个业主维权过程实际上为新式精英参与社区治理提供了一种非正式和非正常的机制或渠道，那些具有强烈的权利意识、行动意识和公共精神的业主通过这个机制或渠道逐渐成长为社区治理的新式精英，从而逐渐完成社区治理精英的循环。深圳福田区南天一花园业主范××历经13年的业主维权，如今不仅担任小区的业委会主任，而且也成为所在社区的居委会主任，切切实实地成为社区和谐治理的精英人物。业主维权精英实际上是在社会转型期旧式精英与新式精英无法通过正式而有效的渠道或机制进行循环更迭的产物。

（三）利益受损：怨恨的生产与维权场域的生成

在业主维权过程中，利益受损导致业主内心怨恨感的产生，促使业主走上单独维权、群体维权或跨小区联合维权的道路，从而形成复杂的维权场域。显然，利益受损是业主维权的最核心驱动因素，为业主维权精英的成长提供了生成场域。

从维权的原因和对象来划分，业主维权实际有以下五种类型：（1）房产开发型维权，比如房地产开发商交付给业主的房产面积缩水、质量低劣等；（2）物业服务型维权，比如物业管理无序、小区治安事件频发、侵占停车场收益、挪用公共维修基金、阻挠成立业委会、擅自出租小区规划图内所有的配套设施，如绿地、广场、道路、停车位等；（3）业主自治型维权，比如业主委员会不作为、勾结物业公司侵害业主权益等；（4）行政作为型维权，比如政府迟迟不给业委会备案、随意解散业委会等；（5）邻避（not in my back yard）型维权，比如在小区周边建设污染性企业等。此五种划分虽明确了引起利益受损或怨恨产生的五种原因，但是这种分类和对业主利益受损原因的探讨其实只是表面的，正如张磊所说，"以开发商和物业公司为主体，包括房管局小区办、地方法院和街道办事处等相关政府部门和政府官员在内的、一个具有分利性质的房地产商利益集团已经形成。正是由于该集团的强势地位，使开发商和物业公司敢于普遍而广泛地侵害广大业主的合法权益，这正是业主维权运动兴起的深层原因"①。也就是说，当前分利性质的房地产商利益集团的存在是业主利益受损从而引起怨恨的产生，并最终转化为业主维权行动的深层原因，而这种状况的存在也为业主维权精英的生成提供了可能。

当因利益受损而产生的怨恨在小区内不断被扩散开来时，业主会自发地形成维权的关系网络，在维权网络的基础上寻找维权的诉求对象、利用小区内的广泛资源，进而形成了以业主维权精英为带头人的维权空间，导致了维权场域的产生。社会学家布尔迪厄认为，"一个场域可以被定义为在各种位置之间存在的客观关系的一个网络，或一个构型"，它包括场域、资源和惯习。② 在维权场域内，业主维权分子形成了自己的利益诉求共同体，充分利用自身及社区内外的维权资源，在可能的规则范围之内或者借鉴其他小区维权的策略，不断地向维权诉求对象主张自身的权益。这种因利益受损所造就的维权场域为业主维权精英的产生提供了现实的空间，不仅有维权业主的支持，同时也整合了小区内外可资利用的维权资源，从而形成了自身的维权惯习，推动着维权活动的开展。在维权过程中，那些先知先觉的维权业主利用这种空间基础逐渐成为领头人，最终成为业主维权精英。

（四）积极公民：权利意识与行动意识的催化

"积极公民"（Active Citizenship）强调了公民作为现代社会和公共政治生活中的重要参与者，突出了公民的行动、责任和品性（qualities）的作用，要求以经济独立、行为自主、政治参与、文明品质（civility）的责任与德性，来补充或替代对公民权的消极接受。③ 利益受损固然是业主维权的直接驱动因素，但是没有权利意识和行动意识的催化，业主维权精英的诞生是不可能的，而权利意识和行动意识正是积极公民必须具备的两项重要品质。

"在传统社会，政府和政治通常只与少数精英有关。占人口大多数的农民、工匠和商人，他们或许能够认识到，或许不会认识到政府活动是怎样影

① 张磊：《业主维权运动：产生原因及动员机制——对北京市几个小区个案的考查》，《社会学研究》2005 年第 6 期。

② 〔法〕布尔迪厄、〔美〕华康德：《实践与反思——反思社会学导论》，李猛、李康译，中央编译出版社，2004，第 190 页。

③ 陈文、胡胜全：《"积极公民"：律师参政的行动逻辑与政治影响》，载《当代中国政治研究报告》（第 11 辑），社会科学文献出版社，2013。

响他们的生活的。在通常情况下，他们认为试图影响政府的活动是行不通的，因而也没有这种愿望。"① 在传统社会，人们既没有明显的权利意识，更没有实践权利的行动意识。而在计划经济时代，个人除却选举权和被选举权等最基本的权利之外，个人权利在全能型国家面前被压缩到最低限度，而改革开放的深入推进和经济社会的全面发展，推动了城市化的发展和居民识字率的提高，在这个过程中国家同时也逐步松动对个人的控制，赋予居民比过去更多的、更广泛的权利，比如业主的自治权利（集会权、提议权、表决权、选举权和被选举权、监督权、解聘权等）。也就是说，改革开放主导的现代化过程造就了权利更多、自主意识更强的公民，他们关注自身的权利并实践着自身的权利。

在城市物业小区中，个人摆脱计划经济时代单位体制的束缚，成为拥有私人房产的业主，在经济上更加独立、个体行为更加自主，而经济的发展使得个人的利益增多、受教育程度也得到较大提升，对自身的权利有着更为清醒的认识和警觉，知道而且愿意为自己的受损权益奔走呼号，"无论是地方官员、士绅还是地方精英，他们不可能仅仅是他们所代表的制度和结构的奴仆，他们是可以自由选择行动策略的社会行动者"。②

在维权过程中，那些先知先觉的权利意识觉醒者，在自己的权利遭到来自房地产商、物业管理公司或政府等主体的侵犯时，内心的为权利而行动的意识被激发出来，通过组织维权团队、发布维权消息、动员广大业主等方式，调动可用的维权资源为自己及小区内的受损权益而坚持不懈地行动。权利意识和行动意识为某些觉醒较早并积极参与维权的业主维权分子最终成长为维权精英提供了赢得业主认同的基础。如果说权利意识是内隐的，那么行动意识就是外显的。内隐的权利意识通过外显的行动被彰显出来，合力构筑着积极公民珍贵而独特的品质，催化着业主维权精英的诞生。

---

① 〔美〕塞缪尔·亨廷顿、琼·纳尔逊：《难以抉择：发展中国家的政治参与》，汪晓寿、吴志华、项继权译，华夏出版社，1988，第1页。
② 何海兵：《"国家—社会"范式框架下的中国社区研究》，《上海行政学院学报》2006年第4期。

三　城市社区业主维权精英的特征表现

为什么那些积极参与其中的某些业主最终成为业主维权精英，而其他业主则没有？他们身上究竟有哪些异于其他维权业主的特质呢？从精英理论的视角来看，业主维权精英在身份特质、知识阅历、行动魅力和可动用的资源等方面表现出独特性。

（一）身份特质

1. 职业背景的非体制化

雷弢和孙龙的一项针对北京业主的问卷调查发现，受访者中有 58.9% 的业主在体制内就业，而 41.1% 的业主则属于非体制内的就业者。[①] 这表明，在物业小区内，在体制内就业的业主仍然是业主群体的主体。但是，从业主维权精英的职业背景来看，却出现了与此相反的结果。那些能够成为业主维权精英的业主，其职业背景往往是非体制化的。笔者在深圳走访了大量的业主维权精英，他们都是非体制化的就业者，集中在律师行业、私营企业，有的是个体工商户和退休者等。职业背景的非体制化使得业主维权精英在经济上更加独立，个体行动更加自由。对于在体制内就业的业主而言，他们在经济上和个人行动上依附于现行体制，在是否参与业主维权或多大程度参与业主维权上，往往顾虑重重。特别是在业主维权对社会现行的稳定秩序产生冲击的情况下，体制内的业主参与业主维权将面临巨大的风险，不仅会有体制内的压力，还存在失去工作的风险，因此，体制内的业主在是否参与业主维权上通常持观望或冷漠的态度。一位受访的业主维权精英曾谈道：

> 我曾认识一位本小区的业主，他是街道城管执法队的一名工作人员，我们小区发生了那么多次的维权，但他也只是偶尔对我们组织的维权行动提些建议而已，从不直接或公开参与我们的维权活动。在他看

---

① 雷弢、孙龙：《权利、空间与公民社会——北京业主维权运动与社区治理模式创新研究》，北京燕山出版社，2012，第 46 页。

来，毕竟作为政府的工作人员，他还是担心自己的工作问题。①

2. 知识层次相对比较高

笔者从业主维权的角度将业主维权精英的知识层次划分为个人基本的学历和习得知识以及运用知识来维护自身权益的能力。笔者走访的大量业主维权精英，不乏武汉大学、东南大学等名校的毕业生，所学的专业既有法学也有会计等专业，学习能力相对而言比较强，普遍对基层社会管理体制、业主委员会、物业管理、物权法等相关专业知识比较熟悉，清楚自身在物业小区内的专属权益和共有权益。显然，这些知识层次较高，特别是拥有法学等专业背景或从事律师行业的业主维权精英对自身在小区内的权益所在十分清楚，当权益受损时，他们清楚地知道如何维护自身的权益。即使那些非法律专业出身的业主维权精英，因为自身的学习经历，也比较清楚地知道通过哪些方式和途径可以获得自身所需的专业知识和技能，显示出了相对较强的学习能力。在调查中发现，业主维权精英经常通过查找专业法律文本、上网学习、请教身边的专业律师、参加业主论坛等来丰富自身在物业管理、基层社会管理等方面的专业知识，这些方面知识的获得以及在维权过程中的充分利用为其赢得了其他维权业主的认同。

3. 相对丰富的个人经历

从业主维权的角度，笔者将个人经历分为业主维权精英参与维权之前的经历和参与维权之后的经历。参与维权之前的经历主要是指个人的家庭背景、职业经历、社会经历和生活遭遇等；而参与维权之后的经历则主要是指个人在维权过程中所经历的各种维权事件、业主支持与否的态度、面临的财产和人身威胁等。无论是参与维权之前的经历还是参与维权之后的经历，这些经历要么会对业主维权精英是否参与维权、多大程度上参与以及参与的持续性产生重要影响，要么会对业主维权精英在维权过程中的维权策略和技巧产生明显的影响。笔者走访的大量业主维权精英，大都具有相对丰富的个人经历，这其中有军人家庭背景出身的，也有有过知青经历的和当过大学老师的，还有从事过个体经营的，并且他们在维权过程中也经历丰富，包括自身生命财产受到威胁、业主冷漠或支持、受到来自房地产商和物业公司以及基层政府的压力等等。这些相对丰富的个人经历对业主维权精英们的维权参与

---

① 来自访谈。

行为产生了深深的影响。某位业主维权精英在访谈中谈道：

> 我出生在一个军人家庭，父亲早年曾参加过越战。从小在这样的家庭受到的教育就是做人做事要正直和公正，要有正义感，这个对我影响很大。当我发现我的权益和小区内公共利益受损时，我就站了出来。①

（二）资源掌控

1. 时间资源充裕

从业主维权的现实状况来看，业主维权通常是一场旷日持久的拉锯战，整个维权的过程所需要的时间资源难以计数，短则一到两年，长则十年八年。相对普通维权业主而言，在业主维权过程中往往能够脱颖而出成为业主维权领袖的人，普遍地在时间资源上和时间投入上都相对较多。业主维权精英拥有丰富的时间资源以及能够在维权过程中进行持续的时间投入，通常有两个方面的原因，一是他本人处于退休状态或无工作状态，二是他本人的工作时间比较有弹性，可以自行安排自己的日常生活。笔者在走访过程中遇到的业主维权精英大都属于这两种情况。比如福田区某花园的范先生和另一花园的邓先生，他们二人都已年逾七十，退休已10多年，参与和领导维权多年，因为退休的关系，他们拥有较为充裕的时间参与和领导所在小区的业主维权，所以逐渐在维权过程中赢得了其他业主的认同和支持，并在深圳的业主自治和维权方面享有较高的声誉。还有如福田区福保街道某女性业主，她参与和领导业主维权也已接近2年，因为自身是个体工商户，所以时间安排上比较有弹性。同为福保街道的另一个男性业主与她的情况比较类似，该男性业主自2004年维权以来已10多年，他没有什么固定的工作，到现在基本上算是职业维权者，仅在小区内作为义务巡逻员而已，因此他的时间也比较有弹性，可以长时间地投入到业主维权行动中。从上述四个案例不难看出，充裕的时间和长时间的投入是业主维权精英一个重要的特征。

2. 物质基础深厚

一般来说，没有稳定的工作和经济来源，业主较少有心思参与和领导业主维权行动；另外，在业主维权过程中存在较大的维权开销，包括宣传动员

---

① 来自访谈。

的费用，比如印制横幅和宣传单等，还包括维权过程中的隐性开支，比如请媒体朋友的人情费等，这些费用可能都需要业主维权精英自掏腰包或发动业主捐款予以解决，这对业主维权精英来说也是不大不小的挑战。笔者发现，业主维权精英的物质基础主要来自两个方面，一是业主维权精英自身的经济基础，二是普通维权业主的物质性支持基础。前者主要指业主维权精英的工作收入和家庭经济来源，后者主要指普通维权业主的物质捐助等。业主维权精英通常有较为厚实的物质基础，他们要么经济来源稳定，要么得到了其他业主的物质性支持，要么兼而有之。笔者走访发现，业主维权精英普遍有稳定的工作和家庭收入来源，而那些退休的业主维权精英也有稳定的退休金，不用担心退休后的生活来源问题。此外，在维权过程中，业主维权精英基本上也得到了普通维权业主的物质性支持，这种支持要么是对维权行动的支持，要么是对维权精英的生活的支持，这种物质性的支持大大增加了业主维权精英维权行动的持续性。对维权行动的支持有捐款支持，也有维权过程中设备的支持，比如高音喇叭、摄像机、照相机等。对业主维权精英生活的支持表现为捐款或捐助生活用品（比如粮油）等支持。比如，福田区某业主维权精英因工作不稳定，收入来源较少，其他普通业主时常给他送粮油等生活用品予以支持，使他能够全身心地投入到领导小区业主的维权行动中去。在访谈中，他说道：

> 　　我们小区的业主都非常好，明知道我现在没有正式的职业，但时不时或逢年过节封个红包几千几百的都有，除此之外，还经常买米买油啊什么的送过来。我说不用不用，但是他们硬要拿过来给我。所以我给街道办的书记他们说，如果不是有这么多热心的业主给我支持，真的很多工作都很难做的。[①]

3. 社会网络丰富

在业主维权过程中，业主维权精英通常具有较为丰富的社会网络，并且这些不同形式的社会网络之间互相串联从而形成密集的维权网络，在维权过程中发挥着重要的作用。业主维权精英的社会网络要么是在维权之前就已经存在，要么是在维权过程中逐渐在原始的社会网络上建构、扩散或者强化起

---

① 来自访谈。

来的。笔者在走访中发现，业主维权精英的社会网络的节点主要有三种，即社区内部关系、社会外部关系和体制内部关系。社区内部关系主要有帕特南所说的"亲属、密友和邻居"①等，也可以说是社区内部有共同维权意向的业主；社会外部关系包括媒体人士、业主维权方面的律师和专家学者、会计师以及有共同遭遇的维权人士等等；体制内部关系包括业主维权精英原本就存在的体制内部联系和在维权过程中逐渐争取过来的"有良心的官员"②，业主维权精英们已经注意到体制内的人员在信息供给、资源获取和策略行使上扮演着重要角色③，而政府部门内部条块分割而非铁板一块的特性则给维权者提供了行动的空间。在维权过程中，这些关系节点或人士在业主维权精英的活动下相继被卷入到维权行动中来，从而构筑起关系数量较多、密度较高、强度较强的社会关系网络，成为有效且可靠的维权资源。

（三）行动魅力

1. 依法理性

在研究中国农民的抗争和都市内业主集体运动时，学界形成了"依法抗争"（Rightful Resistance）④、"以法抗争"⑤ 和"以理抗争"⑥ 的概念，而这些概念的提出实际上都体现了农民或城市业主在维权抗争过程中的"依法理性"的特性。相对农民的维权抗争而言，这种"依法理性"的特性在城市业主维权过程中，特别是在业主维权精英身上表现得尤为明显。维权13 年之久共打了 24 场官司的福田区范××在最高人民法院驳回其物业权属请求后对记者说道："业主维权是开展基层民主的重要活动，但任何时候不要忘记要依法，要理性，要有策略。"⑦ 笔者走访中发现，大量业主维权精

---

① 张钊：《城市改造中的草根抗争研究——以 N 市老城南改造为例》，硕士学位论文，南京理工大学，2012，第 32 页。
② 来自访谈。
③ SHI Fa Yong，CAI Yong Shun，"Disaggregating the State：Networks and Collective Resistance in Shanghai"，*The China Quarterly*，186（2006）：314 – 332.
④ Kevin J. O'Brien, Lianjiang Li, *Rightful Resistance in Rural China*（New York and Cambridge：Cambridge University Press，2006），p. 2.
⑤ 于建嵘：《当代中国农民的"以法抗争"——关于农民维权活动的解释框架》，《文史博览》2012 年第 12 期。
⑥ 朱健刚：《以理抗争：都市集体行动的策略——以广州南园的业主维权为例》，《社会》2011 年第 3 期。
⑦ 綦伟、窦延文：《理性维权尊重终审判决》，《深圳特区报》2014 年 2 月 23 日，第 A2 版。

英深谙物业管理等相关的法律法规，并且在维权的过程中也不断学习相关的法律，还告诫其他维权业主一定要学法，坚持依法理性维权。南山区某业主维权精英说道：

> 我们的经验和范某（福田区某业主）的经验是，一定要依法、理性和策略。希望你们现在可以把法律好好学一下，一定要学法。我们小区的经验，第一靠小区业主团结和自卫，第二要依靠法律，法律不管怎么样你都要学透学精。①

这些业主维权精英要么运用法律表明自身的权益所在，与物业管理公司和房地产开发商等展开协商谈判，要么直接采取法律诉讼的方式维护自己的权益。比如福田区某业主维权精英，他所在的小区已历经 8 次法律诉讼，虽无一胜诉，但仍旧坚持运用法律的手段解决问题。此外，某些业主维权精英在法律或正常渠道无法达到维权目的的情况下，也会采取相对过激的行为，比如集体上访、到市区政府门口静坐或喊口号等，但在这个过程中也仍会恪守规则和秩序，坚持"擦边而不越界"的原则。笔者在走访业主维权精英过程中，曾亲身经历过某小区的业主维权活动，两三百位业主拉着横幅、喊着口号齐上阵，整个场面虽情绪激愤但不失理性，没有发生过任何打砸和斗殴的事件，特别是业主维权带头人还始终以喊口号的方式告诫其他业主理性维权，显示了业主维权精英的理性意识和秩序意识。

2. 自信果敢

自信果敢是个体自我效能感（Perceived self-efficacy or sense of self-efficacy）的集中表现。具有较高自我效能感的人，对于环境中的挑战则采取积极的应对态度，视各种挑战为自身学习新技能的好机会。② 业主维权精英在参与和领导业主维权的过程中，普遍对自身的维权能力和知识拥有相当的自信，并且全力以赴地积极参与和领导业主维权活动，与其他普通维权业主相比，具备较高的自我效能感。这些具有较高自我效能感的维权精英也往往对自身所参与和领导的业主维权行动具有较高的忠诚度，无论在维权过程中出现怎样

---

① 来自访谈。
② 周文霞、郭桂萍：《自我效能感：概念、理论和应用》，《中国人民大学学报》2006 年第 1 期。

的苦难和挫折，都始终坚持不懈。比如福田区业主黎某从 2004 年开始维权，这期间遭遇黑恶势力的多次上门殴打和威胁，维权过程曲折艰难且收效甚微，10 多年来自始至终坚持不懈，基本上成为专职业主维权者。

3. 公共精神

公共精神是指个体在公共领域内表现出来的公共意识、公共关怀和公共参与的集合体。具有公共精神的人往往表现出明显的公共性自我而不是私性的自我，对他所体认的公共领域内的共同利益、价值和规范表现出自觉的关注与强烈的责任感，当这种共同利益、价值和规范遭到破坏时又往往倾向于采取积极的行动，"希望通过自己的具体行动来实现、维护、促进他所体认的公共利益和价值"①，而且往往不求回报。业主维权精英从维权的开始就表现出极强的公共精神，可以说他们是社区内拥有公共精神的典型代表。笔者在走访这些业主维权精英时，发现这些精英们关心社区事务、参与社区治理，从一开始意识到业主的公共权益受到损害时，就积极站出来并通过各种方式动员其他业主参与维权。大量业主维权精英在业委会中任职，但大部分表示没有任何报酬，仅有少数业主表示过每月有 100 元左右的话费补贴，而那些没有在业委会中任职的维权业主还要自掏腰包购买和印刷维权用品等。不仅如此，他们大都在维权过程中还要面临各种生命财产的威胁、资金缺乏、毫无报酬、占用个人大量休息时间等现实问题，但仍冒着风险做着纯志愿性的工作，坚持不懈地积极维护业主的公共权益。访谈中，宝安区某业委会主任谈道：

> 烧香拜菩萨的人都有他自己的利益，我们这些人做的根本毫无目的，纯粹是为了做这些事情，根本不是想要得到什么样的回报。②

四 城市社区业主维权精英的行动逻辑

积极公民最重要的品质之一就是行动意识。在业主权益受损时，作为维

① 邓莉雅：《公共精神与当代中国民主政治的建设》，硕士学位论文，华南师范大学，2004，第 13 页。

② 来自访谈。

权代表的业主精英是如何行动的呢？所谓行动逻辑，它应当包含行动动机、行动对象、行动方式、行动策略和行动动力五个方面，即回答业主维权精英为什么要维权、向谁维权、怎样维权、如何维权和维权持续性等问题。

（一）业主维权精英的维权动机

1. 维权动机的类型

业主维权精英的维权动机可分为现实利益维护与社会理想追求两大类。现实利益的维护是业主维权行动的根本驱动因素，现实利益维护可以细分为守护个人的私有权益和维护社区的公共权益两类。基于守护个人的私有权益而积极主动参与和领导业主维权的主要是那些切身利益遭到损害的业主，表现为房屋质量差、财物失窃、遭遇电梯下坠事故、车辆损坏等等。比如福田区某业主，因为乘坐电梯时发生突然下坠事故而走上维权道路。基于维护社区公共权益而积极主动参与和领导业主维权的主要是那些首先意识到小区公共权益被侵占或损害的业主，比如绿地被侵占、会所被转让、物业服务收费不合理等等，此类业主相较于其他普通业主表现出更为明显的公共关怀和公共意识，因此积极主动地站出来带领其他业主维护小区的公共权益。比如福田区某花园小区已年近76岁的业委会主任，因业主共有区域的房屋遭侵占和被物业管理公司擅自改变使用功能等，自2000年以来不断带领其他业主进行着艰难的维权行动。

业主维权的利益取向固然毋庸置疑，但在利益性维权的过程中，总是会附带着其他的维权动机，比如社会参与的诉求、良好的社会治理环境的诉求、促进法律法规和制度的完善等，此类诉求可归结为社会理想追求。比如福田区和南山区的另外几位业主维权精英也表现出同样的情况，他们最初也是因为自身的权益或公共权益受到侵犯而走上维权道路。但在维权过程中，他们逐渐超越单纯的利益性维权而将眼光投向了物业管理等相关法律法规和制度的完善上，他们不断联合起来通过召开业主论坛或物业管理等学术会议来商讨递交给深圳市人大常委会的法律修订意见书，希望通过法律法规和制度的完善来改变业主维权和业主自治的法律与制度环境。显然，这些业主维权精英的维权动机已不再显得那么单一，而逐渐掺杂着宏观的社会理想诉求。

2. 维权动机的转变

在业主维权过程中，业主维权精英的维权动机呈现出现实利益维护和社会理想诉求彼此共存甚至相互影响的复杂局面，不断发生着变化，共同推动着业主维权精英们维权行动的开展和持续。业主维权精英的维权动机的转变是如何发生的，其影响因素又是什么呢？笔者通过对搜集到的业主维权案例的分析和对业主维权精英的访谈发现，两个关键因素在这个转变过程中扮演着重要作用：一是业主维权精英的知识阅历；二是业主维权精英所面临的维权困境。这两个关键因素从内而外促使维权动机转变的发生，也就是说，这种转变的发生实际上是内部因素（知识阅历）和外部因素（维权困境）共同作用的结果。

在维权过程中，伴随着单纯的利益性维权行动所面临的维权困境的增多和维权难度的加大，业主维权精英会在这种维权困境和难度的压力下去思考问题的根源所在，包括为什么会发生维权、如何避免权益再次被侵害以及社区和谐稳定的可能性等问题，而业主维权精英相对较高的知识阅历会强化他们这种问题意识，并且也在实际中有助于他们发现问题的症结所在，特别是那些受过良好教育或有相对专业的法律知识的业主维权精英，这种对问题进行追根溯源的意识会显得更加明显。而在对问题症结的追寻中，业主维权精英逐渐意识到，单纯的利益性维权只是狭隘的做法，即使受损的权益得到维护，也很难保证下次不再被侵害，真正需要做的是从法律和制度上予以完善和保证，并且不断提升业主的权利意识和参与意识等。这种问题的根源意识会逐渐渗透到业主维权精英的维权行动中，促使其维权动机发生着转变，从单纯的利益维护到日益附带着相当程度的社会理想诉求。

（二）业主维权精英的维权对象

1. 维权对象的类型

维权对象是指业主维权直接抗争或提出诉求的指向对象。在业主维权过程中，房地产开发商、物业管理公司、政府、业主委员会通常都有可能成为业主维权的对象。通过对大量案例的观察分析，笔者发现，在实际维权中，从维权对象扮演的角色、维权指向的主次之分以及维权的激烈程度，可以对上述四个具体维权对象进行分类。笔者认为，这四个对象可以分为三种类型：诉求型维权对象、直接抗争型维权对象和附带型维权对象（见表1）。

直接抗争型维权对象一般是指业主利益的直接侵犯方，特别是核心利益的直接侵犯方，通常是主要的维权对象，主要有房地产开发商、物业管理公司，或者邻避型维权当中的某些企业、政府。在维权时，业主对此类维权对象通常都表现得相对激烈和愤慨。

而诉求型维权对象，并不是业主直接的利益侵犯方，但会在业主维权过程中成为业主提出要求的指向对象，通常指政府，包括房地产主管部门、土地规划部门、基层政府或者省市、国家部委等。维权业主希望政府在其维权过程中能够担当中立客观者的角色，对矛盾纠纷予以调解、澄清事实、惩办某些侵害业主权益的腐败官员、对侵权的物业公司或房地产开发商予以惩戒等。相对来说，对于此类维权对象，业主都表现得较为温和。

至于附带型维权对象，它并不是主要的维权对象，主要是指那些利益或核心利益的非直接侵犯方，但是业主利益受损或者利益得不到维护与之有密切的关系。在业主维权过程中，业主委员会和政府通常扮演着这样的角色。比如福田区某小区，在与物业公司的矛盾中，业主怀疑业主委员会与物业公司勾结，因而也将业主委员会当作维权对象。而龙岗区某小区，因为政府的土地规划不合理造成企业生产过程中排放大量有毒气体，因而也将政府作为维权对象。

表1　维权对象的类型

维权对象的类型	具体对象	主次	维权状态	案例
诉求型维权对象	政府	次	温和	红树绿洲
直接抗争型维权对象	房地产开发商、物业管理公司、生产性企业、政府	主	激烈	西部通道事件；如意家园
附带型维权对象	业主委员会、政府	次	温和/激烈	国展苑；振业峦山谷

2. 维权对象的选择

现实中，业主维权通常不是单一因素所造成的，所牵涉的主体往往有多个，因此在维权过程中就面临着维权对象的选择问题。直接的侵权方，自然就成为直接抗争型维权对象。但是在向该对象进行维权的过程中，总是不免要扯进其他看似无关或关系牵扯不多的主体，这就使得业主维权精英所组织和参与的维权行动指向对象总是处于多元甚至变动不居的状态。有趣的现象是，在几乎所有的维权案例中，无论业主是出于什么原因而采取的维权行动，政府或相关主管部门无一例外地会成为业主维权的指向对象，只是在不同类型的业主维权行动中，政府或相关主管部门作为维权对象所扮演的角色类型会明显不同。这种状况的出现，可能基于以下两个原因：一方面，中国基层全面管制型政府的角色在改革开放后并没有得到全面的改善，政府仍然对民众的社会生活和经济生活干预太多，以致民众与政府之间产生摩擦的机会有增无减；另一方面，长期生活于全能政府下的民众，对政府出面解决自身的权益问题仍然抱有极大的期待，并且在中国基层自治制度还不完善、公民社会发展还不成熟的情况下，政府仍然可能是最好的仲裁者。因而，在业主维权过程中，政府始终成为业主维权时锲而不舍的可选维权对象。

（三）业主维权精英的维权方式

1. 维权方式的类型

通过对业主维权精英的走访和对搜集的案例的观察，笔者发现业主维权精英在维权过程中所采用的方式多种多样，进行宽泛的归纳，总计有 14 种之多，包括拒交物业管理费或停车费、谈判协商、诉诸政府、法律诉讼、集体上访、堵路游行、借助媒体、网络呼吁、参选人大代表、向人大提立法或修法建议、聘请或邀请专家帮忙、接触关键人物、递交检举信、成立维权组织等，每种方式当中又或多或少地形成不同的维权形式。相对而言，在这些纷繁多样的维权方式当中，诉诸政府、法律诉讼、集体上访、抗议游行、借助媒体、网络呼吁、咨询专家等是业主维权中最常见也是最普遍使用的维权方式。

麦克亚当、西德尼·塔罗和蒂利等学者在研究斗争政治时，将斗争手法分为逾越界限的斗争形式和有节制的斗争形式两类。有节制的斗争表现为"所有各方都属于运用确定的方式提出要求的体制内的行动者"，而逾越界限的斗争则是指在斗争中"采用那些要么从未有过先例、要么为现存政权所禁止的方式"①。笔者在此无意于对上述学者的分类方法进行评判，只是借鉴他们关于斗争手法的分类形式对业主维权方式进行分类。根据他们的分类方法，结合业主维权的实际以及中国当前的社会与政治生态，笔者将业主

---

① 〔美〕道格·麦克亚当、西德尼·塔罗、查尔斯·蒂利：《斗争的动力》，李义中、屈平译，译林出版社，2006，第 9 页。

维权的方式分为逾越界限的业主维权方式和有节制的业主维权方式两类（见表2）。因集体上访和堵路游行等在法律中明令禁止，显而易见，逾越界限的业主维权方式就包含集体上访和堵路游行等，而有节制的业主维权方式则有法律诉讼、谈判协商、咨询专家、媒体呼吁等。

表 2　业主维权方式的类型

类型	具体方式
逾越界限的业主维权方式	集体上访和堵路游行等
有节制的业主维权方式	法律诉讼、谈判协商、咨询专家等

2. 维权方式的选择

从上述两类维权方式的资源运作和维权指向来看，逾越界限的业主维权方式通常将矛头指向政府或物业管理公司、房地产开发商，在进行资源运作时往往将范围局限于社区内部，更多的是动员广大的业主以增加维权的规模，造成压迫式维权氛围和情境。但是，相对有节制的业主维权方式而言，此种维权方式的维权绩效并不高，反而会使业主自身处于被动尴尬的境地，而业主维权带头人也有可能处于较大的风险中，比如被公安部门拘留、遭物业公司或房地产开发商的报复等，因而在维权过程中，业主维权精英比较倾向于采用有节制的维权方式，比如法律诉讼、谈判协商等。有节制的业主维权方式在资源运作过程中，将社区内部的资源和外部的资源充分调动和利用起来，其维权的效果更佳，而业主维权精英本身的维权风险也相对较小。正如麦克亚当等人认为的，"采用逾越界限的斗争形式能够带来惊奇、不确定性和新异性的好处，但是有节制的斗争形式则具有易于被接受、为人所熟悉并易被提出要求者所采用，而无需他们具备特殊资源或甘愿招致损失和冒风险的好处"①。

（四）业主维权精英的维权策略

维权策略是业主维权精英在不同的维权情境中对大量而具体的不同维权方式进行最优化处理，以获得最好的维权绩效的技术性手段。相对维权方式

---

① 〔美〕道格·麦克亚当、西德尼·塔罗、查尔斯·蒂利：《斗争的动力》，李义中、屈平译，译林出版社，2006，第53页。

而言，维权策略的技术性更强，更能体现业主维权精英在维权过程中的智慧和对维权情境的把握。

1. 怨恨刺激

怨恨是人们内心的一种情绪或情感，怨恨的刺激会增加业主参与维权的行动意愿，可谓一种情感或共识动员机制。如果抗议领袖的行动框架无法激发行动者的情感领域，那么抗议动员通常也是盲目的。[①] 在走访中，业主维权精英虽不会刻意宣泄自己的怨恨，但是会通过维权传单、网络媒体、与社区内业主直接接触、入户诉说等方式将小区公共权益的受损情况和自己的维权遭遇告知给其他业主，以激发起其他业主对受损权益的关注和内心的怨恨情绪。这种怨恨情绪会在小区业主之间进行扩散和累积，当遇到触发性事件——比如小区内的偷盗事件、电梯事故、账目审计后发现资金去向不明、业主维权精英的主动宣传动员或造势等——的刺激或特别组织的行动动员时，业主的怨恨情绪会转化成实际的行动，从而参与到业主维权精英所组织的维权行动中来。

当然，怨恨刺激作为唤起业主集体维权的情感或共识动员机制，虽然有着不可忽视的作用，但是作为需要消耗大量资源的业主集体维权行动，单凭业主的怨恨、信念或悲情等情感因素仍不足为恃。正如谢岳所说，"抗争领袖如果仅仅动员人们的怨恨感，是不可能组织起集体行动的，还得设法动员对抗争和不满表达的其他情感，只有当怨恨感与希望结合在一起时，类似于社会运动和革命的集体行动形式才有可能发生"。[②]

2. 强势诉苦

在解放年代的土地改革中，诉苦被共产党当作重要的群众运动形式而加以广泛地利用。杜赞奇在《文化、权力与国家》中曾注意到共产党在农村中对农民苦难意识的动员对革命的重要作用。[③] 郭于华、孙立平从国家与社会关系的宏观视角，认为诉苦是塑造农民"感恩型国家观念"的中介机制，在这个机制运作过程中，农民形成"人民"或"群众"的自我身份认

① 谢岳：《抗议政治学》，上海教育出版社，2010，第94页。
② 谢岳：《抗议政治学》，上海教育出版社，2010，第94、95～96页。
③ 〔美〕杜赞奇：《文化、权力与国家》，王福明译，江苏人民出版社，1994，第238～241页。

同。① 事实上，在笔者走访过程中发现，诉苦在当前的城市业主维权当中也是司空见惯的现象，只不过与土改年代中带有极其强烈阶级仇恨意识的诉苦不同，业主维权过程中的诉苦并不是想要塑造阶级的对立和仇恨，仅仅是想要通过诉说自己的遭遇以博得舆论的同情、关注和其他更多业主和人士的注意，从而推动业主维权运动的展开。

笔者在此借鉴上述学者关于土改中农民诉苦的研究经验，并结合业主维权精英在维权过程中的实际，提出强势诉苦的概念。所谓强势诉苦，就是"强硬态度＋诉苦技术"在维权过程中的结合运用。在维权过程中，业主维权精英要么自己，要么发动其他维权业主，在不同场合、不同时间向不同人士诉说自己和所在小区遭受侵权的事实以及在维权时的种种艰辛和遭遇，进行着弱势群体形象或受害者形象的自我塑造，凸显自身的无辜、无奈和高尚，以反衬维权对象的无良甚或野蛮，从而博取诉说对象的同情、道义支持甚至帮助。但同时在诉说的过程中他们又表现出理直气壮般极其强硬的态度和坚定的维权决心，而这正是强势和诉苦相结合的策略在维权中的运用。通常业主维权精英和诉苦积极分子会抓住一切可以倾诉的场合和对象进行诉苦，场合往往有业主论坛、媒体公开采访、私下访谈、上访等，对象有媒体、学者专家、官员等，尤其是面对官员时，他们的这种强势立场和诉苦的欲望显得更为明显。

3. 关系利用

资源动员理论认为，与正式的社会运动动员组织相对，社会关系网络作为无形资源的一种，在社会运动中扮演着非正式的动员结构的角色，丰富的社会关系网络能够将更多的人动员进社会运动中来。无论维权的结果是成功还是失败，在维权过程中，业主维权精英都会或多或少地动用他可资利用的关系资源，以期动员更多的业主参与到维权中来，从而形成规模化的维权行动。业主维权精英对社会关系网络的充分利用，使社会关系网络在维权过程中发挥着宣传动员、咨询和直接维权的功能。

一是宣传动员功能。业主维权精英充分运用自身所拥有的社区内外的关系网络，比如亲朋关系、媒体关系、与社区社会组织的联系等，通过散发传单、口口相传、组织业主聚会、建立业主 QQ 群等向小区业主宣传有关业主

---

① 郭于华、孙立平:《诉苦:一种农民国家观念形成的中介机制》,中国社会学人类学研究网,2010 年 2 月 16 日。

权利的知识、小区业主权益受损的状况和正在进行中的维权行动等，以动员更多的业主关注自身的权益并参与到维权行动中来。二是维权咨询功能。业主维权精英在维权遇到困难时，通过社会关系网络向其他小区有经验的维权精英或学者专家、律师等咨询，以破解维权困境。三是作为直接的维权手段。业主维权精英如果与体制内的官员有联系的话，这种关系会成为其进行维权的绿色通道。比如福田区某业主，他与广东省政府内的某位官员关系密切，于是他通过这层关系，将他多年收集的他所在小区物业公司盗取国有资产的证据以检举信的方式转交给省纪检部门。

4. 持续动员

业主维权是一种耗时耗力的集体行动，业主的支持和参与对维权成败有着至关重要的作用，但是业主维权总是面临着各种困境和不确定性的遭遇，因而业主的退出与参与就成为极其常见的现象。业主维权精英需要时刻保持对业主的动员，才有可能维持基本的维权行动规模。这种动员无论是在维权最为激烈的时候还是在相对温和或冷却的时候都是需要的，因此持续的动员就成为业主维权精英必须持久使用的维权策略。正如谢岳所说的，"抗争组织者必须持续地进行抗议动员，使抗争保持持久的吸引力，鼓励新的参与者加入"。①

业主维权精英通常都会极尽所能地在小区内开展动员，比如在小区内的业主QQ群发图片，贴有关媒体对小区维权的报道、自己的维权遭遇等等，还有的会利用小区内的社会组织联络其他业主、请法律专家到小区来为业主讲解相关法律知识、利用小区内的突发事件开展宣传等。通过这些持续不断的甚至是渗透到日常生活当中的方式来动员其他业主，争取业主的同情、理解和支持，提升业主的权利意识和参与意识，最终加入到维权行动中来。这种持续的动员正也印证了帕米拉·E. 奥立佛等学者的观点，"积极分子在大多数集体行动中都处于核心地位。他们有时候单独行动，但更常见的是他们试图把其他人也带入集体行动之中。"②

---

① 谢岳：《社会抗争与民主转型——20世纪70年代以来的威权主义政治》，上海人民出版社，2008，第148页。

② 帕米拉·E. 奥立佛、吉拉尔德·马维尔：《集体行动的动员技术》，载〔美〕艾尔东·莫里斯、〔美〕麦克拉吉·缪勒主编《社会运动理论的前沿领域》，刘能译，北京大学出版社，2002，第287页。

5. 投桃报李

在业主维权过程中，业主维权的艰辛使得每一次小小的维权胜利都来之不易，对那些在维权当中支持、理解甚至帮助过他们的人，业主维权精英都会铭记在心，通常会采取登门拜访、送锦旗、发感谢信和表扬信等对他们表示感谢和赞许，这正是维权精英在维权过程中对投桃报李策略的运用。投桃报李的对象往往有小区内的业主、体制内的官员、媒体从业人士等。比如龙岗区某小区以表扬信的形式对业主的积极行为表示鼓励和支持，南山区某业主对那些在维权过程中帮助过他们的官员则采取节假日登门拜访的形式上门亲自感谢，福田区某业主自掏腰包以业委会的名义制作锦旗对《深圳晚报》在其维权过程中给予的帮助表示感谢，该区另一位业主则通过送感谢信的方式表达感谢。

投桃报李策略的运用，一方面可以继续争取业主的支持从而巩固业主维权的团结，另一方面也可以稳固与媒体朋友或体制内官员等关系从而争取在下一次的维权行动中获得持续的支持，实际上可以认为这种策略是一种关系投资性的维权策略。

（五）业主维权精英的维权困境

1. 外部维权困境

从困境的产生主体来看，外部行动困境主要源自政府主管部门、法规制定部门、房地产开发商与物业管理公司三个主体。

政府主管部门所带来的困境主要是管理上和制度上的。长期以来，基层政府的管理模式仍然停留在计划经济时代的管制模式之中，而"稳定压倒一切"的维稳思维又使得政府部门将社区内任何风吹草动都视为是对稳定的威胁，有的地方政府甚至将业主维权精英看作"麻烦的制造者"和"维稳对象"，因而在管制惯性和维稳思维已相当固化的情况下，基层政府和房地产主管部门对业主维权的不当干预或不作为，使得业主的维权诉求常常得不到有效的回应。而法律法规上的缺憾又使得业主的维权行动面临重重瓶颈，比如在有关业主委员会是否具有独立法人地位、有没有独立的民事权利义务、能否成为独立的民事诉讼主体、业主委员会的运作与监管等问题上，《物权法》和《物业管理条例》等均没有非常明确和具体的单列条款予以专门规定，业主委员会在法律上的地位和制度层面的自治地位均不明确，这种法律上的缺失或规定不明给业主维权精英的维权行动带来巨大困难。除此之外，作为业主维权行动的主要指向对象物业公司和房地产开发商，为了维护自己在小区内的固有利益，常常对业主维权精英参与或领导的业主维权行动采取阻挠、破坏、暗中分化的策略，甚至暴力威胁业主维权精英，致使业主维权精英的人身财产遭受威胁。

2. 内部维权困境

业主维权精英的内部行动困境主要源自业主自身，主要表现为业主自治意识和维权意识淡薄、"搭便车"心理严重，以及对业主维权精英的偏见。在业主维权过程中，许多业主对社区公共权益较少关注，往往只顾自己"一亩三分地"的利益，对于非直接利益之外的受损利益并不十分在意，认为只要有其他业主出来维权就可以了，而自己参不参加都没什么意义，普遍存在"搭便车"心理。同时，业主的自治意识和权利意识较为淡薄，特别是当没有组织带头人的时候，业主更像一盘散沙，缺乏积极性，无法有效组织起来，许多维权行动往往由于业主参与不够而功亏一篑。访谈中，某业主说道：

> 在小区内发生业主维权时，如果没有突发事件，没有特别恶劣的事件来激起业主的强烈不满的话，基本上是"二八定律"，可能20%的人关注这事，80%的人随大流的。[①]

除此之外，许多业主对业主维权精英的积极维权行动存在认识上的偏差，认为那些积极维权的业主其实是为自己谋取私利，根本不是为小区谋取公共利益，因此对业主维权精英组织的维权行动敬而远之，甚至百般阻挠，与业主维权精英唱反调，业主维权精英在维权过程中普遍面临着业主的不信任，使维权行动面临重重困难。

（六）业主维权精英的维权动力

业主维权困境的存在使得业主维权精英的维权行动处于难以为继的状况，不断有维权业主参与和退出。与普通业主不同的是，业主维权精英通常都具有持续的维权热情。那么业主维权精英们的维权动力是什么呢？

---

① 来自访谈。

1. 团队支持型动力

所谓团队支持型动力，主要是指基于维权团队稳固和持久的支持而形成的维权动力。在业主维权过程中，某些小区因为没有形成稳固而持久的维权团队，因而维权行动难以为继，业主维权精英迫于势单力孤的局面不得不放弃最初的维权行动。但在有的小区，以业主维权精英为代表的业主却能形成稳固而持久的维权团队，团队内部成员可能不是小区内所有的业主成员，甚至可能仅仅是小部分的业主成员，但是该业主团队能够"同仇敌忾"共进退，为了维护自身的个人利益和小区内的公共权益而牺牲自己的部分时间和精力。特别是当业主维权精英因为组织业主维权而遭到不公正对待（比如人身财产受到威胁等）时，团队成员能够发动其他业主对业主维权精英的维权行动予以坚定的支持。这种来自团队的团结和稳固且持久的团队支持成为业主维权精英的维权动力源之一，使其能够坚定自身的维权行动。访谈中，龙岗区布吉街道某小区的业主维权代表曾说道：

> 我们小区建立了自己的维权网站，并且也有自己的维权团队，虽然这个团队并不是很正式，也没有什么明确的规章制度，但还是有很多热心的业主参与其中。通过这个团队我们组织了很多次维权，我本人作为其中的代表之一，其间也遭受到了很多威胁。但是许多热心的业主给了我很大的支持，有时还组织活动声讨那些恶势力，要求派出所破案等。要不是这些热心业主，要不是我们团队内的其他成员坚定地维权，我是坚持不下去的，我可能早就退出了。①

2. 自我认可型动力

所谓自我认可型动力，主要是源自业主维权精英对自身能力的自信，或者即使自身能力有限，但是对其他业主能够站出来维护好小区内的业主权益并没有信心，或者说是对其他业主的不信任。事实上，这种自我认可型动力的形成主要还是由业主维权的内部困境造成的，比如业主的积极性和热情不高、某些业主过分谋取自身利益而牺牲公共利益等，以致部分业主对其他业主的维权行为产生怀疑和失望，不相信其他业主而更信任自己，认为只有通

---

① 来自访谈。

过自身的努力才可能维护好自身的利益和小区的公共权益。在访谈中，福田区某业主谈到了她的情况：

> 因为之前我也是组织和参与业主维权的，但是在组织的过程中就发觉，今天一个人，明天一个人，前天也说好的要去组织参加的，但是到第二天人就不见了，就是说人的诚信度很差，积极性不高。我是觉得我不太信任他们，更信任我自己。我觉得我要维护好自己的权利，不能让我住的小区变成混乱不堪的小区。①

3. 国家认同型动力

所谓国家认同型动力，主要是源自业主维权精英对当前以及以后国家在相关政策法规方面的改善和进步抱有极大的自信。"公民对共和国的认同与热爱作为一种聚集在公民心灵深处的精神资源，确实构成了公民积极参与公共事务、努力走向自我管理、勇敢担当公共责任的巨大推动力。"② 抱有此种态度的业主维权精英认为，虽然目前国家政策法规等方面还有众多的不足，在维权过程中也遭到很多不公正的待遇，维权行动也迟迟没有结果，但这个只是暂时的，只要自己坚持，随着国家在这方面的持续关注和投入，每个人都能够为此做点事情，这种无序的状态迟早会得到改变，相信社会的进步和法制的完善能够最终维护好自身的权益。在福田区福保街道某小区访谈时，某业主曾说道：

> 不管是任何组织、企业或是个人，都不能违反宪法。维权至今，为什么我感觉能够看到光明，就是这样。特别是十八大习近平担任总书记以来，我觉得他说得非常有力度的一句话就是，以宪法和法律为准绳。宪法是国家的最大的法，有了宪法才延伸出来其他的《物权法》《合同法》《物业管理条例》等等。所以我的观点就是在相关的法律法规的基础上公开招标。看习近平从政的这个过程，包括他的家庭的情况，我觉得习近平这个人做什么事情都很扎实，一步步做过来，而且我从微信、短信什么的都没有看到他的负面的信息。我相信他，以他为核心的新的

---

① 来自访谈。

② 苏丽：《共和主义公民身份要素透析》，硕士学位论文，首都师范大学，2009，第29页。

中央政府，我相信真的很多工作都会做好。①

结　论

业主维权精英作为市场经济催生的权利意识的先觉者和启蒙者，其参与和领导的业主维权行动无疑带来了重要影响。在业主维权中，以业主委员会为代表的新兴权益性自治组织对传统的社区权力结构带来了巨大的挑战，旧式的以居委会为代表的权力结构模式已无法对新式社区进行有效的治理，需要对现有的社区权力结构进行适当调整，以吸纳更多的业主中具有公共精神的精英人士参与社区治理。并且，持续而广泛的业主维权行动对政府的维稳思维和传统的管制思维带来了挑战，使政府不得不重新考虑自身的治理方式，正如十八届三中全会所讲到的，要推进国家治理能力和治理体系的现代化。同时，作为城市运动的代表性符号之一的业主维权行动，对城市居民权利意识和行动意识上的冲击也是存在的，整个业主维权行动成为业主的规则学习场和法律普及场，唤起了人们对自身权利的关注，并践行着自己的权利。这种规则意识和法律意识的强化，以及权利意识和行动意识的觉醒，是中国民主政治发展不可或缺的，也促使着业主特别是业主维权精英从群众或市民走向公民。不过，虽然业主维权行动对社区权力结构、业主的公民意识、政府治理方式和治理思维多少有所触动，但是这种触动的范围究竟有多广、程度究竟有多深仍然是值得怀疑的，也需要日后继续观察。

除上述影响之外，业主维权精英参与和领导业主维权行动无疑也给城市社区的和谐稳定带来了不利影响，因而有人将业主维权精英称为城市"刁民"。显然这种带有谩骂式的称呼是不客观的，给和谐稳定带来的不利影响实际上并不是业主维权行动本身所引起的，而是业主维权缺乏有效引导和制度予以规范的结果。业主维权的目的本身就是追求社区的和谐和自身的安居乐业，业主维权精英并不乐见失序的社区，但是纵观整个业主维权的发生发展过程，在当前社区矛盾日渐增多、利益关系日益复杂、治理日趋无力、利益表达不畅、参与动力不足的情况下，业主维权无疑已成为强化业主权利意识、提升业主公民身份觉悟、凝聚业主共识、激发业主参与热情的非正式方

---

① 来自访谈。

式或渠道，因而业主维权精英在没有其他更好的选择方式之下，只得选择非正式的业主维权方式。

在业主维权过程中成长起来的业主维权精英，其成长过程可以被认为是社区新式精英崛起的过程，整个业主维权过程实际上为新式精英参与社区治理提供了一种非正式和非正常的机制或渠道。那些具有强烈的权利意识、行动意识和公共精神的业主通过这个机制或渠道逐渐成长为社区治理的新式精英，从而逐渐完成社区治理精英的循环。在某种程度上而言，业主维权实际上已成为当前城市社区业主参与的非正式方式或渠道，或可称之为权益性参与，而业主维权精英则是在社会转型期旧式精英与新式精英无法通过正式而有效的渠道或机制进行循环更迭的产物。业主维权客观上扮演着精英生产和培育公民的重要角色。

城镇化进程中的阶层分化与政治整合[*]

——基于深圳市的经验分析

谷志军　卢天琪[**]

摘　要： 分化与整合是社会发展的永恒主题，阶层分化与政治整合是一个伴随中国城镇化进程的重大理论与现实问题。本文以阶层分化与政治整合的互动关系为视角，通过梳理已有研究提出一个阶层分化与政治整合的分析框架，在此基础上以深圳市为例探讨了社会阶层分化的表现、特点和问题及其相应的政治整合问题。研究认为，改革开放前后深圳市社会阶层从"两个阶级和一个阶层"分化为"九大阶层"，阶层分化表现出从身份化到非身份化、从先赋性到自致性、从金字塔形到橄榄球形的特征，已经具备了以中产阶级为主体的现代阶层结构的雏形；但是社会阶层在分化过程中呈现出"过度与不足"并存的态势，存在日益突出的人口结构、不容忽视的流动人口、逐渐扩大的贫富差距、日益严峻的贪污腐败等诱发社会冲突和矛盾的问题，对政治整合提出了结构性的挑战。为此，要从一元整合走向多元整合、从控制整合走向协作整合、从单向整合走向双向整合，构建既能够维护社会稳定又有利于促进政治发展的政治整合机制。

* 本文是广东省教育厅青年创新人才类项目（2015WQNCX130）和深圳大学人文社会科学项目（15QNFC30）的阶段性成果。
** 谷志军，博士，深圳大学城市治理研究院当代中国政治研究所专职研究员；卢天琪，深圳大学城市治理研究院硕士研究生。

关键词： 阶层分化　政治整合　城镇化　深圳市

城镇化是中国现代化进程中一个带有长期性、战略性、时代性的基本问题，"协调推进城镇化是实现现代化的重大战略选择"①。从城镇化进程来看，中国的城镇化起步较晚，主要始于改革开放之后，自20世纪90年代中后期以来城镇化进入高速发展期。诺贝尔经济学奖获得者斯蒂格利茨就曾预言："中国的城市化与美国的高科技发展将是深刻影响21世纪人类发展的两大课题。"② 中国科学院可持续发展战略研究组发布的《2012中国新型城市化报告》显示，2011年中国城镇化率首次突破50%。这意味着中国城镇人口首次超过农村人口，中国城镇化进入关键发展阶段。然而随着城镇化的不断推进，必然会带来一系列问题，其中阶层分化问题无疑是一个伴随中国城镇化进程的重大理论与现实问题。正如有学者所说："当前推进城镇化的核心是防止城乡居民阶层分化、固化。"③

那么，中国城镇化进程中的阶层分化有何表现和问题以及如何应对？这是本文要回答的核心问题。已有文献多从社会学的角度进行研究，注重从宏观或微观层面分析阶层分化的现状与问题，而较少从政治学的角度探讨阶层分化现象及与之相关的政治整合问题。为此，本文以阶层分化与政治整合的互动关系为视角，首先在梳理已有研究基础上提出一个新的分析框架，其次以深圳市为例探讨城镇化进程中阶层分化的表现及其特点和问题，最后从政治整合的角度提出应对阶层分化结构性挑战的对策思考。

一　阶层分化与政治整合：一个分析框架

分化与整合是社会发展的永恒主题。理论和实践证明，人类社会就是在不断的分化与整合的张力中实现螺旋式的上升和发展。只有通过这样的过程，才能把不同的社会要素和复杂的社会关系统合起来，形成相对合理的社

---

① 李克强：《协调推进城镇化是实现现代化的重大战略选择》，《行政管理改革》2012年第11期。

② 转引自李强、陈宇琳、刘精明《中国城镇化"推进模式"研究》，《中国社会科学》2012年第7期。

③ 马晓河：《城镇化的核心是防止阶层分化固化》，《中国经济导报》2013年9月24日，第B01版。

会结构；才能不断地调节个人和组织的行为，形成相对协调的社会机制；才能充分调动人的积极性和能动性，形成相对稳定的社会环境。辩证来看，分化与整合是社会发展的一体两面，是相互联系的矛盾统一体。有分化无整合，社会必然撕裂；反之，有整合无分化，社会必然冻结。可见，分化与整合共同构成社会发展的阀门，偏废任何一方都会给社会发展带来严重的后果。

对于分化与整合问题，首先是由社会学家们开辟的研究领域。在众多的社会学家中，涂尔干第一个赋予"社会分化"概念以独立地位并用其来分析现代化，他也因此被奉为社会发展理论的先驱。在《社会分工论》中，涂尔干首次认识到社会分化既促成了生产力的解放又增强了人们之间互利合作的可能，正是由于社会分化导致现代社会的激烈变化，才使得现代社会的结构以及维系个人与社会的纽带有别于传统社会。只不过，他是基于现代社会中社会分化这一事实的基本判断开始思考整合问题的，其理论研究的核心问题是社会秩序和社会稳定，尤其是"集体意识"与社会秩序的问题。围绕这一问题，涂尔干从三个方面描述和分析了现代社会的分化与整合，即从环节社会到分化社会、从压制性法律到恢复性法律、从机械团结到有机团结。① 在涂尔干的功能主义思想中，我们可以发现其思考社会分化的两个维度：一个维度由社会的结构和功能构成，另一个维度由集体意识与个人意识的关系构成。对于这两个维度涂尔干认为，整合分化社会、维系社会秩序的机制是劳动分工所创造出来的新道德形式——有机团结。这种以有机团结作为社会整合机制的想法，实际上是把社会分工当作分化社会的整合基础，并认为社会分工必然带有社会整合所要求的道德属性。

在此基础上，帕森斯从社会系统的视角把涂尔干的思想整合进了自己的结构功能主义理论，强调社会结构和功能的分化与整合。他通过对行动系统的分析，提出了著名的"AGIL"功能模型，即适应、目标达成、整合、潜在模式维持。② 在这一思路下，帕森斯把社会划分为"AGIL"中的四个子系统：经济系统（A）、政治系统（G）、社会系统（I）、文化系统（L）。借用洛克伍德的概念，帕森斯把涂尔干提出的整合问题分解为两种形式：由

---

① 参见〔法〕涂尔干《社会分工论》，渠东译，三联书店，2000。

② 参见〔美〕帕森斯、斯梅尔瑟《经济与社会》，刘进等译，华夏出版社，1989，第17~18页。

经济系统和政治系统通过资源的调配和法律及行政决策的调控，逐步实现各个子系统之间规范有序的"系统整合"；由社会系统和文化系统通过明确的文化合法化、普遍化的价值规范和道德信念，经由个体的社会化过程实现各个行动者之间有序关系的"社会整合"。① 在其中，社会分化与整合的导向都来自具有普遍有效性的文化价值。不难发现，虽然从涂尔干到帕森斯对于分化与整合问题的研究由社会视角转向了系统视角，而且帕森斯建构的结构功能主义理论对社会分化与整合有了更完善的探讨，但是他们依然坚持一种社会中存在具有普遍有效性的道德信念及价值规范的看法。

　　帕森斯的结构功能主义在登临尊崇地位之后，受到了各家各派穷追猛打式的严厉批判，特别是来自冲突论的批评。冲突论的代表人物是达伦道夫和科塞。达伦道夫认为，帕森斯结构功能主义的根本缺陷不在于它在理论上的高度抽象性和概括性，而在于它的乌托邦性质，在于它把社会的冲突与变迁从社会常态中排除出去，因而限制了人们的视野，使人们对许多社会现实问题失去了敏感性。② 在现实社会中，社会冲突和社会变迁具有普遍性，正是由于社会冲突导致了社会变迁。虽然冲突是不可避免的，但是冲突是可以被调节的，达伦道夫认为通常使用的冲突调节方式主要有协商和解、调停和仲裁，这些方式实际上就是政治整合。而科塞也认为，结构功能主义忽视了冲突，只不过他认识到冲突不仅具有破坏作用而且还具有积极功能，并且致力于探索将功能理论与冲突理论结合起来的可能性。科塞承认有些社会结构的形式是结构功能主义者所强调的共识和一致的结果，但是他同时也指出了社会群体得以形成和建立的社会冲突过程。"社会冲突是否有利于内部适应，取决于是在什么样的问题上发生冲突，以及冲突发生的社会结构。"③

　　作为挑战者姿态出现的冲突论，声称是对结构功能主义的替代，而实质上仍是功能论的一种补充。但是冲突论的批评引起了卢曼的思考，他虽然在一定程度上认可帕森斯过于强调社会结构的稳定性而忽视社会冲突的普遍性，但他更多的是坚持帕森斯的系统论思考方式，希望透过对结构功能主义的系统论审视来克服其理论缺陷。在反思帕森斯遭受批评最多的地方，即难以处理的社会变迁与冲突问题上，卢曼认为帕森斯包括涂尔干依然在用一种

---

① 参见〔英〕洛克伍德《社会整合与系统整合》，李康译，《社会理论论坛》1997 年第 3 期。

② 参见詹火生编译《新冲突的开拓者：达伦道夫》，允晨文化实业有限公司，1983。

③ 〔美〕科塞：《社会冲突的功能》，孙立平等译，华夏出版社，1989，第 135 页。

整体/部分图式的思考方式来看待社会分化的问题。因而在处理这一问题时，他们要么强调道德属性的整合，要么强调文化价值的导控，而两者都难以反映和处理现代社会出现的价值多元的真实情形。为了更恰当地描述和观察现代社会，卢曼站在系统理论的立场上重新分析了社会分化现象，并利用"系统/环境"、"平等/不平等"这两对社会系统理论概念描述了社会分化中出现的三种分化形式——区隔分化、阶层分化和功能分化[①]，与之相应的是分别以它们为主要分化标准的三种社会类型。在此基础上，卢曼拒斥了在功能分化的社会寻求某种价值共识的道德整合方式，而是积极寻求一种能够维持社会秩序的政治整合方式，以化解日益增长的社会复杂性。

通过对社会学家关于分化与整合问题的梳理可以看出，"他们都在共同反复强调社会分化与整合对划分社会类型及区分社会进步程度的重要意义。并坚持认为社会分化与整合的方式标示着社会发展的不同阶段，显示出社会进步的程度。在他们看来，社会发展与变迁的一条重要路径就是社会分化与整合。"[②] 在社会学家那里，他们关注的重点是社会分化及其与之相关的社会整合问题。实际上从政治学的角度来讲，社会分化的核心或者说具体表现形式其实是阶层分化，按照马克思的社会阶级理论，阶层分化问题不能采用单纯的社会整合机制化解，而是要依靠诸如阶级斗争这样的政治整合方式。沿着这一分析思路，我们可以梳理出一个分析阶层分化与政治整合的逻辑脉络：阶层分化—结构分化、功能分化—社会冲突—政治整合—社会稳定、政治发展（见图1）。

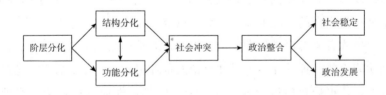

图1　阶层分化与政治整合的分析框架

资料来源：作者自制。

---

① N. Luhmann, *The Differentiation of Society*, Translated by Stephen Holmos and Charles Larmore, New York: Columbia University Press, 1982.

② 杨建华：《从马克思到卢曼：社会分化与整合研究及启示》，载《秩序与进步：社会建设、社会政策与和谐社会研究》，浙江省社会学学会成立二十周年纪念暨2007学术年会论文集。

人类社会从传统社会向现代社会的转型中必然伴随着社会分化的过程，涂尔干首先从劳动分工的角度把现代化与社会分化结合在一起，并提出了基于有机团结的整合问题，从而开辟了社会分化与整合问题的研究领域。社会分化"意味着社会结构各单元之间的分离"①，阶层分化是社会分化的具体表现形式，卢曼在《社会分化》一书中对阶层分化进行了专门的探讨。阶层分化是一个用来描述社会阶层异质化过程的概念。按照结构功能主义理论，阶层分化过程一般表现为两种形式：一种是帕森斯所说的社会从单一的阶层分化为多个新的阶层的结构分化；另一种是卢曼所说的社会分化为阶层属性不同的子系统的功能分化。结构分化与功能分化相互联系，阶层结构的分化必然导致阶层功能的分化，而阶层功能的分化也必然会影响阶层结构的分化。但是阶层分化并不直接导致政治整合，阶层分化在促进社会结构现代化的同时，客观上也带来了社会矛盾和冲突问题。正是由于社会冲突才引发了政治整合的需求，社会冲突构成了连接阶层分化与政治整合的桥梁。在阶层分化的背景下，基于社会冲突的政治整合有两种取向：一是发挥"限制性功能"维护社会稳定；二是发挥"促进性功能"推动政治发展。换句话说，"合理适当的政治整合能够将社会稳定和政治发展统一起来"②。接下来，本文将结合阶层分化与政治整合的分析框架，以深圳市为例探讨城镇化进程中阶层分化的表现、特点和问题及其相应的政治整合策略。

二　改革开放前后深圳市社会阶层的变迁

之所以选择深圳市为例，是因为深圳是中国改革开放以来所建立的第一个经济特区，是中国改革开放的窗口，社会阶层分化力度大，人口职业流动比较快。不仅如此，《中国经济周刊》和中国社会科学院城市发展与环境研究所于 2013 年联合发布的《中国城镇化质量报告》显示，深圳市的城镇化质量在全国 286 个地级以上城市中排名第一位。③ 因此，剖析深圳市在阶层分化和流动中产生出的经验和问题具有典型性，可以为在全国层面了解改革开放以来城镇化进程中的社会阶层变迁提供有益借鉴。

① 〔澳〕沃特斯：《现代社会学理论》，杨善华等译，华夏出版社，2000，第 312 页。
② 吴晓林：《现代化进程中的阶层分化与政治整合》，天津人民出版社，2012，第 34 页。
③ 李凤桃等：《中国 286 个地级以上城市城镇化质量大排名》，《中国经济周刊》2013 年第 9 期。

(一) 改革开放以前的深圳市社会阶层结构

深圳市的前身为宝安县,隶属于惠阳地区。1979 年更名为深圳市,受广东省和惠阳地区双重领导。1980 年国务院批准在深圳设置经济特区,1981 年升格为副省级市。宝安县是一个典型的边陲农业县,虽然从 1949 年至 1979 年,经济总趋势是发展的,但是发展十分缓慢,成为广东省最落后的地区之一。有一组数据清晰地反映了改革开放以前宝安县的经济状况:"1979 年深圳市国内生产总值只有 1.96 亿元,国民收入 1.6 亿元,工业增加值 0.23 亿元,工业总产值 0.8 亿元,农业总产值 3.48 亿元,社会商品零售额 1.29 亿元,地方预算内财政收入 0.17 亿元,出口贸易总额 930 万美元。"① 当时流行的一首民谣"宝安只有三件宝,蚊子苍蝇沙井蚝,十室九空人离去,村里只剩老和少",就是对宝安县贫穷、落后、荒凉的真实写照。

在这样的经济社会发展情况下,宝安县的社会阶层结构与当时全国其他地区一样,由"两个阶级和一个阶层"(农民阶级、工人阶级和知识分子阶层)组成。根据社会成员的身份不同,这"两个阶级和一个阶层"又可以划分为干部、工人、农民三个高低有序、既相互联系又相互区别的阶层,没有形成现代社会阶层结构。这样的社会阶层结构实际上是中国这一时期阶层结构的缩影,传统的农业经济决定了宝安县是一个典型的农村社会。据宝安县志记载,1949~1979 年,全县人口绝大部分是农业人口,比重最高时甚至达到 94.05%,1979 年也维持在 91.72%。虽然其间农民曾一度出现职业分化,即有些农民开始从事个体和私营工商业,但是这一分化仅是昙花一现,自 1956 年完成对私营工商业的社会主义改造和 1958 年实行人民公社化后,个体和私营工商业作为资本主义经济成分被清除。以 1979 年为例,全县总人口 24.1 万人,其中城镇户口 2 万人,职工人数 1.2 万人,国家工作人员 0.6 万人,剩余全是农村人口。总体来看,改革开放以前深圳市的社会阶层以农民阶层为主,工人阶层和具有干部身份的管理者阶层相对弱小,而且阶层结构相对固化。

这种社会阶层结构呈现出以下特点:第一,不平等性。计划经济体制下的劳动人事制度和户籍管理制度将社会成员分割为三个高低有序、相互独立

---

① 汪开国主编《深圳九大阶层调查》,社会科学文献出版社,2005,第 44~45 页。

的部分。在这种阶层结构中，干部、工人、农民在职业声望、职业权力、职业收入上是不同的。干部的经济和社会地位最高，工人的经济和社会地位低于干部但高于农民，农民是经济和社会地位最低的阶层。第二，封闭性。"计划经济体制下形成的干部、工人、农民三级式阶层结构具有较高程度的封闭性或凝固性，即社会成员在阶层间的流动困难重重、障碍种种。"[1] 僵化的户籍身份将社会成员分割为农民、工人和干部三类，一旦获得农民身份，一般终身为农民；同样，一旦获得工人或干部身份，一般终身为工人或干部。而且，农民的后代获得工人或干部身份比工人或干部的后代获得工人或干部身份要困难得多。第三，先赋性。改革开放前的社会阶层结构反映出，先赋的身份条件对社会分化起决定性作用。换句话说，"生而有之的东西可以成为获得财富和地位的依据"[2]，社会成员无论后天条件如何，向上流动都难于上青天。"农转非"是一条鸿沟，集体转全民是一道屏障，职工转干部是一座龙门，除非考上大学或参军、招工、提干，否则一旦就业终身难以更改。

（二）改革开放以来的深圳市社会阶层变迁

改革开放以后，受到政策因素、改革创新、市场经济发展等因素的综合影响，深圳市的社会阶层结构向着现代社会结构奋力前行。从 20 世纪 80 年代开始，深圳市的社会阶层结构发生了根本性的变化："原有的刚性结构不断消解，弹性结构逐渐建立；工人阶级分化了，有了新的时代特点；农民阶层在特区销声匿迹了；经理阶层等新阶层破土而出了；个体工商户、私营企业主等曾经存在过的阶层，在新的历史条件下出现了崭新的面貌，与现代市场经济结构相适应的现代社会阶层结构的雏形已经呈现在人民面前。"[3]

1. 阶层结构的分化

社会阶层变迁首先是阶层结构的变化。自创办经济特区开始，由于市场经济飞速发展、劳动力需求十分迫切，深圳市采取了以增加暂住人口的办法

---

[1]　刘祖云：《社会转型与社会分层——20 世纪末中国社会的阶层分化》，《华中师范大学学报》（人文社会科学版）1999 年第 4 期。

[2]　朱光磊：《从身份到契约——当代中国社会阶层分化的特征与性质》，《当代世界与社会主义》1998 年第 1 期。

[3]　汪开国主编《深圳九大阶层调查》，社会科学文献出版社，2005，第 60 页。

缓解经济发展与劳动力不足之间的矛盾。因此，暂住人口成为深圳市人口的重要组成部分。1979 年，全市常住人口 31. 41 万人，其中户籍人口 31. 26 万，非户籍人口只有 0. 15 万。此后，非户籍人口在全市常住人口中所占的比重不断增加，2010 年第六次全国人口普查显示，深圳市共有常住人口 1035. 79 万，其中户籍人口只有 251. 03 万，非户籍人口达到 784. 76 万（见图 2）。人口结构的变化带来了年龄结构、性别结构、人口素质结构、地区分布结构等的相应变化，而这些变化综合起来又反映在社会阶层结构分化上面。

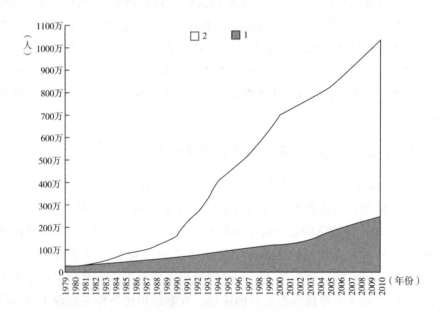

图 2　1979 ~ 2010 年深圳市人口变化趋势

注：1. 灰色为户籍人口变化趋势；2. 白色为非户籍人口变化趋势。

资料来源：《深圳市统计年鉴》。

改革开放以来，我国的社会阶层结构发生了明显的变化，这种变化既表现为原有阶层内部，也表现为原有阶层之间或外部。这种变化在深圳市表现得尤为突出，对于深圳市社会阶层结构的变化，有学者做过专门的调查研究。他们根据调查数据得出，深圳市原有的"两个阶级和一个阶层"的结构分化为"九大阶层"，分别是产业工人阶层、国家和社会管理者阶层、专业技术人员阶层、办事人员阶层、商业和服务业劳动者阶层、个体户阶层、私营企业主阶层、经理阶层、不在业者阶层。① 根据这个抽样及调查方式，我们可以推算出 2010 年第六次人口普查时深圳市社会各阶层的比例和人数（见表 1）。需要注意的是，虽然在当代中国社会十大阶层中②，农民阶层仍然是一个主要阶层，但是改革开放以来，深圳市的农民阶层迅速缩小，并最终在 1992 年从特区境内销声匿迹，随之而来的是大批的"农民工"群体。

表 1　2010 年深圳市社会各阶层的比例及推算人数

阶层划分	各阶层所占比例（%）	推算各阶层人口（万人）
国家和社会管理者阶层	0.7	7.25
私营企业主阶层	4.2	43.51
产业工人阶层	5.4	55.93
经理阶层	6.7	69.40
个体户阶层	9.9	102.54
专业技术人员阶层	13.7	141.90
办事人员阶层	18.7	193.69
不在业者阶层	20.1	208.20
商业和服务业劳动者阶层	20.6	213.37
总计	100.0	1035.79

资料来源：根据汪开国等人调查和全国第六次人口普查数据推算而成。

2. 阶层功能的分化

社会阶层结构的变化必然带来相应的功能分化。这里所说的功能，是指具有特定结构的阶层系统在其内部和外部的联系和关系中所表现出来的特性、能力和作用。社会功能是一定社会结构或组织新形势下的社会要素存在的理由和目的，要全面具体地分析和把握社会阶层结构及其构成要素的现实功能，需要区分显功能与潜功能、正功能与负功能等，并把握这些不同功能状态与性质在一定条件下的变化和转化。改革开放之前，高度集权的管理体制使得深圳市社会各阶层所承担的功能相对单一和笼统，政治子系统涵盖和统摄了其他子系统，而政治子系统的功能又主要是由干部阶层承担，工人阶层和农民阶层虽然承担着一定程度的经济和社会子系统功能，但也是在干部

---

①　参见汪开国主编《深圳九大阶层调查》，社会科学文献出版社，2005，第 67～88 页。

②　陆学艺：《当代中国社会十大阶层分析》，《学习与实践》2002 年第 3 期。

阶层的指导或授意下的行为，各子系统之间并没有形成清晰的界限。

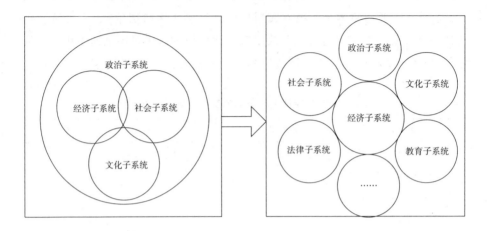

图 3　改革开放前后深圳市社会阶层功能的变化

资料来源：作者自制。

改革开放以后，随着深圳市社会阶层的不断分化，社会的复杂性也随之增加，于是在阶层结构变化的基础上，社会各阶层将自己分化为功能上不同的子系统（见图 3）。按照卢曼的理论，这些子系统涵盖了政治、经济、社会、文化、法律、教育等各个方面，全社会就是由阶层功能的分化组织起各种沟通过程来完成复杂性的化约。由于原有的阶层结构产生了分化，相应的阶层功能也变得越来越复杂，各个功能子系统围绕着完成自身所持有的功能逐渐"自律"，并且它们中的每一个都能在其他子系统完成自身特有功能时容忍一个开放的环境。以政治子系统为例，"在功能分化的社会中，政治子系统把'具有束缚力的决策的程序化和实施'作为自身的功能从全社会中分离出来，同时它也必须在完成自身功能的情况下才能持存，此时的政治子系统不再能够靠'君权神授'或者是某种宗教上的保证来确定自己在全社会中的位置。"[①] 进而，政治子系统以输出政治决策等方式来解决其他子系统（如经济）遇到的问题，或者以输入权力资源等方式与其他子系统（如法律）之间建立起相互联系。虽然各子系统所担负的功能是不平等的，但在功能的操作上是平等的；尽管它们通过互相之间的输入/输出可以建立起

---

① 吕博华：《系统视角中的社会分化与整合——卢曼社会分化思想研究》，http：//e-sociology. cass. cn/pub/shxw/shll/t20090310 _ 20740. htm。

联系，但各个功能系统之间的边界是清晰的。

三　深圳市社会阶层分化的特点和问题

深圳市社会阶层分化无疑是改革开放 30 多年来中国社会分层和流动中的辉煌一页，它无论从理论上还是实践上都丰富和加深了我们对当代中国社会阶层分化的整体认识。作为中国改革开放的前沿阵地，深圳市的今天很大程度上代表了其他城市的明天，因此完全可以把深圳市作为中国社会阶层分化的一个标本进行解剖。对深圳市在社会阶层分化中探索和创造的具有普遍意义的经验进行总结，并对其呈现出的问题进行反思，实质上就是剖析中国社会分层和流动如何走向现代化的基本路径。

（一）深圳市社会阶层分化的特点

经济发展和体制变革特别是市场经济的形成和发展在很大程度上决定了社会阶层结构的变化，深圳市作为中国市场经济的先发城市，其与国内其他城市相比在社会阶层分化上呈现出一定的超前性和导向性。

第一，从身份化到非身份化。改革开放以前的中国社会阶层结构是一种身份制结构，当时中国人的身份主要表现为户籍身份、编制身份和单位身份三种。改革开放以来，随着户籍制度自身的改革和户籍制度功能的软化、干部队伍范围的缩小和干部位置凝固性的减弱、单位自身的变化和单位与个人关系的变化，中国的身份制阶层结构开始发生动摇和变化。"身份制阶层结构出现了非身份化现象和趋势，并相应地具体表现为户籍身份的非身份化、编制身份的非身份化和单位身份的非身份化。"[①] 就深圳市而言，随着大量外来人口的涌入，为处理好流动人口和常住人口的关系、户籍人口和常住人口的关系、非户籍人口和居住证人口的关系，深圳市率先推行了户籍制度改革，逐渐降低户籍门槛、淡化户籍身份；随着市场竞争机制的引入，原有干部编制队伍的范围由宽到窄，干部的身份标志向社会职业标志转变，"三铁"（铁饭碗、铁工资和铁交椅）逐渐被打破，编制身份的非身份化进程快速推进；随着经济体制的转轨，

---

① 刘祖云：《社会转型与社会分层——四论当代中国社会的阶层分化》，《武汉大学学报》（社会科学版）2003 年第 1 期。

单位正在从结构不分化和功能普化向结构分化和功能专化转变，即正在从"单位办社会"向"社会办单位"转化，单位身份在这一转化过程中将逐渐趋向淡化。

第二，从先赋性到自致性。改革开放以前中国的社会阶层分化属于政治主宰型模式，不论是在分化的表现形式还是作用机制上，政治价值、政治标准、政治身份等所有与政治相关的因素都起着决定性作用，人们的社会地位主要不是由于自身的努力获得，而是取决于其出生于什么样的家庭、获得什么样的身份、进入什么样的单位和具有什么样的级别等先赋性因素。改革开放以来，中国社会阶层结构开始了"从身份到契约"的转化过程，"用契约取代身份，实质是人的解放，是用法治取代人治，自由流动取代身份约束，用后天奋斗取代对先赋资格的崇拜"①。深圳市率先开始的各种改革尤其是经济体制改革使得利用先赋性身份优势获取利益的机会不断减少，利用公平的市场规则对各种类型的劳动力和社会资源进行有效市场配置的机会逐渐增加。尽管先赋性因素还在一定程度上发挥作用，但自致性因素对社会阶层分化的影响越来越大、越来越占据主导地位，社会成员越来越趋向认同靠自身的后天努力、靠个人的能力来获得较为满意的社会地位。全国各地大量人口流入深圳，尤其是金融、电子、信息、建筑、商贸等行业吸引了大批专业人才，在此过程中形成了许多新的社会阶层，如私营企业老板、职业经理、高级专业技术人员等。

第三，从金字塔形到橄榄球形。改革开放以前中国的社会阶层结构是顶尖底宽的金字塔形结构，这种结构的特点是极少数人居于社会的上层，而其他大部分人尤其是农民阶层处于社会的下层。改革开放以来，随着处于社会底层的农业劳动人口数量大量减少、社会中间阶层出现并且不断壮大、掌握或运作经济资源的新兴阶层兴起，社会阶层结构逐渐从传统走向现代。现代化的社会阶层结构是两头小中间大的橄榄球形结构，拥有庞大的社会中间层，社会中的大多数人从事着较高社会地位的职业，并享有中等或中等以上的收入。占人口大多数的中等收入阶层是构成橄榄球形社会的基础，也是推动现代化的中坚力量。一般来讲，"社会转型程度愈高，其经济发展程度愈高，而经济发展程度的提高不仅会带来居民收入或生活水平的普遍提高，而且会导致社会中下层或较低收入层人数的减少，社会中间层或中等收入层人

---

① 朱光磊：《当代中国社会各阶层分析》，天津人民出版社，2007，第31页。

数的增加"①。深圳市的中等收入阶层是改革开放背景下市场体制的伴生物，中等收入者阶层的形成和崛起是深圳市社会阶层分化的一大特色，经过 30 多年来的改革开放和发展，深圳市最早具备了橄榄球形的社会阶层结构，明显呈现出两头小中间大的结构形态。

（二）深圳市社会阶层分化的问题

社会阶层分化是因为社会成员所处的社会位置在横的方向上增加异质性、在纵的方向上增加不平等性的过程。就中国的社会转型来说，传统的政治资源与新兴的经济资源相互渗透、旧体制因素与新体制因素相互交织，形成了一股特有的合力推动着中国社会的转型。在此过程中，市场化速度不断加快与制度建设相对滞后的矛盾在深圳市表现得尤为突出，致使社会阶层在分化过程中引发了显著的社会冲突和矛盾，进而带来了一系列重大社会问题的挑战。

第一，日益突出的人口结构问题。深圳市是一个典型的新兴移民城市，与国内其他大中城市相比，深圳市的人口结构具有特殊性。第六次全国人口普查显示，全市常住人口为 1035.79 万，与第五次全国人口普查的 700.84 万人相比，10 年共增加了 334.95 万人，增长 47.79%，年平均增长率为 3.98%，明显快于全国 0.57% 和全省 1.90% 的平均水平。就人口比重而言，非户籍人口是户籍人口的 3.5 倍，这种严重倒挂现象在国内是独一无二的；就人口密度而言，全市人口密度为 5201 人/平方公里，远高于发达国家主要城市 4000 人/平方公里的平均水平；就人口素质而言，每 10 万人中具有大学程度的人数上升为 17175 人，但是与北京市 31499 人和上海市 21952 人相比还有较大差距。② 虽然深圳市的人口超常规发展为经济发展提供了充裕的劳动力资源、为城市发展注入了生机和活力，但是社会阶层分化带来的负面效应也日益明显。首先是人地矛盾尖锐，突出表现为人口急剧增加与土地资源严重不足的矛盾，深圳市只有 1996.85 平方公里土地，由于地处海滨，实际可利用土地面积只有 1/3，造成深圳市的人口密度居全国第一。其次是公共资源紧张，突出表现为户籍人口与非户籍人口严重倒挂引起公共资源供给

---

① 刘祖云：《社会转型与社会分层——再论当代中国社会的阶层分化》，《武汉大学学报》（社会科学版）2002 年第 2 期。

② 参见深圳市统计局《深圳市 2010 年第六次全国人口普查主要数据公报》，http://www.sz.gov.cn/tjj/tjj/xxgk/tjsj/pcgb/201105/t20110512_2061597.htm。

失衡、社会发展质量下降，造成上学难、看病难、住房难、就业难、管理难等社会问题。

第二，不容忽视的流动人口问题。深圳不仅是中国流动人口数量最多、比例最大的城市，也是许多流动人口管理制度的发源地，由此引发出的社会问题比全国其他地区更加突出。1980 年深圳市流动人口的数量仅占总人口的 3.6%，1985 年这个比例迅速上升为 45.7%，"从 1988 年开始，深圳市流动人口总数超过户籍人口总数，户籍人口和流动人口分别占总人口的比例呈现出独特的'倒挂'"①。随后，流动人口数量呈稳步上升趋势，2000 年第五次人口普查时全市常住人口为 700.84 万人，流动人口与户籍人口的比例为 4.6∶1；到 2010 年第六次人口普查时全市常住人口为 1035.79 万人，而实际管理人口已达 1500 万，流动人口与户籍人口的比例达到 5∶1。在流动人口大量快速聚集的情况下，许多社会问题凸显出来，如基础设施不堪重负、教育资源匮乏、城市资源环境承载力濒临极限等，其中社会治安问题尤为突出。近年来，虽然深圳市的社会治安立体防控体系建设取得初步成效，但是流动人口基数太大带来的治安压力依旧很大。截至 2012 年底，全市流动人口已达 1532.8 万，"据公安部门抽样调查，流动人口中约 120 万人无稳定收入，超过 80 万无业人员长期滞留深圳，犯罪嫌疑人 93% 以上为外来人员。"② 如何化解城市管理体制未能完全调和劳动力自由流动与户籍制度等"社会屏蔽"之间的矛盾，是一项复杂的社会系统工程。

第三，逐渐扩大的贫富差距问题。深圳市率先实施的"先富与共富"政策使得一部分人在市场经济浪潮中迅速富裕起来，但先富起来的人并没有带动其他人实现共同富裕而是拉大了相互之间的贫富差距。2000 年之前，深圳市的居民收入差距总体在合理范围内，从基尼系数来看，1985 年是 0.19，1990 年是 0.28，2000 年是 0.30，都在 0.4 的警戒线以下。此后，基尼系数突破警戒线，根据 2006 年深圳市居民住户调查数据计算，"深圳市的基尼系数达到了 0.56，大大高于其他城市，显示其收入分配不平等相当严重"③。如果将居民收入分为高位数、中位数、低位数三个等级，2012 年反

---

① 傅崇辉：《流动人口管理模式的回顾与思考——以深圳市为例》，《中国人口科学》2008 年第 5 期。

② 《深圳警力严重短缺　万人民警数最低仅 1 人》，《南方都市报》2013 年 11 月 29 日。

③ 薛进军、园田正、荒山裕行：《中国的教育差距与收入差距——基于深圳市住户调查的分析》，《中国人口科学》2008 年第 1 期。

映收入两极群体差异的低位数和高位数之比为 1:16，近两年虽然有所缓和，但是比值也达到 1:12。这种收入差距主要表现为特定地区优惠政策而产生的地区差距（深圳市特区前和特区后的差异）以及户籍制度带来的城乡差距（深圳市户籍人口和非户籍人口的差异）。深圳市低收入群体主要是失业者、下岗工人和农民工，他们在经济收入上具有经济利益的贫困性、生活质量的低端性和承受力的脆弱性，收入差距的不断扩大会带来社会阶层之间的断裂，滋生严重的社会不满情绪，共同的遭遇有可能使他们在一定程度上联合起来，以自己独特的方式对社会稳定施加影响，成为社会矛盾和冲突的重要根源。

第四，日益严峻的贪污腐败问题。深圳市特区经济的空前活跃为权力寻租和腐败提供了肥沃的土壤，由此引发的官员贪污腐败问题在全国来讲更加严峻。近年来，深圳市出现了一些在国内都有影响的腐败大案，很多曾经的优秀干部，特别是最早来深圳艰苦创业的领导干部中出现了贪污腐败问题。以南山区为例，历任区委书记、区长中 4 人有问题，虞德海（1990.10 ~ 1997.12 在任）于 1999 年被逮捕，何初本（1993.06 ~ 1999.04 在任）于 1999 年被逮捕，梁道行（1997.12 ~ 2002.02 在任）于 2013 被逮捕，叶民辉（2005.06 ~ 2011.11 在任）于 2014 年被调查，腐败率高达 40%。尤其是深圳市原市长许宗衡（2005.06 ~ 2009.06 在任），2009 年涉嫌严重违纪接受调查，2011 年因受贿罪被判处死缓。深圳市特区经济的超常规发展使得不同社会阶层的收入差距不断扩大、各种文化和价值观念之间的冲突增多，一部分成员的超常先富和道德与价值准则的失落，很容易刺激掌权者突破道德底线而利用职务之便谋取不正当利益。"中国社会科学院调查显示，约 70%的人认为权力腐败是导致当前社会不公的最主要原因。"[1] 具体来说，阶层差距过大造成某些公职人员的财富观异化，社会流动滞塞造成既得利益群体腐化堕落，权力配置失衡及不当运用促发腐败行为。官员腐败问题不仅危及广大人民群众的根本利益，而且影响党和政府的执政合法性，已经成为引发社会各阶层之间矛盾的焦点。

---

[1]　李春玲：《断裂与碎片：当代中国社会阶层分化实证分析》，社会科学文献出版社，2005，第 340 页。

四　应对阶层分化结构性挑战的政治整合取向

通过对深圳市社会阶层分化的表现及其特点和问题的分析可知，深圳市虽然已经具备了以中产阶层为主体的橄榄球形结构的雏形，但是阶层分化呈现出"过度与不足"并存的态势，对政治整合提出了结构性的挑战。一方面，阶层分化过度导致社会结构出现"两极化"。市场化改革在推动阶层分化的同时并没有相应的政治力量为分化确定边界，从而带来了阶层分化的"马太效应"，即在市场竞争中处于优势地位的阶层往往在随后的分化过程中继续保持优势地位，而处于落后状态的阶层一步落后只能步步落后。另一方面，阶层分化不足导致社会结构出现"板结化"。改革开放以后社会阶层经历了短期的迅速分化，之后阶层分化的空间和动力受到越来越多的挑战，处于优势地位的阶层不仅排斥其他阶层而且阻塞社会流动渠道，阶层分化的空间受到挤压，导致阶层结构相对固化。[①] 社会阶层分化存在的上述矛盾引发了一系列的社会问题，对社会稳定和政治发展都提出了重大挑战，因此需要构建既能够维护社会稳定又有利于促进政治发展的政治整合机制。

第一，从一元整合走向多元整合。社会阶层分化不仅带来了社会结构的变化而且解构了政治组织的结构形态。改革开放前的全能型国家凭借强大的组织网络与意识形态灌输实现了高度的政治整合，但以牺牲个人自由和扼杀经济活力为代价，这种整合模式是以政党组织为主体的一元整合；改革开放以来市场经济的发展使得总体性社会逐步解体，自由流动资源在体制外涌现，越来越多的社会力量成长起来，说明原来以强制力支配为显著特征的一元整合模式已经不能有效运作了，原有的一元整合模式需要做出调整。社会阶层结构的发展变迁需要构造以政党组织为主导、社会组织共同参与的多元整合网络，以实现国家与社会之间的对接。具体来讲，一是要加强党内整合，紧抓党的建设、推进党内民主、践行群众路线，增强党内整合和党外整合的能力；二是要完善政权组织整合，依法发挥人大的政治沟通功能、提高政府公信力、建立化解社会矛盾的司法体系，发挥政权组织的整合能力；三是要发挥社会自身整合，催生合理的社会组织结构、鼓励社会组织积极承担

---

① 参见吴晓林《现代化进程中的阶层分化与政治整合》，天津人民出版社，2012，第 241～249 页。

政治整合功能，适应社会阶层多元化的需求。

第二，从控制整合走向协作整合。社会阶层分化不仅导致社会功能的分化而且改变了社会资源的配置方式。改革开放前的政治整合诉诸的是社会改造、群众运动和阶级斗争，贯穿着行政控制与强制服从的逻辑，国家在各个领域都处于绝对的支配地位，通过掌握社会资源的分配对社会实施强制性整合；改革开放以来国家在资源配置领域的主导权逐渐让位于市场，市场经济的活跃使得民众对国家的资源依赖转化为适度的服务依赖，社会资源的分配从控制走向协作。随着公民权利意识的提高和社会力量的成长，需要通过政治整合促使国家与社会之间的关系逐渐由"单向依附"转变为"互惠共生"。具体来讲，一是要调节一次分配，调整收入分配关系，发挥市场无形之手的作用，减少政府对市场一次分配行为的行政干预，摆脱导致阶层分化两极化趋势的一次分配困境；二是要加强公私合作，形成协作整合机制，调整产业结构以促进市场对劳动力的有效容纳，防止市场对底层社会阶层的排斥，在公共服务方面加强政府与市场、社会的合作，为社会不同阶层提供均衡有差异的公共服务。

第三，从单向整合走向双向整合。社会阶层分化不仅体现在社会结构和功能上而且反映在意识形态上。改革开放前人们之间并无太大的利益差别，社会结构被整体吸纳为政治结构的一部分，国家与社会的意识形态高度重叠，社会成员对国家的认同通过灌输或教化的单一方式实现；改革开放以来人们逐渐有了独立的利益诉求，社会阶层在分化的同时衍生出个体权利、自由、平等、民主等意识，这就使得整个社会卷入一种寻求新的社会统一性的过程中，而这种统一性的源头主要存在于价值和规范之中。一套符合社会不同社会阶层需求的价值系统，不仅有利于为社会制度提供合法性论证而且有利于聚合不同社会阶层，形成维护社会稳定和推动政治发展的合力。具体来讲，一是要改变千篇一律的单向灌输教育方式，增强意识形态的感染力，以社会化的话语体系推动国家整体意识形态的传播，推动主流意识形态传播的日常化和隐性化；二是要完善意识形态实践载体，实现向下灌输与向上认同的双向结合，以科学的公民教育代替单一的政治教化，通过国家与社会的互动达成意识形态的共识。

国家治理研究

回应与网络反腐的演进机制[*]

——基于两个案例的实证考察

文　宏　黄之玦^{**}

摘　要：回应行为是网络反腐事件的组成部分，对网络反腐演进机制有着重要影响。本文通过对网络反腐两个典型案例的对比，对比回应在次数、主客体形式和信息质量三个方面的差异，以及不同网络反腐事件在演进过程和结局上的差异。研究得出，回应次数越多，主客体形式越丰富、素质越高，信息的清晰度和真实度越高，越有利于网络反腐事件的不断推进，在事件过程中不断明晰实情，有助于网络反腐效果的实现。立足这一结论，应致力于提出有关回应的制度化措施，以规范和引导网络反腐潮流。

关键词：网络反腐　演进机制　回应　案例

随着网络力量在中国社会的全面渗透，网络反腐事件层出不穷，成为社会各界关注的热点。尤其是在党的十八大之后，网络反腐呈现"井喷式"的发展态势，发生了"刘铁男案"、"衣俊卿案"等网络反腐大

* 本文为教育部哲学社会科学研究重大课题攻关项目（16JZD023、16JZD026），中央高校基本科研业务费专项资金资助（2015ZDXMPY06）的阶段性研究成果。

** 文宏（1981—　），男，华南理工大学公共管理学院教授，博士（后）；黄之玦（1992—　），男，兰州大学管理学院硕士研究生。

案，引起了巨大的社会反响。然而，网络反腐事件的演进过程和结局存在较大差异，有些事件曲折漫长，有些事件平淡短促，有些事件事实清楚，有些事件却令人疑惑，有些事件的处理结果得到了民众认同，有些事件的处理却难以取信于民。为此，探寻网络反腐事件的内在机理，妥善引导和合理利用网络反腐这一潮流，成为政府实务部门必须回应的实践难题。

回应是网络反腐事件的组成环节，常常贯穿于网络反腐事件的全过程，不仅包括涉事官员对于涉腐信息的辩解、承认或者其他表示，还涵盖涉事官员所属政府部门透露有关涉事官员的活动或者事件进展相关情况，以及纪检监察机构所提供的有关事件处理信息。在不同的网络反腐事件中，回应次数、回应主体及接受回应客体等存在差异，所包含的信息也不尽相同，形成了网络反腐事件演进过程和结局上的差异，成为影响网络反腐事件的重要影响因素。本文以回应为视角，以案例对比研究的方式，着重展现网络反腐案件中的"回应"行为，并且从"数量"、"主客体形式"和"信息质量"三个方面考察回应的不同形态对网络反腐演进机制的影响及造成的差异，以期形成相应的学理结论。

一　研究综述和理论框架

在网络时代背景下，各国政府面临着诸多全新的治理命题。由于体制差异，西方国家并未形成"网络反腐"议题，网络反腐的相关研究多集中于国内学者群体，有关网络反腐回应行为的研究主要形成了两个脉络。

一是在网络反腐的作用机制中有所涵盖。现有文献勾画了网络反腐事件的作用过程：网络反腐将腐败行为"晒"出来，形成强大的舆论场进而推动反腐进展。[①]　其中，网络公共舆论是网络反腐的核心环节，是通过曝光之后的网络传播，加之传统媒体的跟进报道共同作用形成的。在网络公共舆论压力的形成过程中，当事人、专家、民众等主体在互联网和传统媒

---

① 王美英：《"大众麦克风"时代网络反腐的特征及影响》，《新闻世界》2012 年第 10 期，第 170 ~ 171 页。

体两个平台上的互动行为是机制核心。① 李晓方认为，回应行为处于舆论压力下的政府行动环节，是"官民互动"② 的表现形式之一，在网络反腐的演进机制中发挥了重要作用。然而，在网络反腐作用机制方面的研究，没有提炼出回应行为，并以此为视角深入观察网络反腐事件过程。二是从"回应性政府"③ 理论出发，将网络舆论纳入"公共表达"范畴，研究网络反腐事件中的政府回应行为。有学者对政府回应的必要性和重要性进行了论证，认为政府回应与公民网络政治参与具有内在一致性，将之视为一种"输入"和"输出"的互动关系④，有学者指出网络参与对政治过程的影响是间接的，政府回应是政治系统在压力下的反应，在一定程度上决定了网络政治参与的有效性。⑤ 为此，相关研究聚焦于政府回应如何影响网络政治参与（包括网络反腐事件）的有效性，并通过案例研究的方式，发现政府回应的次数越多，且回应的主体越多元，采用的回应策略越丰富，就越有利于政府应对效果的实现。⑥ 在现实网络反腐事件中，回应行为的外延要更广泛，不仅囊括负有责任的政府部门对民意的回应，也包括了官员个人对网络舆论的回应，其意义并不仅仅在于政治层面的政府舆论应对，更在实践中推动了网络反腐事件深入发展，其作用层面有待延伸和挖掘。

因此，在总结前人研究的基础上，本文提出以回应为研究坐标，贯穿于网络反腐整体过程的解释框架：

其一，回应可以看作是网络反腐演进的观察节点。网络反腐是"一个受理和处理互动的过程"⑦，回应是这一过程的现实表现之一。网络反腐的真正形成应始于官方权威机构的介入，其标志即为官方组织或个人第一次

---

① 韩恒：《网络公共舆论的生成与影响机制——兼论网络反腐的内在机理》，《河南社会科学》2011 年第 2 期，第 52～57 页。

② 李晓方：《以微博为媒介的官民互动特点分析——以新浪政务微博为例》，《电子政务》2011 年第 9 期，第 62～68 页。

③ 格雷弗·斯塔林：《公共部门管理》，上海译文出版社，2001。

④ 东波、颜宪源、付晓东：《基于公民网络政治参与双重性的政府回应路径》，《理论探讨》2010 年第 3 期、第 32～34 页。

⑤ 管人庆：《论网络政治表达的政府回应机制》，《天府新论》2012 年第 1 期，第 1～8 页。

⑥ 方付建、汪娟：《突发网络舆情危机事件政府回应研究——基于案例的分析》，《北京理工大学学报》（社会科学版）2013 年第 3 期，第 137～141 页。

⑦ 肖文超：《近年来中国学者对网络反腐问题的研究述要》，《中共杭州市委党校学报》2010 年第 2 期，第 89～91 页。

对网络舆论进行回应。官方行动对于网络舆论的呼应，不断由回应传达出来。网络反腐事件的最后处理，同样以官方最后的公开判定为标志。官方一旦对案件事实作出认定，就意味着网络反腐在体制内的终结，网络舆论可以此作出反腐效果的判断，此事件中官民互动随之结束。可见，每一例网络反腐事件都是由若干回应行为所组成的，回应本身有着较强的标识价值。

其二，回应的具体形态对网络反腐的演进过程甚至效果有着重要影响，在网络反腐案例中，往往回应的次数越多，就越有利于网络反腐效果的实现，并直接影响反腐的进程。首先，需要区分回应的类型，纪检监察机构的初期回应往往旨在说明调查进展状况，而最后确定结论时的回应多是阐述案件事实。涉事官员个人对于网络传言的辩解和承认也绝大部分是事实层面的，有必要将二者区分以便于观察和分析。其次，需要区分回应的主客体形式，网络反腐实质上是一种"信息反腐"，这就要求传递信息和接受信息的双方形成良好互动，① 不仅要看到回应主体的多元化对网络反腐的演进有着积极影响，同样也应关注回应客体多元化的相同作用，此外，事件参与者的素质对互动情况也有着重要影响。现实中，回应的主体可能有涉事官员个人、涉事官员所属政府部门、相关纪检监察机构；回应的客体自然是公众，可能包括涉腐信息的网络爆料人、普通"围观"网民、网络"大 V"、媒体记者、公民个人等。最后，需要关注回应信息质量，回应作为官方对公众的信息反馈，信息透明度往往受到研究者的关注，② 本文主张从信息质量整体进行考察，可将之分为两个要素：一是信息清晰度，即回应是否准确清楚地回答了舆论关注的问题；二是信息真实度，即回应所蕴含的信息是否符合事实。回应的清晰度和真实度越高，回应的信息质量也就越好，越有利于网络反腐的进程和效果。由此构成回应与网络反腐演进机制的理论框架（见图 1）。

---

① 袁峰：《官民互动助推网络反腐"蝴蝶效应"》，《人民论坛》2009 年第 15 期，第 46～47 页。
② 张新文、张国磊：《危机管理中的政府回应力研究》，《行政论坛》2013 年第 6 期，第 30～34 页。

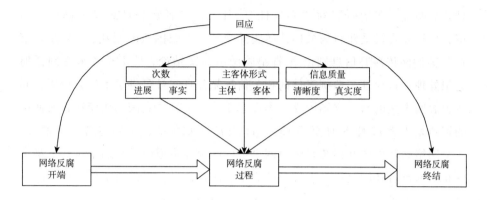

图1　"回应"与网络反腐演进机制的理论框架

二　案例选取与简介

（一）案例选取与资料来源

本文运用的是基于两个案例的案例比较法[①]，选取的两个案例分别为"杨达才"案和"A省C市长"案[②]。选取这两个案例的考虑有三。其一，二者在发生时间、发生地域、涉案官员性别、涉案官员级别、案件类型等五个基本背景方面相似（见表1），这保证了两个案例处于相似领域之中，从而明确了两个案例的"可比性"。其二，二者在演进过程和结局方面存在明显差异。就演进过程而言，"杨达才"案例历时较长，且事态发展较为曲折，而"A省C市长"案例则历时短促；就结局而言，"杨达才"案例已走完司法程序，其社会影响日益消逝，而"A省C市长"案例经A省纪委调查，做出"证据不足"的案件结论，但引发的质疑却并未消除。笔者曾对A省不同层级的200位领导干部进行了相关调查，发现超过八成受调查者对案件结案评定结果存有疑惑，超过九成以上的受访者认为C市长的声誉未随着官方结案结论得到挽回，超过半数的受调查者认为此事应继续追查或给

---

① 〔美〕罗伯特：《案例研究设计与方法》，周海涛等译，重庆大学出版社，2004。

② 两个案例均为现实中的真实案例，"杨达才"案已经经过司法审判定论，可以公开，另一案例遵循学术惯例，做匿名处理，所选案例均为学术研究素材。

予澄清。① 即使官方机构对案件作出价值判断，也并未打消公众的疑虑。这种差异明确了案例研究的"必要性"。其三，二者在法理意义上都已经结束，杨达才贪污受贿行为被确认属实并受到了党纪国法的制裁；"A省C市长"案例网传涉腐信息则由A省纪委做出结案结论，C市长并未受到任何党纪处理。这保证了两例案件的相关信息充分真实且可供学术研究使用，同时也表明本文的研究立场中立。本文主要采用文献调查法和访谈法，所使用的资料是于2012年8月至2015年11月期间收集的，主要包含三个部分：一是网络新闻媒体和传统媒体对两个事件的跟踪报道以及采访记录；二是事件相关参与者在网络平台上发布的文字、图片信息；三是对事件亲历者的少量学术访谈资料。

表1　两个案例的相似基本条件

基本背景	"杨达才"案例	"A省C市长"案例
发生时间	2012～2013年	2012～2013年
发生地域	西部地区	西部地区
涉案官员性别	男	男
涉案官员级别	正厅级	正厅级
案件类型	涉嫌贪腐（名表、高级眼镜等）	涉嫌贪腐（名表）

（二）案例简介

1. "杨达才"案例

2012年8月26日，陕西包茂高速发生特大交通事故，时任陕西省安监局局长的杨达才在事故现场面露微笑。当日16时35分，网友"JadeCong"在新浪微博上发出了含有相关图片的微博，引发了网友的广泛关注，"卫庄"等多位网友指出杨达才所佩戴手表为高价名表。8月27日18时12分，第五大道奢侈品网络首席运营官孙多菲在其微博中指出，杨达才的5块手表均属"劳力士"、"江诗丹顿"等世界知名品牌，总估值为37万元至57万

---

① 此项调查以问卷形式展开，受访者为A省公务员及普通市民，主要测量受访者对"A省C市长"事件的基本看法。虽然此种简单的描述性统计可能并不足以作为严谨学术研究的论据，但在一定程度上表现了民意。

元。① 这引起了网友对杨达才所拥名表的关注，并将其戏称为"表哥"。网友认为杨达才作为公务员，其正常收入不足以支持其购买多块名表，进而对其廉洁产生怀疑。

杨达才在 8 月 28 日回复《法制晚报》记者采访时称，自己已知道网络对他的关注，并将此事向组织做了报告，最快将在 8 月 29 日上午对网友的质疑做出回应。② 8 月 29 日 21 时至 21 时 30 分，杨达才在新浪微博"新浪陕西微访谈"平台与新浪网友进行提问交流，其间对网友致歉多次，并对自己在事故现场的"微笑行为"做了解释，并称自己的几块手表，是不同时期使用合法收入购买的。③ 然而，在访谈过程中，网友"猪头懦夫司机"提出杨达才除了之前发现的 5 块名表之外，还有一块品牌为"宝格丽"的名表。接着，网络知名鉴表专家"花总丢了金箍棒"等网友也陆续发现了杨达才所佩戴的其他若干块手表。

8 月 30 日，陕西省纪委回应称已安排人员对杨达才进行调查。9 月 1 日，三峡大学学生刘艳峰向陕西省财政厅提交了政府信息公开表，申请公开杨达才 2011 年度工资。9 月 3 日，新华社记者向陕西省财政厅了解此事，对方表示还没有收到相关文书，并表示收到后会有答复。新华社记者还致电杨达才本人询问其工资收入，杨达才表示工资收入十七八万元，且经常与儿子互相通用手表。9 月 5 日，"晨曦微播"等网友发现，杨达才除拥有高价手表外，其拥有的 4 副眼镜也皆为价格不菲的名牌。9 月 17 日，《钱江晚报》记者致电陕西省安监局值班室，得知杨达才依旧正常上班，引起网民进一步关注。④ 9 月 20 日，刘艳峰收到陕西省财政厅回函，告知将不公开杨达才工资。

9 月 21 日 13 时 10 分，陕西省纪委在其官网发布消息称，杨达才存在严重违纪问题，依据有关纪律规定，已给予撤职处理。2013 年 2 月 22 日，杨达才被开除党籍，并移送司法机关处理。2013 年 8 月 30 日上午，"杨达才受贿、巨额财产来源不明一案"一审在西安市中级人民法院进行，杨达

① 参见《27 天："微笑表哥"落马舆情还原》，《检察日报》2012 年 9 月 25 日，第 5 版。
② 参见《陕西安监局局长"微笑门"事件舆情报告》，正义网，http://www.jcrb.com/IPO/database/anticorruption/officials/201209/t20120921_951843.html。
③ 参见《陕西省安监局杨达才回应网友质疑》，新浪微博"微访谈"栏目，http://talk.weibo.com/ft/201208296903。
④ 参见《"表哥"正常上班　政委的事不便透露》，《钱江晚报》2012 年 9 月 15 日，第 A13 版。

才一审被判处有期徒刑 14 年，其非法所得 529 万多元被依法没收。

2. "A 省 C 市长"案例①

2012 年 12 月 3 日，新浪微博某实名认证网友发布消息，称 A 省 C 市长佩戴多块名表，其中包括估价 15 万元的"镶钻欧米茄"、20 余万元的"江诗丹顿"等。2012 年 12 月 4 日，有记者就"名表"事件分别致电 A 省纪委及涉事 C 市长本人，A 省纪委接听电话工作人员称并未展开调查，C 市长本人表示已获悉网络传言，当记者进一步追问时，他表示"省里"正在对此事进行处理，便随即挂断了电话。

12 月 5 日，A 省网官方媒体的门户网站发布消息称，A 省纪委正在核实相关情况。12 月 5 日，中山大学某研究生分别向 A 省政府办公厅、A 省财政厅、B 市政府政务公开办公室及财政局寄去信息公开申请材料，要求公开 C 市长 2011 年工资总和。12 月 8 日，A 省纪委发布消息称，经过各种方式的调查核实，认为 C 市长佩戴过黑色雷达机械陶瓷表、欧米茄仿表、西铁城光动能表，均为本人购买，其中价格最高的黑色雷达机械陶瓷表市价在25100 元，而网上对于 C 市长佩戴过其他名表的传言证据不足。而后，此事揭发者新浪微博网友对 A 省纪委所做出的核查结果多次表示不服，公开表示要将更多证据上交给中纪委。然而，其因涉嫌敲诈勒索于 2013 年 8 月 9日被警方逮捕。中山大学某研究生在 2012 年 12 月 10 日收到了 A 省政府办公厅的电话回复，称公开 C 市长的工资不属其工作范围，并承诺将申请信件转交给 A 省信息公开办公室，之后便再无来自官方的回应信息。

三　比较与讨论

对两个案例过程的叙述，为我们全程考察网络反腐演进机制提供了翔实的素材。通过对两个案例进行对比分析，既可以较好诠释回应行为贯穿于网络反腐过程的重要作用，又可以探讨其不同形态对网络反腐演进机制的影响。

（一）回应行为贯穿网络反腐始终

从案例过程中我们可以得出，"杨达才"案例和"A 省 C 市长"案例皆经历了数次回应，将其串联起来，即可掌握网络反腐的整体过程。"杨达

---

① 此案例的节点信息均有佐证和媒体出处，出于匿名的因素，隐去相关内容。

才"案例始于"名表"照片被网友无意发现，经过大量转发之后，杨达才表示已将相关情况向有关机构汇报，这为此案的第一次回应，表示了体制内反腐机构已获悉有关情况，标志着网络反腐的实质性展开。之后，杨达才、陕西省纪委、陕西省安监局等个人和机构陆续以不同形式对网络舆论焦点进行了6次回应，显示着体制内反腐行为的不断推进，网民的关注重点也随着回应而不断转移。最后，陕西省纪委作出最后回应以发布调查结论，标志着网络反腐事件的结束，网络舆论也逐渐平息下来。同样，"A省C市长"案例虽时间短促，但从新浪微博实名认证网友在网络发帖到A省纪委做出调查结论，其间也经历了4次回应。总之，回应行为标志着官方行动与舆论、民意的衔接，也昭示了体制内反腐的阶段性成果，最后也作为官方最后处理意见的载体而使事件终结。为便于观测，可以通过标示回应的时序和简要内容制作时间轴（见图2）。

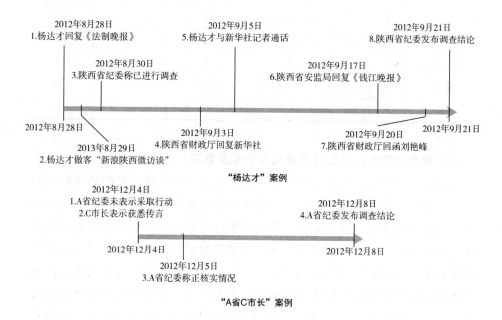

图2　以回应为节点的两个案例时间轴

（二）不同的回应形态对网络反腐过程及结果产生不同影响

通过两个案例的对比，可以展现回应在网络反腐演进机制中的作用，同时，从其具体形态的"次数"、"主客体形式"、"信息质量"等三个方面，可以探讨其中差异对网络反腐事件演进的影响（见表2）。

表2　两个案例中回应的形态差异

案例	次数		主客体形式		信息质量	
	节点	主旨	主体形式	客体形式	清晰度	真实度
杨达才案例	1	进展	本人	记者	高	高
	2	事实	本人	网民、网络"大V"	高	低
	3	进展	陕西省纪委	网民	高	高
	4	进展	陕西省财政厅	记者、公民个人	高	高
	5	事实	本人	记者	高	低
	6	进展	陕西省安监局	记者	高	高
	7	进展	陕西省财政厅	公民个人	高	高
	8	事实	陕西省纪委	网民	高	高
A省C市长案例	1	进展	A省纪委	记者	高	高
	2	事实	本人	记者	低	不详
	3	进展	A省纪委	网民	高	高
	4	事实	A省纪委	网民、网络"大V"	低	不详

1. 回应次数对网络反腐演进机制的重要影响

回应次数实质上是官方与公众互相传递信息的数量，有的向民间反腐力量传递着对案件事实的说明，有的也显示了体制内反腐的进展。说明事实的回应次数越多，则表示在一个网络事件过程中，对案件事实的讨论次数越多，有助于对相关官员是否存在腐败行为进行公开判定，进一步廓清案件事实。"杨达才"案例中，对案件事实进行说明的次数有三次，除最后陕西省纪委发布的结论之外，前两次都是当事人直面网友和记者进行交流。而"A省C市长"案例中，除A省纪委最后发布消息之外，C市长本人仅与记者通过一次电话且没有回应任何实质问题，导致公众对案件事实认识不清，从而怀疑官方调查结论的真实度。显示进展的回应次数越多，则表示体制内反腐的不断深入，给予了公众反腐力量信心与希望，使得公众舆论对相关事件持续关注，有助于网络反腐事件的不断推进，有效实现网络舆论监督。从网上曝出相关涉腐信息到陕西省纪委发布调查结论,"杨达才"案例历时 26 天,作为新闻的时效性已经大大减弱,而舆论热烈程度依然不减弱,与官方机构对案件进展的 5 次回应分不开。而"A 省 C 市长"案例中,在没有实质性进展的情况下,于网络发出涉腐信息的第 5 日即发布官方结论,事件过程迅疾且短促,网络舆论热点随之转移,公众关注热情大为削弱,对事件也无从深入了解。此外,同样是大学生以公民个人身份向相关部门申请公开涉事官员的工资信息,陕西省财政厅在官方结论发出之前就以回函方式明确回复申请,激发公众舆论的持续关注;而 A 省财政厅则是案件结束多日才给予回复,此时事件公众舆论关注热度已经消亡。

2. 回应行为的主客体形式对网络反腐演进机制的重要影响

回应的主客体形式决定了不同网络反腐参与者的互动程度。主客体形式越丰富,自身网络信息素质越高,对网络反腐的影响也就越积极。就主体而言,"杨达才"案例中,杨达才在"新浪陕西微访谈"平台上与网民、网络"大 V"直接交流,在第三方平台中"面对面"地对网友感兴趣的事项进行说明,保证了回应过程具有针对性。杨达才虽然有选择地回答问题,但在 30 分钟时间内回答了 12 个问题,除对"微笑"行为的解释外,还针对性地回答了与腐败有直接关联的"名表"问题。之后,又对记者回答了自身工资情况并解释了"名表"数量。作为主要官方调查部门的陕西省纪委多次对外发布调查进展,并且每次皆有推进。另外,杨达才所在陕西省安监局不断透露其工作状态,间接引起了公众舆论对调查机构的督促。相较而言,A 省 C 市长从未在网络平台上与网友直接交流,A 省纪委等相关部门也从未透露与调查过程相关的信息,由于调查过程缺乏与公众的互动,使公众对调查过程的公正性产生怀疑。可见,主体形式越丰富,对媒体开放程度越高,就越为网络反腐过程中民意监督提供了便利条件。

就客体而言,"杨达才"案例中,传统媒体记者利用现实便利条件,通过电话、实地调查的形式进行跟踪报道,让公众知晓体制内相关部门对此事关注及进程信息,网络媒体再将消息广泛传播出去,形成了线上线下、传统与现代媒介的良性互动,既保证了消息来源的权威性,又提升了消息传播的速度和广度。而"A 省 C 市长"案例中,网络舆论受到外力约束,在百度等搜索引擎中,相关关键词成为敏感词,不可显示部分搜索结果,传统媒体对其的报道更是屈指可数。这表明客体形式越丰富,网络反腐信息交换渠道就越多，形成"全媒体互动"①的可能性也会越大，越有利于相关信息挖掘和公开。

此外，"杨达才"案例中，相关网络"大V"的信息素养、专业知识和法律意识较优。除了像中国社科院教授于建嵘、北京大学政府管理学院教授李成言这样的公共管理领域学者参与之外，为鉴表提供技术支持的孙多菲是奢侈品行业的资深人士，保障了网络反腐活动的科学性。影响此案的关键人物"花总丢了金箍棒"是网络资深鉴表专家，之前就多次在网络上曝光大量官员戴名表的图片，有着丰富的网络反腐活动经验，同时也力主在网络反腐的舆论风暴中保持理性，有助于正确而有效地引导舆论方向。

相较而言，"A省C市长"案例中新浪微博实名认证网友在反腐败的知识储备上略显不足，并未引发专业领域网友的有效支持，举报所用的网络图片在清晰度上可能还不足以做出准确判定，在官方发布调查结论之后，又有对有关领导进行蓄意人身攻击情形，在其他行为举止上存在着较大缺陷，后被警方以敲诈勒索罪逮捕。在这个案例中，网络反腐并未形成较为统一的舆论力量，无法持续推进，所提供的反腐信息也多有瑕疵，降低了网络反腐的公信度。这表明客体自身素质对网络反腐的演进也有着重要影响，其信息素养、专业知识、法律意识等，直接与网络反腐的有效性呈正相关关系。

3. 回应行为的信息质量对网络反腐演进机制的重要影响

信息的清晰度决定了回应是否可以持续，影响信息交换的效果；信息的真实度决定了回应是否反映了案件事实，影响民众与官方互动的进程和反腐效果。而且，信息的清晰度对真实度的判断起着决定性作用。回应信息的清晰度越高，主客体之间的互动就越顺畅，信息真实度就越快越准确地得到判断，有助于网络反腐进程向深层次发展，有利于案件事实充分展现在公众面前，对网络舆论监督具有积极作用，网络反腐案件的最终结果也易令人信服，反腐效果也较好。"杨达才"案例中，8次回应的信息清晰度相对较高，回应主体都较为明确地回答了疑问，所以公众舆论每次都能迅速地判定回应的真实性，及时对虚假信息有针对性地提出诘问。其中第2次回应的信息真实度较低。在2012年8月29日的微访谈中，杨达才对其"名表"来源做了说明。不仅在态度上对网络监督表示欢迎和理解，更准确地说明了"名表"

---

① 肖生福：《"网络反腐"中媒体、民意与政府的互动分析》，《广州大学学报》（社会科学版）2012年第11期，第11～17页。

的来源、购买时间、价格及其与收入之间的关系，并且侧面表示了纪律监察部门已经对相关情况有了一定的了解。然而，微访谈还没有结束，网友就对名表数量提出了怀疑。但杨达才并没有对这一问题作出回答。于是，网友认定杨达才在回答"名表"问题时并没有说出实情，引起了更加广泛的关注和怀疑，导致多个专业网友对其拥有的其他若干块名表进行接续曝光。

与之类似，杨达才案例中的第 5 次回应的信息真实程度也较低。当时网络舆论普遍认定杨达才拥有"名表"的数目在 10 块以上。在陕西省财政厅并未公开其年度工资信息的背景下，杨达才在接受媒体采访时主动提及自己的工资收入为十七八万元，并常与儿子共戴某些手表，较为清晰地表示了收入与财产间存在合理联系。

然而，网友之后曝出杨达才拥有名牌眼镜、名牌皮带等情况，相应地提出反驳，将案件事实推向对杨达才更为不利的局面。在这样多次回应的背景下，杨达才不仅未能澄清其腐败嫌疑，反而激发网络平台涌现更多其涉嫌远超正常收入的新证据，成为陕西省纪委作出最终决定的有力佐证。陕西省纪委最终认定其存在严重的贪腐行为，得到网民的普遍认同。

这表明，在当事人的回应中，只要信息清晰度较高，网民尤其是鉴别能力较强的网络"大 V"会对信息真实度进行判断，真实度较高则自证清白，较低则会引起网络情绪的反弹，为新涉腐信息的发布提供了动机，易于激发新一轮的舆论浪潮。一旦当事人的回应出现疑似谎言，网民往往会推测其对案情存在不可告人的秘密，涉案官员存在腐败行为的嫌疑也就越大。另一方面，在舆论判断信息真实度的过程中，曝出了新的涉腐信息，意味着民众反腐诉求进一步提升，随着舆论压力的增加，新的回应也呼之欲出。这样，形成一种"回应—新信息—回应"的循环，不断推动反腐进程，明晰案件事实。最终，当涉案官员面对新的涉腐信息再也做不出合理解释时，相应的涉腐事实很有可能是成立的，为纪检监察机构采取反腐措施提供了依据（见图 3）。经过数次这样的循环，案件事实将基本上呈现在公众和纪检监察机构眼前，既保证了官方最终回应的真实性，又正确引导和平复了公众舆论。

相较而言，在"A 省 C 市长"案例中，4 次回应中有 2 次清晰度较低。在唯一的一次涉案官员本人所作回应中，C 市长并没有针对舆论怀疑做出解释，而是以一种模糊的态度将责任推向了上级部门，在记者问及实质性问题时，又以一种略显粗暴的态度结束了互动，对实名举报人的指控既不承认也不否认。这一行为并没有解除自身嫌疑，反而加深了网民的疑虑。"A 省 C

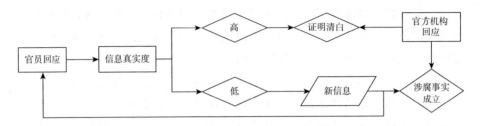

图3　"回应—新信息—回应"的循环

市长"案例过程中缺乏"回应—新信息—回应"循环，没有对网络上曝光的涉案信息进行验证，在"仇官"的网络大环境下，这无疑对 C 市长的个人名誉造成影响，同时也在一定程度上增加了纪检监察部门的侦查难度。最后，A 省 C 市长被官方认定为不存在违纪行为，A 省纪委发布的官方信息称相关部门已经进行了多种途径的调查核实，其所佩戴的名表系高仿，均系本人购买，且价格范围在正常收入之内。这次回应是官方结论，意味着官方的调查以网络信息不实而结案告终。由于缺少先期相关信息的交涉，官方认定结论也未提及购买凭证、鉴表机构等关键信息，官方结论略显武断。此外，这也是官方机构首次公开承认官员佩戴"仿真名表"，引发了众多网民的普遍质疑，反而使网民对事件真相更加疑惑。

　　这表明倘若官员或纪检监察机构所发布信息的清晰度不够，公众将无法准确判断涉腐信息的真实性，难以消除公众怀疑，最终的官方结论结果较难获得公众认可。这不仅使得行为清白的官员不能获得名誉上的恢复，相应地，也不能达到惩治腐败官员的目的，网络反腐事件最终沦为"网络谣言事件"，丧失了反腐败的效果，反而造成了恶劣的社会影响。

五　结论与展望

　　本文比较了两个典型网络反腐事件的演进过程及结果，"杨达才"案例的演进过程漫长曲折，事实较为清晰，最终结果得到官方和民众较为一致的认同，"A 省 C 市长"案例演进过程短促，展现事实较为模糊，最终官方结论受到公众质疑。通过比较研究可得出以下结论：其一，回应作为网络反腐事件的重要环节贯穿于事件过程始终，可以作为标志事件演进的时间节点。其二，回应的具体形态影响了事件演进过程和结局，简言之，回应的次数越多，主客体形式越丰富、自身素质越高，每次回应所蕴含的信息清晰度越高，就越有利于网络反腐效用的发挥。

在网络反腐中，回应不仅是贯穿事件演进过程的重要环节，也因其在数量、主客体形式和信息质量上的差异对网络反腐造成影响。基于以上结论，不难对于网络反腐的实践得出制度化建议：一方面，当网络上曝出涉腐信息时，相关官员须对案件事实进行详细且明确的说明，如证实回应过程存有欺骗，即可对其实施处罚；另一方面，纪检监察机关也须实时向公众通报调查进展，并在最终做出调查结论之前，应公布翔实的论证报告，且整个过程应该在法治前提下广泛接纳民众意见。

此外，通过这一案例对比研究，不难发现：网络技术及网络平台不是网络反腐的根本要素，网络反腐必须形成舆论压力，诱发体制内反腐举措的触发机制，才能最终实现反腐目标；官方也并未形成对网络舆论的常态化回应机制，不同事件的回应呈现出各种形态，容易受到外界各种因素的干扰。网络反腐作为尚未制度化的反腐败手段，影响其持续演化过程的关键因素在于是否存在制度内的行动对接，而回应也不过是众多行动对接中之一种，官方应该更加注重民意与官方行动间的互动，力求将网络反腐纳入制度化路径。

"访"不胜防？[*]

——信访作为中国的"痛点"及其舒缓

刘正强[**]

摘　要： 在中国社会急剧转型的背景下，信访这种本土性、辅助性的政治制度正面临着前所未有的运行困境，不断触痛着国家与社会的敏感神经，并向社会风险的方向传递，成为屡遭戳击的社会"痛点"。本文直面信访运行"爆棚"的逼仄窘境，从学理上深度揭橥了信访治理失守、反转为维稳工具的内在逻辑，并从程序设计、分类机制、专业治理诸方面探究了信访的舒缓策略，以求解国家治理所面临的"访"务困境。

关键词： 信访　痛点　运行困境　治理策略

信访是中国共产党的一种内生性执政资源，也是群众路线原则在社会治理领域的体现和展开，在不同的历史时期发挥了独特的社会作用。自 20 世纪 90 年代逐步形成的信访高峰，经过中央与地方十几年来的强力整治，其不断攀升的势头得以遏制，但信访困局并未得到根本缓解，治理成本飙升、治理乱象触目，不断刺痛着国家与社会的敏感神经。信访研究的兴盛，显然与这种困境密切相关，诸多学者对信访的制度变迁、治理困境、压力体制、

---

[*]　本文为国家社科基金项目"我国信访制度的风险评估与分类治理研究"（16BZZ046），国家信访局信访理论研究项目"以'去存量'为核心的信访积案分类治理研究"（2016AG0604）的阶段性研究成果。

[**]　刘正强，上海社会科学院社会学研究所助理研究员。

创新理路等进行了深度辩论与交流，从而为中国信访治理提供了真切的理论观照。这主要体现为三个转向：一是从社会之维走向国家之维，使基于"社会中心论"的"维权"与"抗争"话语占主导地位的局面有所松动，而"国家中心论"的登场表征了信访研究找回"国家之维"的努力，形成了由李昌平提出并沿用至今的"治权"话域，导向了信访制度设计的溯源性研究。二是从合法优先走向治理优先，即便以对信访制度持批判性态度而知名的于建嵘的激进观点也有所软化，信访作为政治意义上的治理策略与传统毋庸置疑，关键是如何消除合法性和有效性之间的内在紧张，比如如何重新认识迈克尔·曼关于中央"专断权力"与"基础权力"的分析以应对国家转型的困局。三是从宏大叙事走向本土解释，从而在学界法治思维主导、政界维稳原则至上的夹缝中，拓宽出信访的本土解释策略，而信访的分类治理就是最具学术原创性的概念之一，揭示了信访不断扩张的逻辑与机制。境外关于中国信访的研究主要散见于各种政治学文献中，并偏向于以西方的政治制度框架解释中国问题，总体上把信访视作民众的抗争行为并做出泛政治化的理解，带有"民主关怀"的偏见，因而与内地学者难以形成充分对话。既有研究从不同方面深化了对信访问题的认识，使得研究的谱系更为完整。本文在此基础上继续深耕，并与现实相结合以直击信访治理的窘迫现状，进而提出针对信访积案的整体性化解策略与社会关切。

一　信访运行的中国之"痛"

中国信访困境由来已久，主要表现为信访总量与治理难度的双双高企。作为一项极为平民化的公共制度，信访领域集聚了大量的社会矛盾并持续发酵，危及社会的良性运行和协调发展并演绎成社会不能承受之痛。2016 年以来的信访形势仍然严峻："e 租宝"、"泛亚"等带有庞氏骗局色彩的金融投资受害访民的维权风潮持续发酵，不少地方的党委、政府甚至国家信访局受到围堵；同时，带有恐怖色彩的访民报复社会、滥伤无辜的袭击事件仍有发生，不断冲撞、碾压着公众的心理底线。

利益纷争

从理论上讲，在一个权利主导的社会里，个人利益诉求具有正当性。但急速变迁的中国社会尚未形成一套完善的利益均衡机制，这使得信访领域的利益之争烽火不断，尤以拆迁保障类问题为甚。征地拆迁是全国范围内最主要的信访矛盾类型，通过拆迁、征地，中国城市建设突飞猛进，为经济的强劲发展注入了生机和活力。土地红利，也使地方政府保持了旺盛的 GDP 锦标赛势头，为地方的民生改善与社会治理奠定了物质基础。拆迁及其引发的失地问题、社保问题、安置问题等缠绕在一起，放大了官民矛盾与社会危机。尤其是大城市中寸土寸金，关于拆迁的信访问题自然更为突出，加之补偿标准不一、安置标准多变，催生了一批以上访谋利者，一些老上访户的要价令人咂舌，化解难度极大。

涉法涉诉

涉法涉诉信访的严峻形势向我们凸显了司法与信访的双重尴尬。在一个走向权利的时代里，人们的法律意识、维权意识显著增强，凡有纠纷均能想到运用法律手段解决，但社会的整体法治观念仍很淡薄，特别是"尊重法律、尊重判决、尊重程序、尊重证据"等意识仍很欠缺，导致发生纠纷时想到法律，但对纠纷解决不如意时即到处上访的情况屡见不鲜。一些当事人初信初访时间提前，边审边访趋于常态，以对法院施加压力，谋求对己方有利的结果，不乏有些当事人在立案之前或立案阶段就开始信访。违法上访问题突出，缠访闹访屡见不鲜。信访人情绪对立、言行过激，违反信访接待制度的行为时有发生。在各级法院等的办公场所及接待窗口出格闹访等现象屡见不鲜，牵扯了司法机关大量的审判精力，影响了正常接待工作。①

历史纠葛

信访制度是没有时效限制的，理论上无论多么久远、多么微小的事项都可以随时提出。于是，历史常常历久弥新，已经尘封的问题可能会被当事人反复提出、激活，进入现实的博弈过程。对历史遗留问题的处理以"拨乱反正"为代表：在"拨乱反正"时期，全国按照中央的精神和统一部署，对历史遗留问题进行了大刀阔斧的甄别、处理，"平反落政"② 不可谓不彻底。然而，随着政策的调整和政治环境的宽松，尤其

---

① 侯猛：《进京接访的政法调控》，《法学》2011 年第 6 期。

② 在1987 年党的第十三次全国代表大会召开前基本完成落实政策的任务，把"文化大革命"以前和"文化大革命"中，在"左"的思想指导下处理错了的历史问题，实事求是地纠正过来，妥善做好善后工作，是一项重大的政治任务。参见中共中央办公厅、国务院办公厅转发《关于进一步贯彻落实〈中央落实政策小组扩大会议纪要〉的补充意见》。

是贫富差距和社会不公所引发的弱势阶层的不满，与历史问题有关的上访事项被激活。以人为本、强调民生是完全正确的，但如果罔顾与超越历史发展的阶段，过度释放人的物质欲求，则可能强化与放大本已存在的社会失衡与不满心态。尽管这类信访人群相对固定，但由于社会差异的刚性存在，他们上访的心理基础很难改变，其需求会随着自身及周边状况的改善而提升。历史问题同现实问题缠绕、纠结、链接在一起，使信访困境得以放大。

精神障碍

信访也是社会情绪与心态的晴雨表：贫富分化、社会不公，以及"相对剥夺感"。这些问题并不总是表现为反社会的倾向和行为，而更多的是不断地对自身的精神和心理造成挤压与折磨。心理与情绪异常往往会强化一些访民的行动惯性。由于信访制度的开放性，它能够吸附更多的有精神心理障碍的人来上访，为这类人群的宣泄提供去处，而这些人在上访过程中也会变得越来越偏执。

二 信访爆棚的逻辑之"链"

目前信访问题之所以"爆棚"就在于存在一种形同恶性肿瘤的生长机制，原有的信访不断衍生、再生、扩展出新的信访类型，甚至有人会数年如一日为"几毛钱"的问题上访，有人会撇开地方政府而常驻北京上访，有人会在上访过程中不断追加新的信访事项。正是社会结构的变迁等要素造成或促进了信访存量的扩张。

社会与政治变迁的失调

改革开放以来，中国社会发生了急剧的变迁，社会的控制方式发生了根本性的转变，开始从高度整合的刚性结构转向低度整合的弹性或柔性结构。由于经济改革的辐射效应，中国的社会控制需要有政治体制改革与变迁的回应。但囿于中国的国情，信访的不断扩展在某种意义上就是在社会与政治变迁失调的缝隙中产生出来的。从政治伦理上说，执政党被赋予了对社会的无限责任，只有"一切依靠党和政府"才能"一切相信党和政府"，也才能增强执政的合法性基础。[1] 因而从理论上讲，群

---

① 肖唐镖：《信访政治的变迁及其改革》，《经济社会体制比较》2014 年第 1 期。

众可以通过信访向党和政府提出任何要求。但在传统执政资源和手段萎缩、执政环境和条件变化的形势下，政治的运作过程更多地受制于技术、财力等硬实力。故信访的扩展有其深层的根源，这是在社会结构趋于松散、国家控制能力趋于弱化情况下出现的一种不可避免的现象。

法治与民生话语的导入

由于法治具有普适性的价值并且已上升为治国理政战略，人们开始习惯于以法治来建构自己的行动依据，并不断地将个体权利释放出来。在维权的语境中，政府则不仅仅要受制于政治正确，而且要受制于法律正确，以致常常处于尴尬的境地。不仅如此，中央确立了以人为本的发展战略，关注民生、保障人权、普惠大众，却往往导致意想不到的结果，民众的个人权益在得到保障的同时，也存在着过度释放的倾向，而信访则为此提供了一个宽松的平台，常常为一些不良信访人不当利用。在农村取消税费之后，农村的上访有了显著的上升，在城市废除收容遣送办法后，城市的上访急剧蹿升。每当国家出台一项惠民政策时，总会引发相应类型的上访波动。政府却面临治理手段匮乏的问题，无法对部分食利者进行鉴别乃至有效打击。[①]

压制与收买模式的误区

由于"维稳"原则的绝对化与自上而下的考核压力，地方政府陷入了压制和收买的双重误区。在信访实践中，对于提出过高要求的"钉子户"、缠访户，笼统的要求是积极化解、疏导、教育以至稳控，压制与收买是别无他途的选择，其后果是显而易见的：不但地方政府特别是公安部门屡屡因履行职务而成为被诉的对象，而且人盯人的死看死守策略在一个权利文化普及、流动自由的社会里显得非常荒唐。而用更软的办法、花更大的代价来收买访民，这更不可持续——作为维稳责任最终承担者的地方政府的财力由于税费改革而非常有限，有时被迫挪用低保指标、救助资金等民生项目以应付访民。

三　信访治理的失守之"窘"

随着 20 世纪末信访"洪峰"的到来及其引发的社会震荡，信访治

---

① 陈柏峰：《无理上访与基层法治》，《中外法学》2011 年第 2 期。

理引起朝野重视。具有中国特色的"维稳政治"逐步形成，"稳定"果真演绎成为几乎压倒一切的价值追求，从而极大地改变了中国的政治生态，信访治理逐步被导入维稳的体系中并演绎出社会几乎不能承受的风险。

维稳及其泛化

由于社会的急剧变迁，中国社会控制亦大为松动，尤其是当追求个人利益成为正当的时候，信访便成为这样一种民众与政府斗智斗勇的平台和通道。同时，社会治理体系的完整性、有效性、合法性却在不断降低：基于法治与人权的要求，收容遣送制度、劳教制度相继废除，导致了治理手段的真空，社会治理的基础制度之间因而出现了一定的缝隙。在这种情况下，中央确立了压力式信访体制，维稳思维从维护社会治安和打击刑事犯罪的"社会治安综合治理"向信访领域蔓延，几乎成了信访治理的最高原则。自然，信访为维稳"俘获"，异化为维稳的工具化制度。于是，访民群体越来越多元、复杂，成为不断消耗国家治理资源甚至与政府形成某种对抗的一股力量。尤其在敏感时期，对重要访民的盯守成本已远远超过犯罪嫌疑人，一些手段之荒唐、之可笑，让人有恍如隔世之感，不禁使我们喟叹这个奇特的时代。

治理及其反转

在这种情况下，信访工作成为影响官员升迁的"帽子工程"——摆平体现水平、没事就是本事、搞定才能稳定，只能饮鸩止渴，先把眼前的火灭了再说。国家不再鼓励而是防范民众的信访尤其是来访，信访不但不能承载政治动员的功能，而且反而成为被治理的对象——这样，信访运行完成了一个重大转向：国家对信访由提倡变成防范，并由国家治理社会的手段演化为被治理的对象。地方只能为了完成维稳任务，将维稳的手段、方法和技术用到极致，从下访、隐患排查、稳定风险评估到对访民实行人海战术，实施超强度的管控，进行"严防死守"、"盯牢看死"。地方政府压制与收买这一硬一软的治理模式很难起到应有的效用。收买需要有强大的财力做支撑，而水涨船高的支出不但让地方政府难以为继，也让访民摸清了政府的软肋，靠访发财、以访谋生从某种意义上说就是其反向激励的结果。硬的方面，随着法治的完善和公众权利意识的觉醒，对信访人人身进行约束需要具备正当性条件，并且程序越来越严格，风险也越来越高。

政治及其风险

由于信访制度设计的起点是群众路线，并且也承载了政治动员的功能，这使信访制度极易激发访民的政治偏执情绪。一些访民对"政治"、"国家大事"非常关心，甚至于狂热，他们倾向于将自身的问题赋予广泛的政治色彩，从"政治高度"上解释自己的信访事项，对任何具有新闻效应的事件竭尽全力地寻找政治原因，而政治原因一定要追到政治体制这一根本上。尤其是近年来民粹主义的情绪在访民群体中有所蔓延，极易演化成为一些政治偏执型访民的心理支持系统，从而实现反向的政治动员并带来巨大的社会风险。不仅如此，近几年来信访已跨出国门，在国家领导人的出访中常常有访民"随访"的影子，他们死打硬拼的纠缠行为，甚至令对中国抱有敌意的外国人也为之侧目。信访的国际化对中国政治运行造成了某种颠覆，其要害在于它已突破传统的"青天"意识，确立了一种高于中央的外部权威，使信访制度承受了其不能承受之重。

四　信访困境的舒缓之"道"

信访运行的困境，反映了社会转型期国家治理的失灵和困顿。关于信访制度改革的争议持续不断，对其一废了之、做大做强乃至维持现状的声音皆有一定市场。[①] 由于信访问题的复杂性已溢出信访制度的框架，信访制度改革必须放在中国政治社会的背景下以及国家与社会治理的总体格局中通盘考虑，做大做强未必可取，一废了之则失之草率。在大的社会结构和体制不会有根本改变的情况下，一种可行的方案是在形成新的信访治理共识基础上，走出压制型和收买型的双重误区，摆脱运动式和非常态的治理惯性，形成多元化和包容性的治理结构，通过信访治理机制创新突破信访僵局，为深化信访体制改革创造条件。[②]

设置信访的准入程序

信访问题的淤积部分是由于信访制度的固有设计导致的。由于信访制度是中共群众路线及处理人民内部矛盾的原则在社会治理领域的展开，信访制度就与补强与论证执政合法性密切相关，它是在整个政治体制比较拘谨、大

---

① 任剑涛：《信访制度是否适应时代潮流》，张千帆：《上访体制的根源与出路》，《探索与争鸣》2012 年第 1 期。

② 刘正强：《重建信访政治——超越国家"访"务困境的一种思路》，《开放时代》2015 年第 1 期。

众政治参与还比较有限的情况下向群众开辟的一个通道，而人民群众也可借此突破官僚与科层的僵硬束缚，上传民意并谋求帮助。正是基于这种考虑，信访就成为一个开放式的结构，没有也不可能设置准入门槛，即使不合常理，由于信访是"政治正确"的，信访部门也没有理由拒绝。于是，在国家机器逐步完善，司法、调解、仲裁等争议处理机制不断健全的情况下，信访仍然保持了勃兴的势头。不仅如此，领导包案、下访、隐患矛盾排查等都在某种程度上强化了公众信"访"的心理定式。于是，信访制度在吸附了大量的社会矛盾的同时，也在某种程度上扰乱了社会分工，一些非信访事项大量涌入这个管道，尤其是成为一些人谋利、发泄的途径。因而，建立一种信访的准入机制就非常必要了。可以借鉴诉讼的立案制度，以受理审查为核心，在信访受理环节引入审查机制，建立信访时效、证据、当事人资格审查等一系列的准司法化的制度，从而形成信访的过滤与拦截机制，将不属于信访机关受理、处理的事项导入相应的国家有权处理机关，或生活救助、情感干预、心理辅导等部门。通过这种形式上的筛选与甄别，可以直接将一些无理访、无解访过滤掉，也有助于有效利用和节约信访资源，将有限的精力用在处理紧要的信访问题上。

建立信访的分类机制

当前信访治理的核心困境不在于信访量的高企，而在于如何对信访事项进行分类及对上访人进行定性，即能否形成一套合法有效的分类治理体系。可以说，分类是治理的基础，但在信访分类方面面临一些困难。由于社会的急速变迁与变动不居，信访事项的划分越来越细，再加上许多信访人将不同的事项混杂在一起，甚至不乏对事实进行夸大、变通、虚构、扭曲的情形，致使"就事论事"比较困难。对"人"更是如此。由于在现代社会中个人追求利益具有正当性，道德、政治、信仰等对人的约束力下降，法律与人们的认识和看法就形成了一定的冲突。中国人秉持实体正义的理念，又有着独特的情理法观念结构，并兼受市场化的洗礼，个人逐利的动机也不断释放，对同样的问题会有不同的看法，因而对于是非对错、有理无理很难有一个统一的标准。基于此，可以尝试将目前大部分的信访积案分为谋利类信访、公益类信访、偏执类信访、历史类信访等类型。当然，这种划分只是一个高度概括了的理想型，现实中的信访往往兼具各种特点，是不同类型信访的组合，对其化解也需要多元化的策略和手段。

培育信访的专业治理

由于信访系统的开放性、便利性，加之执政党通过各种方式进行的社会动员（如群众路线教育实践活动），信"访"成为一种普遍性的大众认同，尤其是底层和弱势群体几乎不二的选择。在这种情况下，信访群体具有比较复杂的构成：既有确确实实的冤屈者，又有浑水摸鱼无理取闹者；既有借访维权谋利者，又有利用信访诬陷、发泄和进行人身攻击者；既有目标、要求清晰的博弈者，又有无法表达本人事项的疑似精神障碍者。信访积案中，除了要价过高、干部违法、法律政策调整、历史问题等暂时难以解决外，很大一部分人具有各种各样的精神①、心理、情感等问题，即使是正常的信访事项只要掺杂了上述因素，就会变得更加复杂。由于信访制度的政治性、群众性，并对信访人的有理推定，致使信访部门很难以常规的工作击破他们自以为是的逻辑结构。这就需要社会力量的介入，通过政府购买服务，借助第三方的立场和专业化的技术为他们提供情感、心理、精神等方面的辅导和服务，使其回归常态生活。由于社会组织处于第三方的位置，比较超然，具有专业知识，可以广泛运用心理、情感等手段及熟人关系等资源，其运作也更具人性、更富温情、更加细腻，发挥作用的空间更大，具备"软控制"的优势。② 通过专业组织和技术化解信访矛盾的领域应当获得政府的优先考虑和大力支持，并形成刚性的制度和机制。

---

① 精神病是一个弹性很大的概念，而偏执是上访群体比较普遍的特点。在司法程序中，可以通过立案审查对主体资格进行甄别和限定，在审理过程中也能通过法律条文与事实证据构成的逻辑演绎与推理过程击破当事人的固有思维结构。但信访机构尚不具备司法中这种严密的程序优势。

② 张海波、童星：《社会管理创新与信访制度改革》，《天津社会科学》2012 年第 3 期。

协商民主视野下的民族区域自治*

——规范、困惑与超越

郑 毅**

摘　要：协商民主对民族区域自治法具有重要价值，不仅在实践中佐证丰富，且十八届三中全会的《中共中央关于全面深化改革若干重大问题的决定》以及 2015 年的《关于加强社会主义协商民主建设的意见》也提供了充分依据。对《民族区域自治法》《国务院实施〈中华人民共和国民族区域自治法〉若干规定》及自治州自治条例的规范分析显示，相关法律规范初步实现了地位、范畴、程序、实施等重要协商问题的制度化，且法律规范间的良性互动及政策手段与法律手段间的动态配合亦初具雏形。面对以自治县改市（区）、"大小自治"关系为代表的客观实践提出的全新挑战，在借鉴挪威萨米议会协商制度的基础上，应针对主体、地位、范畴、程序、监督、法律责任和配套规范等不同类型的条款进行分别剖析再提出完善方案。

关键词：民族区域自治法　协商民主条款　成就与困境　比较完善

作为现代西方公共治理领域最重要的理论成果之一，协商民主一般是指

---

　*　本文系中国行为法学会软法研究会、北京大学软法研究中心联合招标一般课题"软法视野下的《民族区域自治法》研究"和中央民族大学 2016 年度教学科研单位经费支持项目"新时期民族区域自治制度发展与完善问题研究"（2016FXY04）的阶段性成果。

**　*　郑毅，法学博士，中央民族大学法学院副教授。

在政治共同体中，自由与平等的公民通过公共协商而赋予立法、决策以正当性，并经由协商民主达至理性立法、参与政治和公民自治的理想，其核心在于公共协商，基本要素包括：协商参与者、偏好及其转换、讨论与协商、公共利益以及共识。① 一般认为，协商民主是对传统的票决民主的重要补充与纠偏机制。有趣的是，虽然协商民主的理论于 20 世纪末由西方传入，但这似乎并未对我国早先自觉的协商民主制度实践的发展构成太多阻碍②——新中国的成立在某种意义上甚至就可以被视作对协商民主制度进行创造性发挥的结果。1949 年《中国人民政治协商会议共同纲领》开篇即指出："由中国共产党、各民主党派、各人民团体、各地区、人民解放军、各少数民族、国外华侨及其他爱国民主分子的代表们所组成的中国人民政治协商会议，就是人民民主统一战线的组织形式。中国人民政治协商会议代表全国人民的意志，宣告中华人民共和国的成立，组织人民自己的中央政府。"此后，以政协制度为核心代表的中国特色的协商民主制度一直作为我国权力运行的重要构成机制发展至今。

2014 年《民族区域自治法》颁布 30 年。历史风云的际会使得协商民主对于民族区域自治法律制度的发展与完善同样具有不可替代的价值：在规范上，政治协商制度作为我国协商民主制度的典型代表一直以来在民族问题处理上扮演重要角色；在实践中，强调协商民主较之少数服从多数的票决民主更有利于保障作为少数人的少数民族的权利，以构建团结和谐的民族关系。③ 然而学界对该问题的关注却极为有限，而笔者认为，规范分析是一个重要的切入视角。

① 参见陈家刚《协商民主：概念、要素与价值》，《中共天津市委党校学报》2005 年第 3 期，第 55 ~ 56 页。

② 有学者曾对我国的协商民主和西方的票决民主进行二元分立的谱系描绘，实则是一种误区：作为理论的协商民主确是不折不扣的西方舶来品。1980 年，美国克莱蒙特大学政治学教授 Joseph M. Bessette 首次提出了"协商民主"（deliberative democracy），但当时并未引起太大的反响。而 Bernard Manin 和 Joshua Cohen 分别于 1987 年和 1989 年发表的论文和专著则成为推动协商民主概念加速引起学界关注的催化剂。20 世纪 90 年代可谓协商民主迅速成长期，而 1998 年哥伦比亚大学社会科学教授乔·埃尔斯特在其主编的《协商民主》一书中提出的"协商民主作为一种政治决策机制，讨论与协商是对投票的替代"的观点则代表着该理论真正臻于成熟。

③ 囿于旨趣，本文对在民族区域自治制度中发展协商民主的必要性问题不再展开，相关论述可参见田钒平《论民族自治地方自治机关协商民主决策机制的完善》，《民族研究》2010 年第 4 期。

一 顶层设计：协商民主与民族区域自治制度的邂逅

十八届三中全会《中共中央关于全面深化改革若干重大问题的决定》（以下简称《决定》）第 28 项前两段对协商民主问题进行了集中、经典的诠释，成为新时期相关理论与实践发展的基础。一是对协商民主的基本立场与定位表达，即"协商民主是我国社会主义民主政治的特有形式和独特优势，是党的群众路线在政治领域的重要体现。在党的领导下，以经济社会发展重大问题和涉及群众切身利益的实际问题为内容，在全社会开展广泛协商，坚持协商于决策之前和决策实施之中"。二是协商民主体系构建的主要方面，包括协商渠道、协商类型和智库建设等。三是对协商民主制度未来发展重点的把握，包括广泛化、制度化、多层化等三个方面。

一方面，《决定》以第 28 项后两段为中心对政治协商制度在我国协商民主体制中的核心地位给予全面、深入的剖析。一是在第八部分"加强社会主义民主政治制度建设"中开宗明义地强调"坚持和完善中国共产党领导的多党合作和政治协商制度"，这一方面是对三大基本政治制度的进一步确认，另一方面也是对作为协商民主核心制度体现的政协制度地位的再次强调。二是第 28 项第三段在前两段集中诠释基本协商民主问题的基础上将其引入统一战线的探讨，并关联协商形式、意见表达途径等问题，意在凸显协商民主对统一战线事业的重要作用。三是第 28 项第四段不仅直接点出"发挥人民政协作为协商民主重要渠道作用"，更就完善重点、决策程序、制度体系等一系列问题加以强调。

另一方面，《决定》第 29 项和第 44 项分别就基层民主协商和企业工资集体协商这两类具体的新兴协商民主制度予以列举，实则释放出两个更加深层的信号。其一，虽然政治协商是我国现阶段协商民主的核心制度形式，但这并不意味着我国的协商民主实践必然依循单一化的发展路径——恰恰相反——协商民主在诸多制度建设领域都具有广阔的作用空间，这需要在坚持政治协商进一步发展与完善的基础上进行充分探索与有效拓展。其二，在协商民主诸多可能的制度实践类型中，基于当前和未来一段时期的历史形势，可优先选择在基层民主协商以及企业工资集体协商这两个领域集中发力并以此寻求协商民主理论适用范围的制度突破，为协商民主适用领域的拓展创造事实条件。

不过，相对于协商民主的"全面开花"，《决定》对民族区域自治问题的表述可谓言简意赅，仅以"坚持和完善民族区域自治制度"一句带过，而且还采用了与其他重要政治制度合并表述的方式。有观点据此认为中央对民族区域自治制度的态度发生了动摇，其实这是没有根据的。① "坚持和完善"的表述背后隐含着对以第二代民族政策为代表的民族区域自治否定思潮的批判立场。2011 年，清华大学胡鞍钢教授抛出"第二代民族政策"论，批判"大拼盘"式的第一代民族政策——民族区域自治，倡导无"区域分割"的民族交融一体和繁荣一体。② 此论一出，即在学术界引起轩然大波。③ 对身处历史转型深水区的中国而言，这类思潮的过分激荡将严重影响国家民族法律和政策的实施与民族关系的和谐。基于涤浊还清的考量，《决定》不仅重申了对民族区域自治制度的支持立场，而且以言简意赅的形式更加生动地彰显了该立场的坚定与不容置疑。更重要的是，《决定》第 28 项将协商民主与民族问题相结合，打通了本文核心论题的逻辑桥梁。该项前两段对协商民主问题进行一般表述，第三段则有意识地将统一战线与协商民主相勾连，并在该段最后将民族问题作为统一战线的重要组成部分而与协商民主借鉴挂钩："贯彻党的民族政策，保障少数民族合法权益，巩固和发展平等团结互助和谐的社会主义民族关系。"因此，《决定》实际上采取了间接关联的方式实现了协商民主与民族问题的结合，统一战线扮演了逻辑节点的核心角色。

此外，中共中央于 2015 年 2 月印发的《关于加强社会主义协商民主建设的意见》（以下简称《意见》）虽然没有明确聚焦民族事务，但同样对民族问题给予了隐性观照，其集中体现为以下四个方面：上下级国家机关间的关系、各族居民间的关系、地方国家（自治）机关与本地各民族居民关系，以及散居少数民族的权利保障。《意见》主要明确了主要的协商模式。一是

---

① 王希恩：《全面深化改革给民族区域自治带来机遇——学习十八届三中全会决定的体会》，《中国民族报》2013 年 12 月 13 日，第 5 版。

② 胡鞍钢、胡联合：《第二代民族政策：促进民族交融一体和繁荣一体》，《新疆师范大学学报》（哲学社会科学版）2011 年第 5 期。

③ 其实，北京大学社会学系马戎教授早在 2004 年提出的"民族问题去政治化"观点就暗含批判民族区域自治制度的立场，但立足点和视角均与胡鞍钢教授有所不同。参见马戎《理解民族关系的新思路——少数族群问题的"去政治化"》，《北京大学学报》（哲学社会科学版）2004 年第 6 期。

政协协商，即"充分发挥人民政协作为协商民主重要渠道和专门协商机构的作用，坚持团结和民主两大主题，推进政治协商、民主监督、参政议政制度建设，不断提高人民政协协商民主制度化、规范化、程序化水平"，同时，在内容上覆盖爱国统一战线的重要问题，形式上强调界别协商等能直接聚焦民族问题的路径，机制上促进协商结果向正式政府行为的转化，结构上优化委员的构成等。二是人民团体协商，即强调以人民团体中的界别委员为纽带，将人民团体与协商制度紧密联结。虽然实践中并无以民族问题为主要诉求的人民团体，但许多相关团体（如宗教、科教文等）的协商仍从不同视角对民族问题予以针对性观照。因此，人民团体协商对民族关系的促进也将发挥独特的制度价值。①

可见，在当前体制改革的时代背景下，国家顶层设计已然为协商民主与民族区域自治制度的深入耦合定下了坚实的基调。

二　规范分析：民族区域自治法中的协商民主条款

（一）《民族区域自治法》中的协商民主条款

作为民族区域自治制度的核心立法，对《民族区域自治法》中协商民主条款的规范分析显得尤为重要：其形式上包括序言和正式条款两类，表述上则分为含"协商"表述的直接条款（如第14、51条等）和虽不含"协商"表述，但可通过文义解释或体系解释实现规制协商制度的效用的间接条款（如第8、19、20、48、54、55、66条等）。

第一，地位保障条款。协商实现的前提是参与协商的双方具有对等或大致对等的地位，这是实现"讨价还价"的必要条件，也是判断协商制度真伪的关键标准。② 对此，《民族区域自治法》在序言第二、三段对其集中体现为"国家充分尊重和保障各少数民族管理本民族内部事务权利的精神"、

---

① 详见郑毅《发挥协商民主优势促进民族法制建设》，《中国民族报》2015年3月6日，第5版。
② 有学者提出协商各主体的地位应当平等，甚至主张通过政治体制改革"在宪法上明确地方在宪法上拥有与中央平等的主体地位"（谭万霞：《论协商民主与民族区域自治制度的完善》，《广西民族研究》2013年第3期，第33页）。此论虽用心良苦，但在我国当前的单一制中央与地方关系体制下实现这种完全的平等却是不现实的。因此笔者更强调协商双方地位的对等性而非平等性。

"发挥各族人民当家作主的积极性"、"发展平等、团结、互助的社会主义民族关系"的表述上。此外，第8条上级国家机关对民族自治地方的自治机关行使自治权的保障义务、第48条"团结各民族的干部和群众……共同建设民族自治地方"等规定也为协商地位对等化的实现提供了制度基础。

第二，范畴保障条款。虽具重要价值，但协商民主显然无法在民族区域自治的各项事务中被普遍适用，因此《民族区域自治法》还初步厘清了协商的范畴。如第14条民族自治地方的建立、区域界线的划分、名称的组成及变动问题，第51条对涉及本地方各民族特殊问题的处理，第54条上级国家机关有关民族自治地方的决议、决定、命令和指示的制定，第55条上级国家机关对民族自治地方国民经济和社会发展计划的制定，第66条生态利益补偿问题等。

第三，程序保障条款。"协商"的过程需要规制，而民"主"的结果也应受到充分的程序保障，《民族区域自治法》对此多有涉及。如第14条民族自治地方的建立、区域界线的划分、名称的组成及变动的协商报批程序，第19条民族自治地方自治法规的制定批准（备案）程序，第20条民族自治地方变通执行或者停止执行的报批答复程序，第68条民族自治地方对改变其民族自治地方所属企业隶属关系的同意程序等。①

第四，实施保障条款。如何确保前述协商性条款的真正落实？在当前体制下，主要是通过各级民族自治地方行使自治立法权予以确认和细化的方式实现。② 主要体现为《民族区域自治法》第19条自治法规制定权，第20条变通执行或者停止执行权，第73条自治区和辖有自治州、自治县的省、直辖市对结合当地实情实施《民族区域自治法》具体办法的制定权等。

---

① 第68条实际上与第30条形成了一个针对民族自治地方企业隶属关系的规范体系。在现实生活中，上级某些主管部门从本单位利益出发，随意变动某些企业的隶属关系。一般是把盈利的企业收归自己所有，或者是把长期亏损的企业下放给地方经营。甚至还存在盈利了就收上来，亏损了就放下去的"几上几下"现象，严重挫伤了民族自治地方开办企业的主动性和积极性。参见陈云生《〈民族区域自治法〉释义》，经济管理出版社，2001，第129页。

② 这里的"自治立法权"采广义理解，即除了自治法规制定权外，还包括变通规定和补充规定的制定权等。

（二）配套立法中的协商民主条款

民族区域自治法律制度是一个宽泛的法制体系，除核心的《民族区域自治法》外，还包括其他配套的中央和地方立法。

中央立法层面选取 2005 年《国务院实施〈中华人民共和国民族区域自治法〉若干规定》（以下简称《若干规定》）为例。作为中央层面全面配套实施《民族区域自治法》的行政法规，《若干规定》同样对协商民主问题有所涉及，如第 5 条规定："上级人民政府及其职能部门在制订经济和社会发展中长期规划时，应当听取民族自治地方和民族工作部门的意见。"这里虽无"协商"之表述，但一般认为"听取意见"本身即包含"协商"之意蕴，实为"对民族自治地方来说含金量很大的条款"①。然而与《民族区域自治法》体系化的协商民主条款而言，《若干规定》对该问题的规制无论从数量、范畴还是精细程度上均颇为有限。

至于地方立法层面，我们选取自治州自治条例中的直接条款为例。② 就普遍性而言，目前共有 21 个自治州的自治条例明确规定了协商民主制度，占到拥有自治条例的自治州总数的 84%；③ 就条款数量而言，有 4 个自治州的自治条例通过 2 个条文规定协商民主问题，④ 占拥有协商民主条款的自治州自治条例的 19%，有 17 个自治州的自治条例通过 1 个条文规定协商民主问题，占拥有协商民主条款的自治州自治条例的 81%。其内容类型和条款分布如表 1 所示。

---

① 国家民族事务委员会政策法规司编《坚持和完善民族区域自治制度——〈国务院实施《中华人民共和国民族区域自治法》若干规定〉贯彻实施十六讲》，民族出版社，2007，第 21 页。

② 之所以选取自治州的自治条例为样本是因为：①就针对性而言，民族自治地方立法较之一般地方更能彰显民族区域自治制度的特点；②自治条例系民族自治地方的综合性法规，有"小宪法"之称，更易体现本地方实施民族区域自治过程中适用协商民主的制度格局，而单行条例数量过繁，全面比较颇为不便；③我国 5 个自治区的自治条例最为适合，可惜目前一部也无，样本缺失；④目前 120 个自治县均有自治条例，但一来位阶较低，不利于协商民主的全面呈现，二来数量较多，有限篇幅难以细化分析；⑤我国 30 个自治州中除新疆维吾尔自治区下属的 5 个自治州外，其余 25 个自治州均颁布了单行条例，综合考量为最优样本。而之所以选择直接条款，是因为间接条款判断标准的不易确定性，且可能根据实践的不同而有所变化，不大适于严谨的数量统计与评估。

③ 4 个没有在自治条例中规定协商民主直接条款的自治州为恩施土家族苗族自治州、湘西土家族苗族自治州、海南藏族自治州和黄南藏族自治州。

④ 分别为甘孜藏族自治州、黔南布依族苗族自治州、临夏回族自治州和甘南藏族自治州。

表1　自治州自治条例内容类型和条款分布比较

顺序	内容	条款
1	特殊民族问题处理	玉树（58）、黔南（31）、黔东南（67）、临夏（56）
		甘南（62）、延边（70）、海西（65）、楚雄（73）
		大理（71）、西双版纳（68）、怒江（62）、迪庆（62）
		阿坝（67）、甘孜（25）、凉山（76）、黔西南（61）
		文山（8）、德宏（73）
2	税收返还	果洛（30）、临夏（19）
3	企业利益协调	黔南（44）
4	宏观层面的民主协商	甘南（11）、红河（2）
5	外贸经营模式	甘孜（42）

说明：①本表经笔者检索相关法律文本汇总而成，共计25条；②采简略表述方式，如"海北（55）"表示"《海北藏族自治州自治条例》第55条"。

对自治州自治条例对协商民主问题的规定可总结出如下规律：一是纯粹民族问题外还涉及经济领域，且较之《民族区域自治法》有所拓展，细化与补充规定的意蕴明显；二是内容相对集中于特殊民族问题的处理，且仅有1条协商民主条款的17部自治州自治条例全部集中于此，表述上则基本承袭自《民族区域自治法》第51条；三是除表1中第一项内容外，其他条款的立意较散，未能明显形成第二个规模化的条款集群，这可能与自治州间客观情况的实践差异有关。

三　成就与困惑：立法与实践的反馈

（一）《民族区域自治法》协商民主制度的成就

首先，相关法律规范各自的制度框架和规范逻辑初步呈现。一方面，对于《民族区域自治法》而言，基于立法与实施二元化立场，其非但没有如某些学者所说的缺失协商民主条款，反而还初步呈现出序言与条文、直接与间接、实体与程序、规范与实施保障相结合的制度框架。[①] 另一方面，对于

[①]　有学者得出这一结论，主要是就实施状况而言（参见谭万霞《论协商民主与民族区域自治制度的完善》，《广西民族研究》2013年第3期）。但这一方面超出了狭义立法的概念范畴，另一方面其对实施的评价亦有失全面，而后文也将就实施问题作一展开。

以自治州自治条例为代表的地方立法而言，不仅良好地承接了作为上位法和直接制定依据的《民族区域自治法》的协商民主条款，而且在领域、范围、细化程度上均有所拓展和加深，并能够初步反映本地方实行民族区域自治的制度实践特点，形成既对重点问题集中规范，又对特殊事项理性规制的内容格局。

其次，法律规范间呈现良性互动关系。第一，"法律—法规"的互动。从《民族区域自治法》到其他相关法律，再到行政法规，我国在通行法律规范层面上已经基本确立了民族区域自治中的协商民主制度，并在条文衔接、内容互通、分工配合等方面实现了一定程度的互动，从而对该制度的实施和进一步发展提供规范理据。第二，"中央立法—地方立法"的互动。一是中央立法就民族区域自治实施中的协商民主问题授予地方以相应立法权；二是地方相关立法与中央立法逻辑保持一致，并较好地发挥了具体化与细化的功能；三是中央立法和地方立法在内容上各有侧重、互相补充。第三，"原则—规则"的互动。基本原则、一般原则和操作规则的内涵和价值截然不同。① 就民族区域自治实施过程中的协商民主制度规范而言，一方面，既有《民族区域自治法》序言第二、三段这样的基本原则条款，也有第 51 条这样的一般原则条款，还有第 14 条这样的规则条款；另一方面，相对于《民族区域自治法》的原则性而言，地方立法的相关条款无疑又扮演着一般原则和具体实施规则的角色。

最后，政策手段与法律手段间的动态配合。第一，政策引领法律。1949 年中国人民政治协商会议的召开形成了作为建国纲领的《共同纲领》，其中对于民族区域自治的规定成为 1954 年宪法相关条款的直接渊源，② 民族区域自治法律制度的正式确立本身就是协商民主的结果。第二，政策配合法律。从新中国成立后到 1984 年《民族区域自治法》正式施行的 30 余年间，除了有限的宪法条文以外，③ 中央立法层面对于民族区域自治制度的维系和实施仅靠 1952 年颁布的《民族区域自治实施纲要》"勉力独支"，而大量的国家政策事实上承担起具体实施的实践指导责任。第三，政策发展法律。如

---

① 参见郑毅《中央与地方事权划分基础三题——内涵、理论与原则》，《云南大学学报》（法学版）2011 年第 4 期。

② 1954 年宪法关于民族区域自治制度的规定共计 1 段序言和 19 个条文。

③ 其中 1975 年和 1978 年两部宪法还在民族区域自治问题上呈现不同程度的历史倒退。其中 1975 年宪法仅 2 个条文；1978 年宪法有所恢复，但也仅是 1 段序言和 7 个条文。

十八届三中全会的《决定》，在顶层设计的层面明确将民族区域自治与协商民主进行逻辑关联，不仅是对相关法律制度中具体条款的进一步明确，更彰显了国家制度完善的立场和方向，为民族区域自治法律规范中协商民主制度的发展注入了时代活力。

此外，协商民主在民族区域自治的特定实践中发挥了重要作用，典型例证如西藏的和平解放。1951 年 5 月 23 日，经过广泛而深入的民主协商，中央人民政府和西藏地方政府正式签订了和平解放西藏的"十七条协议"，并于 1955 年开始筹备西藏自治区的建立事宜。值得一提的是，根据"十七条协议"，西藏实行完全自治，可以不召开人大、不选举政府、不搞土地改革，故而"西藏建立什么形式的政府，完全由那里大多数人民的意志决定"[①]。为了在法律上加以确认，1954 年宪法第 67 条不明确自治机关具体形式的做法正是为了照顾西藏的特殊性。直到西藏最终采取了"人大 + 政府"的模式，才有了 1982 年宪法第 112 条将自治地方的自治机关明确为人大和政府的规定。[②] 可见，第一，协商民主的成功运用对于西藏地区民族区域自治制度的最终确立起了关键性的历史作用；第二，早在 1954 年宪法中，协商民主与民族区域自治法规范就已经形成了良性配合的传统。这就再次证明那些认为民族区域自治中的协商民主规范没有实践价值的观点是站不住脚的。

（二）　民族区域自治中协商民主的实践困惑

虽然取得了一定的成就，但民族区域自治中的协商民主条款依然在实践中面临诸多困境，试举两例。

例一：大自治与小自治的关系问题[③]

《民族区域自治法》第 12 条第二款规定："民族自治地方内其他少数民族聚居的地方，建立相应的自治地方或民族乡。"我国现有的上下级民族自治地方间实行区域自治的少数民族的差异化率达到 100%。在此情况下，倘发生上下级民族自治地方间的冲突，究竟是依照"尊重和保障各少数民族管理本民族内部事务权力"的精神优先考量下级地方的需求，还是依照上

---

① 毛泽东 1954 年 3 月 23 日在宪法起草委员会第一次全体会议上的插话。
② 参见蔡定剑《宪法精解》，法律出版社，2004，第 426 页。
③ 笔者另文对该问题作专门探讨，参见郑毅《论上下级民族自治地方政府间关系的法律调整》，《法商研究》2015 年第 4 期。

下级科层关系一般原理维系上级地方的领导权威？内蒙古鄂伦春自治旗在与驻旗各单位权益分配上与自治区的矛盾即为其中典型。① 据笔者统计，在 30 个自治州中，隶属于自治区的有 5 个（均在新疆），占自治州总数的 16.7%。在 120 个自治县中，直接隶属于自治州的有 19 个，占自治县总数的 15.8%；② 不直接隶属自治州，但设置于自治区内的有 17 个，占自治县总数的 14.2%。③ 由此，设在民族自治地方内的自治县共计 36 个，占自治县总数的 30%。综上，在全国 150 个州县级民族自治地方中，设置于民族自治地方内的共计 41 个，占总数的 27.3%。④ 遗憾的是，目前有限研究对这种"自治机关大套小"的问题缺乏深入分析，更遑论解决方案。⑤《民族区域自治法》第 8 条"上级国家机关保障民族自治地方的自治机关行使自治权"中的"上级国家机关"倘若包含"上级民族自治地方的自治机关"，那么该条将成为解决大小自治关系的核心，这也存在较为权威的学理解释支撑。⑥ 然而其一，学理解释毕竟不是正式的规范解释，实际适用性欠缺。其二，即便该学理解释实现规范化，则具体又应如何操作？其三，对上级自治机关的抑制是否会影响其立法或行政效率？其实解决这类问题，最好的路径之一就是上下级自治机关的民主协商，遗憾的是现行协商条款却未能将其涵括。⑦

---

① 参见熊文钊主编《大国地方：中央与地方关系法治化研究》，中国政法大学出版社，2012，第 278 页。

② 其中，隶属于自治区内自治州的自治县共 4 个，占自治县总数的 3.3%。这 4 个自治县代表了我国上下级民族自治地方关系中最完整的一种类型，分别是新疆维吾尔自治区巴音郭楞蒙古族自治州焉耆回族自治县，伊犁哈萨克自治州察布查尔锡伯自治县和布克塞尔蒙古自治县，以及昌吉回族自治州木垒哈萨克自治县。其中，察布查尔锡伯自治县下设米粮泉回族乡，木垒哈萨克自治县下设大南沟乌孜别克族乡，系我国仅有的两例"自治区—自治州—自治县—民族乡"的完整民族地方结构。当然，民族乡仅是民族区域自治的补充形式。

③ 其中，广西壮族自治区 12 个，新疆维吾尔自治区 2 个，内蒙古自治区 3 个。之所以要统计这种情形，是因为虽然在实践中存在地级单位"代管"县级单位的情况，但根据宪法第 30 条，我国整体上仍然实行的是"省管县"模式。而该模式反映到本文的论域中即体现为自治区和自治县的关系。前述鄂伦春自治旗的例子亦属此类。

④ 包括前面统计的 5 个设在自治区内的自治州和 36 个设在自治区或自治州内的自治县。之所以将总数仅统计为 150 个州县级民族自治地方，是因为它们在理论上具有隶属于上一级民族自治地方的可能性。

⑤ 李宝奇：《民族区域自治法学》，法律出版社，2013，第 223 页。

⑥ 张春生主编的《〈中华人民共和国民族区域自治法〉释义及实用指南》（中国民主法制出版社，2003，第 59 页）对第 8 条的解释对此持肯定立场。

⑦ 关于"大自治"与"小自治"的关系问题，可详见郑毅《论上下级民族自治地方政府间关系的法律调整》，《法商研究》2015 年第 4 期。

例二：自治县改市（区）问题

随着民族自治地方迅速发展及城市化进程不断加深，许多自治县为了促进经济发展而创造更好的环境也加入了"县改市（区）"大潮。[①] 但因宪法并无"自治市"设置，故自治县建制的改变即意味着相应民族区域自治权的丧失。丽江的撤县设市即为其中典型。[②] 目前规制该问题的核心规范是《民族区域自治法》第14条第二款："民族自治地方一经建立，未经法定程序，不得撤销或合并。确实需要撤销、合并或变动的，由上级国家机关的有关部门和民族自治地方的自治机关充分协商拟定，按照法定程序报请批准。"但其一，自治县改市（区）本来就是民族自治地方为了推动本地城市化进程而主动提出的，这与该款对民族自治地方与上级国家机关在该问题上的矛盾立场预设完全相悖，无法建构事实上的协商二元格局；其二，所谓的"上级国家机关的有关部门"即指民政部区划地名司，[③] 该司行使职权的依据为《国务院批转民政部关于调整设市标准报告的通知》（国发〔1993〕38号），而其中设市标准的主要考量因素集中在经济水平、人口密度、公共基础设施等，对社会基础（民族、宗教、文化等）基本未涉及；其三，所谓的"法定程序"究竟为何，相关法律规范亦未给出明确的回答，且缺乏责任和监督，事实上陷入无法可依的窘境。显然，《民族区域自治法》未能在实践中发挥预期的通过协商民主对随意撤并民族自治地方行为的制约或监督效果，且该问题的消极影响在自治州改市的争论过程中又被进一步扩大化。

---

① 只有个例的自治县改市（区）系出于政治需要。如重庆市于1997年升格为直辖市，为了符合宪法第30条直辖市不能下辖自治县的精神，要求原黔江苗族土家族自治县提出申请改为黔江区。参见田烨《新中国民族地区行政区划研究》，中央民族大学出版社，2010，第134~135页。

② 参见熊文钊主编《大国地方：中央与地方关系法治化研究》，中国政法大学出版社，2012，第276~278页。

③ 根据《宪法》第89条"国务院批准省、自治区、直辖市的区域划分，批准自治州、县、自治县、市的建置和区域划分"的规定，这里的"上级国家机关"显然指向国务院，"有关部门"则指向民政部，只是民政部中实际负责该事务的部门为区划地名司。"审核县级以上行政区域的设立、命名、变更和政府驻地迁移"为该司的职责之一（http://qhs.mca.gov.cn/article/jgzn/，2016年3月24日访问）。因此，将"上级国家机关"和"有关部门"分别与民政部与区划地名司相对应是错误的，而民政部事实上也不可能构成自治区的"上级机关"。该判断的详细论证参见郑毅《论〈中华人民共和国民族区域自治法〉中的"上级国家机关"——一种规范主义进路》，《思想战线》2016年第1期。

由上，例一指向民族区域自治法中协商民主的范围过狭问题，例二则指向该制度的实施困境，其原因又可进一步细化为主体抽象、对等地位不足、程序不清、监督不力以及法律责任阙如等。

四　他山之石：萨米议会与挪威经验

虽然民族区域自治是具有中国特色的制度构建，但许多国家在处理民族问题的过程中也存在成功运用协商民主的先例和经验，这对于我国而言同样具有借鉴价值，而挪威萨米议会就是个中典型。

萨米人（Sami）也称"拉普人"，居住在拉普兰（Lapland）以及挪威、瑞典和芬兰北部相邻地区以及俄罗斯的科拉半岛，作为主要分布区的挪威居住着约 4 万萨米人。挪威萨米人曾长期受到语言、文化上的排挤和压迫，但 1978 年的"阿尔塔"水电站事件迫使挪威政府重新考虑萨米人的政治地位和权利诉求，而协商民主在其中发挥了独特的建设性作用。1987 年 6 月 12 日挪威国家议会通过第 56 号法案（俗称《萨米法案》），其宗旨是使挪威的萨米人能够保护和发展他们自己的语言、文化和生活方式，这一法案成为挪威政府同萨米人民主协商的滥觞。1988 年挪威《宪法》第 110 条被修正为"政府当局肩负的义不容辞的责任是采取必要的措施，使萨米人能够保护并发展他们自己的语言、文化和社会生活"[①]，标志着萨米人协商主体地位的确立。1989 年正式成立的萨米议会以《萨米法案》为核心工作框架，萨米人协商主体的资格得以实现。2005 年 5 月 11 日，挪威政府与萨米议会签署了《中央政府各部门与萨米议会之间咨商程序》，这象征着这种咨商的程序适用于那些可能直接影响萨米利益的事务。咨商的范围包括诸如法案、条例、单项决定、指导性原则，以及在向国家议会所作的报告中提出的措施和决定；政府负有咨商义务的事务包括所有涉及萨米精神和物质文化的各种形式。在咨商过程中，政府应以诚信的态度本着就相关措施与萨米议会达成协议的目

---

① 长期以来，挪威的萨米语主要分为三大使用区：中心地区、沿海地区和萨米人保留地区。其中，中心地区的萨米语保持得最完好，但也仅有约 2/3 的萨米人都懂得一些日常萨米语。自 1967 年以来，挪威的一些小学开设了萨米语课程；萨米语作为一种教学用语和一门课程在一些中学、两所大学和一些师范院校讲授，并印有萨米文的教科书；每年出版 5～10 种萨米文文学书籍，办有两种萨米文报纸、一种萨米文杂志和一种萨米文连环画报。然而这些颇具民间色彩的举措在挪威萨米语的消亡趋势面前显得杯水车薪。

的进行咨商。在协议未达成的情况下，政府向国家议会所提交的报告中，萨米议会的不同主张和评议应予以阐述。萨米议会也可提出其希望商谈的事务。至此，协商的具体规则构建完成，并最终在《北欧萨米人事务公约（草案）》（2006年5月8日修订）第16条中正式被确认为"咨商谈判权"。

试举挪威政府运用协商民主方式解决萨米问题的成功案例。挪威北部的芬马克郡是萨米人传统聚居地，挪威政府认为国家对该郡96%的土地享有所有权，萨米人则强调这不仅忽视了在国家管理该地域以前他们就在这块土地上生活的历史事实，而且芬马克的土地权利涉及维护萨米文化的物质基础。为解决纠纷，政府将单方拟定的解决方案——《芬马克法案》提交国家议会的常设司法委员会审议。该委员会先后组织了4次正式会议，与萨米议会和芬马克郡政府一起讨论该草案，征询双方意见。直到双方都对修订后的草案表示满意，委员会才最终提交国家议会正式讨论并通过。该法案确立了4万平方公里的芬马克郡的新型土地所有权——由新成立的独立机构——"芬马克不动产管理委员会"所有。该机构的理事会由6名成员组成，萨米议会和芬马克地方政府分别任命各自的3名代表以共同处理该地区有关土地资源的使用和开发事务。芬马克问题的解决不仅通过协商民主的方式确立了法律方案，而且"3+3"的协商民主在方案实施过程中仍将继续扮演重要角色。①

五 规范：完善的起点与归依

制度发展，规范先行。相关条款的优化决定着民族区域自治法中协商民主制度的走向与未来。

第一，协商主体问题。目前《民族区域自治法》对协商主体问题虽有规定，但大多语焉不详。如，在表2中，"有关民族的代表"所指为何？依第14条第一款的事项看来，基于该事项对本地方影响的普遍性，并参照《民族区域自治法》第16～18条关于自治机关民族构成的要求，"有关民族"应为本地方包括汉族在内的各民族，但规范文本却语焉不详。又如，第51条"他们的代表"所指又为何？依语法，"他们"指代"本地方各民

---

① 参见周勇《土著人民行使内部自决权的个案研究——挪威萨米议会制度的建立与发展》，《民族法学评论》2009年第6期。

族"，但这又涉及指向的单一性或多样性的选择。一般情况下，本地方特定民族特殊问题的处理，协商代表显然从该民族中产生，"可以是本民族群众为协商处理专门推选产生的代表，也可以是本地区内该民族的各级人大代表、政协委员和其他在本民族群众中有一定代表性的人士。"[①] 但倘若该问题涉及本地方多个民族，或虽为某民族的特殊问题但对其他民族利益也会产生明显影响时，可否由多民族代表共同构成协商主体?[②] 萨米议会协商制度的经验显示，协商主体的明确性和法定性是组织民主协商活动的前提。鉴于我国民族自治地方多元民族分布的态势，部分主体模糊不清，个别主体虽有指向但仅基于学理解释或实际做法，都难以满足这一协商的基本需求。笔者建议在《民族区域自治法》总则部分单设协商民主制度条款，其中对主体问题给予原则规定，并通过配套立法实现具体制度的建构。

表 2　《民族区域自治法》的有关条款

条款	事项	协商方	相对方
第 14 条第一款	民族自治地方的建立、区域界线的划分、名称的组成	上级国家机关（会同有关地方的国家机关）	有关民族的代表
第 14 条第二款	民族自治地方的撤并或界线变动	上级国家机关的有关部门	民族自治地方的自治机关
第 51 条	本地方各民族特殊问题的处理	民族自治地方的自治机关	"他们的代表"

　　第二，协商地位问题。《民族区域自治法》对民族方协商主体的地位做了概括表述，体现为"尊重和保障"、"发挥积极性"、"平等、团结、互助"等。或有观点认为这种虚化的规定严重不足，但笔者以为未必。在理论上，协商地位的形成主要是通过实体权力和程序规制两类具体手段呈现

①　张春生主编《〈中华人民共和国民族区域自治法〉释义及实用指南》，中国民主法制出版社，2003，第 131～132 页。

②　有学者认为少数民族方协商代表的组成有两类，一是人大代表，二是在人大或人民政府及其组成部门或工作机构中工作的公务人员（参见田钒平《论民族自治地方自治机关协商民主决策机制的完善》，《民族研究》2010 年第 4 期，第 19 页），该理解有失狭隘。因为人大的议事制度本身已经为人大代表们提供了有效的意志表达制度途径，故在民主协商过程中其实更应当注重那些不具有人大代表资格的少数民族代表人作为协商相对方的声音，而人大或政府的工作人员囿于其公职身份则难以完全实现对等协商的态势。

的，具有典型的体系配合特征，而非典型条款所能全面实现。前者如第 51 条对特殊问题的处理"必须充分协商"，明确了相关代表的协商参与权，自治机关对其协商主体地位必须充分尊重；后者如第 68 条将自治机关"同意"作为企业隶属关系改变的必经程序，实际巩固了自治机关在与上级国家机关协商过程中的对等地位。当然，这并不意味着现行协商地位原则性条款已臻完善：一是序言部分条款（主要是第二、三段）的规范效力尚存争议；① 二是有限的正式条款（如第 8、48 条）过于抽象，并无明确适用协商民主制度的意旨。因此，建议在《民族区域自治法》第一章总则部分新增的协商民主原则性条款中明确主体地位问题，作为同其他相关条款体系配合的统领与核心。

第三，协商范畴问题。《民族区域自治法》主要以逐条列举的方式设定了协商范畴，但问题有三。一是范畴较窄，限于几类特定事项，不利于彰显序言第二段"充分尊重和保障各少数民族管理本民族内部事务权利"的价值预设；二是限制了下位法的范畴拓展努力——法律依据不足增加了下位法越权规制的风险；三是相对保守，对实践中的新问题回应有限。② 挪威《中央政府各部门与萨米议会之间咨商程序》关于协商范畴的开放式规定则颇值得关注：既以概括表述划定初步范畴，即"适用于那些可能直接影响萨米利益的事务"，又以抽象表述补充拓展范畴，即"萨米议会也可提出其希望商谈的事务"。当然，协商民主对于执行效率的影响也不应忽视，尤其是在我国这样的多民族国家中更是如此。综合域外经验和本国实践，可仿《行政诉讼法》第 12 条之规制模式，以"列举＋兜底"的模式构建协商范畴条款，即列举具有现实可操作性的重要事项以划定必须协商的范畴，再以"依据其他法律、行政法规或自治法规之规定需要协商的事项"作兜底条款，实现开放性拓展。③ 位置安排上，仍以放在第一章总则部分为宜。

---

① 笔者对此有专文论述，参见郑毅《〈民族区域自治法〉序言效力论》，《法商研究》2017 年第 1 期。

② 如近年来引起广泛关注的瓮安事件、孟连事件、陇南事件等涉及地方少数民族的群体性事件，其背后均存在"意见表达途径与利益诉求渠道缺失"的问题，而协商民主恰恰提供了现成的制度路径。参见张殿军《协商民主视野的族际政治与民族区域自治制度的完善和创新》，《贵州民族研究》2012 年第 6 期。

③ 这里之所以未将部门规章和地方性立法列为依据，一是考虑到协商事项的规定应相对集中，不宜漫天开花；二是自治法规能够充分体现民族自治地方的特殊需求，更接地气；三是自治法规在效力位阶上较之一般的部门规章和地方性立法更具优势。参见郑毅《再论自治条例和单行条例的法律地位——基于规范位阶和效力位阶二元化视角》，《广西民族研究》2014 年第 1 期。

第四，协商程序问题。程序制度对于协商的重要性毋庸置疑，主要分为四类。一是协商前的组织程序，包括时间、地点、内容等事项的确定，通知协商相对方，协商向对方选择接受或拒绝参与协商的意见反馈，以及协商代表的产生等；二是协商中的推进程序包括发言顺位、辩论保障、协商结果的形成，以及协商方决定中止或退出协商等；三是协商后的执行程序，包括协商过程的记录备案（有的可能还涉及报批）、协商结果的实施程序等；四是协商后的监督程序，包括协商结果实施的评估程序、异议程序、反馈程序以及申诉程序等。由于协商程序贯穿整个协商过程，且不同事项的协商程序存在差异，因此除作为总原则提出外，规范上不宜采用集中规定的方式，而可在相关具体条款中附带规定协商的一般原则，而将操作规则交由配套立法实现即可。另外值得注意的是，协商的程序路径与行政参与（尤其是听证）程序较为相似，故也可从此类理论研究和制度构建中汲取经验、借鉴成果。

第五，协商监督问题。由于协商在本质上会对相关国家机关的行为构成限制，而这类国家机关往往又是协商程序的主导方，因此实践中难免出现应协商时不协商、是否协商两可时不协商、协商程序走过场、协商结果无实际效用等有悖协商民主精神的做法，故对于协商的监督必不可少。这主要涉及监督的主体、程序和责任问题。关于程序，协商程序条款已有规制；关于责任，兹整合在下文责任条款部分集中论述；关于主体，主要考量代表性、权威性、中立性、超然性、民族工作相关性等因素，这就排除了民族自治地方人大、政府及司法机关作为监督机构的可能。颇具启发的是新加坡1970年成立的独立的"少数族群团体权益委员会"拥有对国会通过的法案中涉民族宗教条款的审查权。[①] 此外，专门机关介入虽值得借鉴，但我国效之新设监督主体则实无必要。对于本民族自治地方内部事项的协商，当地政协无疑是满足前述"五性"要求的最恰当选择；而有关民族自治地方与上级国家机关的协商，为确保监督的实效，只能寻求全国政协的介入。政治协商也恰是我国协商民主目前最为成熟的代表性制度领域。此外，这种考量也可在挪威的制度中找到借鉴：因为虽然名为"议会"，但"在功能上，萨米议会提供政治咨商，或可与人民政治协商会议相比拟"[②]。上述设想，同样需要

---

① 参见谭万霞《论协商民主与民族区域自治制度的完善》，《广西民族研究》2013年第3期，第32页。

② 周勇：《土著人民行使内部自决权的个案研究——挪威萨米议会制度的建立与发展》，《民族法学评论》2009年第6期。

《民族区域自治法》在第一章有关协商问题的原则性条款中加以明确。

第六，法律责任问题。法律责任是前述所有协商条款的最终保障，但遗憾的是现行《民族区域自治法》法律责任条款完全缺失，属典型的"软法"，包括协商在内的所有制度都缺乏法律责任的保障，[①] 最终导致"只有慰问信，没有慰问金"被动局面的形成。[②] 可见，协商责任条款的完善只是整部法律责任条款完善工程的一部分，并无单独推进修订的价值，但明确其完善重点却相当必要。申言之，可分为三类。一是作为协商参与方的国家机关责任，如组织协商、保障相对方对等地位、依合法有效的协商结果行为等；二是协商相对方的责任，包括积极参与协商、共同推动协商进程、诚意协商等；三是其他机关的责任，如上级机关对协商结果的尊重、实施机关对协商结果的执行、监督机关对协商全程的有效介入等。实现路径上或可在新设的法律责任章节中采一条数款的方式实现。

前述对《民族区域自治法》的完善建议总结成表3。

表3　对《民族区域自治法》的建议

内容	基本原则		一般原则	操作规则
主体	总则之一款，明确协商双方主体资格	均与法律责任中的协商民主责任条款挂钩	由行政法规进行相对具体的规定	由地方立法（主要是民族自治地方的单行条例）进行细节规定
地位	总则之一款，明确协商双方对等地位			
范畴	总则之单独一条（"列举+兜底"的形成），明确协商双方主体资格			
程序	总则之一款，强调程序价值及其法定基础		①在《民族区域自治法》相应协商条款中规定②由行政法规规定	
监督	总则之一款，明确各民族自治地方政协及全国政协的监督主体地位		由行政法规进行相对具体的规定	
责任	①总则之一款，明确因违反协商民主相关制度而应承担法律责任②在新设"法律责任"章中专设一条（含数款），明确具体担责方式，与总条款对应		由行政法规与地方配套立法（主要是民族自治地方的单行条例）酌情分式予以实现	

[①] 对此可参见熊文钊、郑毅《试析民族区域自治法中的软法规范》，《中央民族大学学报》（哲学社会科学版）2011年第4期。

[②] 有观点认为《民族区域自治法》立法目的以宣示和促进为主，不需要责任条款，这是毫无根据的。第一，宣示和促进的立法意图与责任条款并不矛盾，一来序言和大量的软性条款已经为宣示促进提供了充足的规范空间，二来诸如《就业促进法》等明确冠以"促进"的法律规范本身均设置了责任条款；第二，《民族区域自治法》本身含有大量强制性表述的条款，却无对应的法律责任，造成结构性错位；第三，在实践中，法律责任的缺失的确造成了该法的实施困境。可见，该法增设法律责任条款势在必行。

　　此外，民族区域自治法律制度中的协商民主制度作为体系化工程同样需要核心法律与配套立法建立协同架构，但目前问题较多。如，国务院《若干规定》对协商民主的表述较之《民族区域自治法》更为模糊（仅第5条），何来细化？其设置法律责任的两个条文又与协商民主基本无涉，何谓补充？① 又如，在21部规定了协商民主问题的自治州自治条例中，虽然在协商范畴的拓展上有一定作为，但最集中的"特殊民族问题处理"条款却基本是对《民族区域自治法》第51条的简单重复，又何来充实？综上，笔者的简单建议是，《民族区域自治法》就前述六大问题进行基本原则性的规定，而以《若干规定》为代表的行政法规则聚焦一般原则的相应设置，至于具体的协商规则问题，则大可交由自治法规实现，即"民族自治地方的立法机关应当制定专门规范民主协商程序问题的规范性法律文件，对参与协商的不同主体的权力和责任，协商的步骤、方式等问题作出明确而细致的规定"②，这同时也为自治法规变通功能的充分发挥提供了广阔的实践空间。③综合考量之下，自治条例中的原则性条款当然必不可少，而就具体制度建构的角色承担而言，单行条例则无疑是更为适合的规范载体。④

---

① 《若干规定》中唯一可能有行政追责机制的是第32条第一款："各级人民政府行政部门违反本规定，不依法履行职责，由其上级行政机关或者监察机关责令改正。"但第5条的协商要求仅为"听取意见"，如果不听取，是否构成第32条第一款所谓的"不依法履行职责"？即便可以构成，"责令改正"的方式又是否具有严格意义上的追责效力？

② 张殿军：《协商民主视野的族际政治与民族区域自治制度的完善和创新》，《贵州民族研究》2012年第6期。

③ 《立法法》第75条第二款规定："自治条例和单行条例可以依照当地民族的特点，对法律和行政法规的规定作出变通规定，但不得违背法律或者行政法规的基本原则，不得对宪法和民族区域自治法的规定以及其他有关法律、行政法规专就民族自治地方所作的规定作出变通规定。"

④ 目前单行条例项目的确定主要有两类，一是少数民族的风俗习惯、宗教信仰等方面的特点确定立法项目，二是根据民族自治地方地域的地貌、名胜、文物、遗迹和自然资源等确定立法项目，协商这类纯制度性事项尚无试水。参见刘锦森《刍议民族自治地方单行条例项目的确定》，《人大研究》2004年第3期。

中国年轻一代的特征、问题及其对社会治理的挑战

黄彦杰[*]

摘　要： 中国崛起中的年轻一代正逐渐成为社会发展的决定性力量，他们既直接受益于经济改革又面临改革所带来的挑战。从社会属性来看，他们由二代农民工或外来务工人员以及在校和毕业的大学生组成，在市场化、货币化和网络化的推动下，年轻一代以至于整个社会的个体化成为社会变化的主流。中国新一代的历史地位、经济状况、价值导向和政治倾向决定了他们在政治上趋于稳定的改革而不是激进的革命，如何管理好年轻一代将是未来社会治理的关键问题。

关键词： 年轻一代　社会治理　个体化

年轻一代的崛起

2016 年，出生于中国城市经济改革发轫期即 80 年代中期的年轻一代，已经到了为人父母的年龄，而出生于全面经济改革的 90 年代中期的一代人也已经接近婚龄。这些年轻人可以称得上是"新一代"或"改革开放后出生的一代"。从总人口来看，在 2014 年就已达 2.3 亿的"80 后"和"90

---

* 黄彦杰，美国哥伦比亚大学东亚系博士候选人。

后"的总数要显著少于"60 后"和"70 后"。① 这一代人将在不久的将来继承父辈的财富，进入重要的国家岗位，成为社会的主要力量。这一代人的许多特点也将对未来中国的发展起到决定性的影响。

从历史上看，80 年代和 90 年代出生的新一代可以说是新中国成立以来最幸运的一代。这一代人出生于"文革"之后，在经济高速增长的环境下苗壮成长，最直接地享受到了市场化和全球化带来的物质生活丰富和生活方式的自由化，而且没有经历任何政治运动和社会动荡。然而，新一代也得面对时代急速变化所导致的各种挑战。其中最大挑战是竞争激烈、分化严重的劳动力市场：到了多数"80 后"就业的年代，劳动力市场已经全面确立，而高校招生的扩张又导致了大学毕业求职人数的迅速攀升，找称心如意的工作日益困难。另一个挑战在于价值观的急速变化。从 80 年代的集体主义，到 90 年代的"先富论"、自由主义、民族主义，再到现在的多元化局面，中国的主流社会价值的变化让人目不暇接。年轻人往往对于社会价值观的多变性、多元化甚至混乱化感到无所适从。

崛起中的年轻一代正逐渐成为中国社会的决定性力量。他们既直接受益于经济改革，又面临改革所带来的挑战，例如劳动力市场和价值观的调整。他们对于中国未来政治发展会有什么样的影响？本文将从新一代的社会属性、经济状况、价值导向和政治倾向入手，从历史和发展的角度讨论中国年轻一代对中国未来政治发展可能的影响。

新一代的社会结构

新一代有两个重要的社会组别：二代农民工或外来务工人员以及在校和毕业的大学生。这两大类人群反映出新一代中最重要的社会分层：教育和职业。二代农民工一般从事制造业和基础服务业，而大学生则更多从事比较专业的服务业，包括各级政府和事业单位。

更值得注意的是这两个组别的共同之处。第一，多数二代农民工和大学生小时候都在城市生活过，而他们的身份认同也是市场化和城市化的环境中形成的。大学生对城市和非农生活的认同自不用说，而二代或新生代农民工中的多数也认为自己属于城市而不是农村。根据 2015 年对深圳新生代农民

---

① 《第六次人口普查公报》，http://www.stats.gov.cn/tjsj/pcsj/rkpc/dwcrkpc/。

工的调查，多数新生代农民工没有务农经验，很少在农村生活，向往城市但又难以融入城市。①

第二，就经济条件而言，曾将自身定位为"都市白领"或专业人士的大学毕业生也早已不是"天之骄子"。事实上，他们的初始收入或许还落后于同龄人的农民工，因为后者通常较早参加工作。不同专业、地域的大学毕业生收入差异极大，收入较低的大学生和高职高专毕业生群体还低于外来务工人员。

根据麦可思研究院的报告，2016 年大学毕业生的半年后平均月薪达到了 3726 元，高职高专则达到 3400 元。② 然而，2014 年农民工的月均收入也达到了 3072 元，其中外出务工者人均工资达 3359 元。③ 那些受过基本训练，跻身技术工人行列的年轻的农民工，收入还要高很多。与此相反，大学毕业生中还存在由于期望与实际差距大而造成的"低质量就业"。当然，长期来看，高校毕业生收入提升空间比农民工要大一些，但就当下而言，大学生和新生代农民工这一教育和行业的分层与经济分层之间并不存在严格的对应。④

第三，网络的扁平化作用。在校大学生、大学毕业生和青年农民工大部分是网民。2016 年，中国网民数量达到 7.1 亿，超过除印度以外世界上任何国家的人口总数，占全国人口一半以上。根据国家互联网信息办公室的数据，10～39 岁的人群构成了网民主体，占网民总数的 75%。20～29 岁的网民，或者说"85 后"和"90 后"的网民整体，更占到全部网民的 30%。⑤对照新一代在整体人口中的比例，这意味着整个新一代都属于网络一代。就信息化的基本程度而言，该群体内部差异较小。互联网所构造出的统一空间为来自不同地域和教育背景的年轻人建构统一的身份认同创造了必要条件。在经济和社会压力的影响下，不同经济、社会和政治背景的青年人很容易通过互联网这个平台创造具有高度辐射力的亚文化，例如近年来盛行的"愤青"、"自干五"等，就属于跨阶层文化现象。

---

① 《深圳农民工调查：超八成无务农经验》，《南方都市报》2015 年 7 月 6 日。
② 麦可思研究院：《2016 年中国本科生就业报告》，社会科学文献出版社，2016，第 1 页。
③ 国家统计局：《2015 年农民工监测调查报告》，http：//www. stats. gov. cn/tjsj/zxfb/201604/ t20160428_ 1349713. html。
④ 事实上，学历较高的农民工在文化程度上也在接近高校毕业生。调查显示，25% 的农民工有高中及以上学历。
⑤ 中国互联网络信息中心：《中国互联网络发展状况统计报告 2016》。

综上所述，新一代内部虽然存在职业、教育和经济等方面的社会分层，但作为一个文化和社会群体的"新一代"还具有诸多共性，尤其是处于社会经济中下层的广大高职高专毕业生、技术工人和收入比较稳定的二代农民工。这一广大群体在经济处境、社会心态和价值观等方面有诸多共同之处。而且他们跟新一代中少数幸运者，例如名牌大学毕业生和专业人士之间的差距也非常明显。因此，比起农民工和大学生这个二分法，少数"精英"和大部分普通民众的二分法似乎更有助于理解新一代的社会构成，虽然这一社会分层还很难说已经固化为不同的阶级。因此，在下面的分析中，笔者把"80 后"和"90 后"的年轻一代看成是一个社会群体，尤其注重他们相同的时代体验，而只是在具体问题的时候才把他们中的精英和非精英群体分开来讨论。

个体化：社会变化和新一代的崛起

"个体化"大概是最能体现中国新一代社会取向的一个概念，尤其是对于他们的生活方式而言。具体而言，"个体化"表现在个体社会空间的急速扩大，个性化的生活方式，以及个人为中心的价值观念的崛起。这种个体化的崛起有赖于三个重要的社会条件：市场化、货币化和网络化。

自 20 世纪 90 年代中期以来的中国社会的市场化为个体空间的创造提供了极为有利的条件。个体空间的创造过程体现在三个方面。第一，劳动力市场的发展为国内人口迁徙提供了前所未有的机会，而年轻一代又是受其影响最大的人群。[①] 年轻人离开乡土和内地，移居城市和沿海地区，相对于父母、亲戚和乡邻所构成的邻里社会获得了独立。第二，房地产市场的蓬勃发展和个人居住空间的增加，使得年轻一代中的许多人，尤其是经济条件较好的那部分人获得了更多的私人空间。第三，市场化以及随之而来的城市化所带来的新的组织方式，也为青年一代提供了新的社会活动空间，例如城市中兴起的各种提供社会服务的 NGO 以及健身、购物、旅游、娱乐和读书的各色团体。

---

① Guy Taylor, "China's Floating Migrants: Update from 2005 1% Population Survey Sample," *Migration Studies Unit Working Papers*, London School of Economics, No. 7, 2011, p. 32.

与市场化如影随形的变化是社会关系的货币化。商品、资本、劳动力和房地产市场的发展都导致社会关系的全面货币化，而年轻人在货币化的大潮中更是最易受影响的一个群体。德国社会学家齐美尔认为，货币化是现代生活自由化的基本动力。社会关系的货币化使得现代人的生活脱离了传统式的依附和互助关系，生活选择和经济活动的空间大大扩展，但人与人之间的距离也逐渐扩大。例如近年来流行于年轻人中的春节租男友、女友回家过年的现象，就是一个典型。①而货币化所带来的自由生活也就意味着一种以个体为中心的消费生活。随着这一过程的加剧，中国年轻一代正日渐成为一个"个体化"社会的成员。

此外，个体空间的急剧扩展还受到了另一个外生的科技因素的影响，这就是新千年以来互联网的普及化和各种网络虚拟社区的形成。如果说市场化和货币化还不足以为所有年轻人构建足够的个体空间，那么影响范围更广、更深远的网络空间则无疑覆盖了所有的社会空间。过去20年以来，网络游戏、门户网站、聊天室、个人博客、淘宝、微博和微信纷纷登场，全面改变了中国人的生活方式。其中又以年轻人最为突出。互联网所派生的各种新兴公共空间和私人空间，成为当今年轻人最重要的生活空间。

网络空间的一个特点在于其无与伦比的丰富选择。由于这种虚拟空间突破了实体空间的限制，它所带来的各种机会和选择也就无所不在。这种选择的多样性又以个性化娱乐为首。例如中国的网络游戏社群早已成为世界上最大的一个社群，每年推出成百上千种游戏，制造了上千亿元的经济价值。截至 2016 年，互联网游戏用户达到 3.9 亿，即 30% 的全国人口，而且基本上以 15～40 岁的年轻人为主力，这一庞大的游戏王国无疑为年轻人的个性化娱乐提供了无限的选择范围。②在这些游戏中，角色扮演类游戏可以说是自由化和个性化的典型：它可以为游戏者提供无数种可选择角色、故事情节、装备和音乐。许多人为了消费这种个性化的游戏体验不惜血本购买虚拟商品。这些都可以看成是个体化社会的文化特征。

网络空间与真实空间的最大特点在于其隐蔽性。这种隐蔽性和自由性使

---

① 参见 http://finance.people.com.cn/n/2013/0130/c1004-20372796.html。

② 参见《中国互联网络发展状况统计报告 2016》。

得政府的严密监管变得非常困难。直到前几年为止，中国网民一直可以在不提供任何身份和手机认证的条件下注册各种邮箱、微博、淘宝和微信账号。这种特性为个性化的网络生活提供了最为便利的条件。从最早的博客到现在最为通行的微信空间，网络空间无疑成为中国社会尤其是新一代个性化生活的重要媒介。在网络空间中，在中国的网络世界，个体的表达的重要性要多于联络集体行动的社会作用。这一点也可以从政府对网络的管制态度上略知一二。虽然网络是一个成分上鱼龙混杂和政治上尤其敏感的世界，但即便是中国政府的网管部门在一定条件下也刻意对网络舆论网开一面，以便使其有效发挥作为舆论晴雨表和安全阀的正面作用。①

年轻一代的个体化取向深刻地影响着中国社会的组织形式和人们对于社会的想象。这一点直观地反映在当代社会语言上。例如反映着过去社会生活方式的"组织"和"单位"已被体现当代社会关系个人导向和松散特征的"人脉"和"群"所替代。如果说前者体现的是国家和集体对于社会组织和个人命运的控制的话，那么后者更能反映现在以个体为中心向外辐射的那种四通八达、自由灵活的个体化社会组织形式。类似的，各种建立在朋友基础上的年轻人自由灵活的组织形式也悄然进入了日常的词汇，而过去人与人之间联系的词汇则失去了原有的含义。这其中最典型当然是过去随处使用的"同志"。现在该词的原意基本上只保存在正式的公文体中，而按照社会上用法的新含义则是"男同性恋伴侣"。取而代之的是各种特定目的而且没有道德含义的"友"和"伴"。

总而言之，在市场化、货币化和网络化的推动下，中国年轻一代以至于整个社会的个体化成为社会变化的主流。比起新中国成立初期出生和成长的那两代人，中国的年轻一代有更高的地域和职业流动性，更高的自由感，更多的私人空间，以及更强的个体意识。作为新时代的年轻消费者和网民，这一代之间的社会联系虽然不见得比上一代更强、更持久，但他们联系的范围和复杂性则超过了上两代。

---

① Gary King, Jennifer Pan and Margaret Roberts, "How Censorship in China Allows Government Criticism but Silence Collective Expression," *American Political Science Review*, Vol. 107, No. 2, (2013), p. 327.

从集体到个人：代际变化的历史视角

根据中国当前的平稳发展的走势，随着"80 后"和"90 后"在不久的将来进入各行各业的领导岗位，新一代对于中国社会的冲击将在未来 10 年到 20 年之间达到顶峰。虽然现在还很难预测这种冲击的程度和范围，但我们可以通过历史回顾的方式来认识新一代兴起在中国整体历史进程中所扮演的角色。

我们通常说的中国的年轻一代出生于 20 世纪 80 年代和 90 年代。当时的中国刚刚从"文革"中恢复过来，走上改革开放的道路，而那时在社会上扮演主角的是新中国成立初期出生和成长，也就是 40 年代末到 60 年代初出生的那一代人。这一代人的成长环境比较复杂：从一方面来说，他们在"文革"中错过了最佳的教育期，所受负面影响最深；从另一方面来说，他们又赶上了经济飞速发展和向上流动机遇充分开放的 80 年代和 90 年代初。现在，这一代人正处于权力的巅峰。对于他们而言，"文革"的理想主义、"上山下乡"的共同经历和 80 年代自由开放的影响犹存。这种影响的综合作用，就是较强的理想主义、集体主义和牺牲精神。新一代较好的教育程度和生活环境在一定程度上正是得益于父辈的这种牺牲精神。

比起第一代人，新中国成立后出生的第二代人，也就是 60 年代后半段到 70 年代末出生的这一代，无疑要幸运许多。他们中的大多数都没有受到"文革"对于中高等教育的直接影响，但赶上了改革前的精英教育、工作分配和福利双轨制的末班车。从经济机会的角度看，他们中那些跻身于体制内的人显然占到了经济改革和制度变化的先机。他们的成长时期正好遇上了改革开放，因而接受革命理想主义教育要比第一代少，但他们也一样受到集体主义生活方式的影响。相反，改革初期的社会动荡反而使他们在政治上较为冷淡。因此，这一代人既有集体主义的一面，也有个人为主的实用主义的一面。

比起前两代人，出生于 80 年代和 90 年代前半段的新一代生活在一个非常不同的世界。从物质条件和教育机会上看，这一代的整体处境比前两代人更好。但从经济和社会机会的角度看，这一代人也面临着更激烈的竞争，更高的生存成本和生活压力，以及上升通道阻塞的情况。虽然完全没有经历过"文革"时代的新一代人很难说会比前两代更有集体主义、革命理想和牺牲精神，但他们拥有更强的个体意识也并不意味着他们缺乏集体意识和明确的政治取向。事实上，从 2008 年汶川地震和北京奥运会来看，新一代的政治意识和动员能力还是相当强大的。只不过他们的行动方式不再是一种自上而下的政府动员，而更多的是一种自发式的民间动员。这种动员方式具有随时性和不可预期性，对于国家发展和社会稳定而言无疑是一把双刃剑。

从历史上看，中国的年轻一代与新中国成立之后的两代人的成长环境和心态迥异，因此他们对未来社会和政治发展的影响也将与前两代不同。他们物质条件更好，自主性更强，个体意识高涨，但不一定没有集体行动的能力。他们在成长时期拥有良好的物质条件和教育机会，无疑提高了他们对未来的期待，现在中国经济发展的前景也足以调动他们的信心和努力。但如果未来的经济发展不能够满足他们的需求，如果现在既有的社会公平问题得不到解决，他们的抗争也将会激化。年轻一代究竟会如何影响未来中国的发展？下文将从经济和政治两方面入手，分析年轻一代所面临的主要问题和挑战，进而对其影响做出初步评价。

就业问题和社会公平：新一代的经济问题

就业是青年一代面临的核心经济问题。这不仅是中国的难题，也是全世界的难题。当今世界的诸多政治问题，例如中东的"茉莉花革命"和欧洲的社会不稳定以及极端主义，都与青年就业问题相关。中国每年毕业的大学生人数巨大，毕业生的充分就业一直以来都是难题。从 2010 年起，每年毕业生人数已达 600 万以上。到了 2016 年，毕业生人数甚至已经达到 765 万之多。[①] 就过去几年市场情况而言，二代农民工大就业市场基本上已经处于劳动力长期短缺状态，而大学生就业市场则仍然存在供不应求的问题。虽然大学生的总体就业率长期为 85% ～92%，但即便是这样的高就业率，也意味着中国每年都有几十万名毕业生成为"啃老族"或者流落在城市的待业人员。[②]

比起待业问题，一个更严重的问题可能是就业质量不尽如人意。根据麦可思研究院大学生就业数据，大学生平均起薪在过去几年一直为 3000 ～4000 元，大约相当于社会平均薪酬的 80%。这样的收入水平本身并不算低，

---

① http：//news. xinhuanet. com/politics/2016 - 05/09/c_128968656. htm.
② 就业率根据历年《中国本科生就业报告》。

但只是平均数，不能反映大学生收入的全貌。考虑到大学生多数是在房租物价较高的大城市、沿海地区和省会城市找工作，这样的收入水平并不能使他们在短时间内过上小康生活。此外，对于很多大学毕业生而言，更大的一个问题是第一份工作的收入和性质往往不能与他们的学业相匹配，很难做到真正的学以致用。这种学术背景、就业期望与实际就业状况不相匹配的情况又称为就业不足或者低程度就业。2012 年全国调查数据显示，73% 的大学毕业生处于这样一种就业不足的状态。这其中更有 35% 的大学毕业生属于严重就业不足。① 换句话说，1/3 的大学毕业生的工作状况与其教育背景和就业期望没有任何关系。

　　这种就业不足的症结首先在于教育体系和就业机会的严重不匹配。这种严重的不匹配与过去十几年来大学扩招密切相关。大学扩招不仅直接导致了某些高校教学水平的相对下降，更造成了就业市场的供需失衡。直到技术学校改革之前，大学扩招的逻辑和市场的逻辑是背道而驰的：大学扩招的逻辑是普通学校的综合化和规模化，而市场的需求则是以技术工人和非专业性职位为主。与此密切相关的另一个问题是现代服务业的发展相对滞后。虽然国家一再强调国民经济向技术密集型和知识创新型经济转型，但整个经济的转型还需要时间。大学毕业生的期望就业目标一般是现代服务行业，例如现代金融、法律咨询、文化产业、研发和公司管理，但这些类型的工作不仅数量较少，而且集中在少数几个大都市，而市场绝大部分的职位还是一般的销售、广告、保安、物流这些不需要太多专业训练的工作。②

　　大学生就业问题还引发了社会不公的担心，尤其是毕业生父母的财富和身份对于就业公平的影响。虽然"关系"在任何一个社会的就业市场中都起着巨大的作用，但通过亲属关系在公共部门就业难免有违社会公正。例如官员和国企干部的子女在政府和国企就业方面享受着与生俱来的优势，而国企和公务员的收入又要超过一般的私人企业。清华大学的一项研究表明，在同等的条件下，官员子女的平均起薪要高出 15%。③ 另据中国社科院调查研究表明，近年来，业已不复存在的"户口"仍然对毕业生就业和薪酬存在巨大的影响，例如同等条件下农村生源的大学毕业生的就业率就要远远低于

---

① 麦可思研究院：《中国大学生就业报告 2012》，社会科学文献出版社，2012，第 25 页。
② 麦可思研究院：《中国大学生就业报告 2012》，社会科学文献出版社，2012，第 99 页。
③ 《统计称官员子女起薪高 15%：家庭背景有影响》，《北京晚报》2013 年 5 月 7 日。

城市生源的大学生。① 因此，无论从哪个方面看，身份歧视仍然是妨碍大学生就业公平的一个关键障碍。

作为没有经历过革命理想主义和平等主义教育的一代人，年轻一代理应比新中国成立后第一代人更能忍受经济和社会地位的分化。然而，就业公平的缺失仍然可以导致严重的社会问题。近年来，就业公平所导致的社会不公在新一代网民中产生了极大的社会反响。过去几年一直不断曝光的"官二代"违规提拔就曾经成为网络舆论的焦点。媒体的曝光和社会的关注引起了党和国家的关注。2012 年，《人民日报》评论员就曾撰文表示对大学生就业公平的关切和支持。②

最近一两年，应届大学毕业生中出现了一个创业潮。自从政府全面提倡大学生创业以来，大学生创业人数在过去三年不断攀升，已达到 20 多万人。③ 这一热潮得益于三个变化：第一，"90 后"和"95 后"前所未有的创业意愿促使近年来的毕业生成为创业主力军。第二，政府对于大学生创业的各种支持也大大超过了往年。调查表明，有些地方的大学生创业者中的七成以上获得过政府或银行的支持。④ 第三，经历了 30 年粗放的动员式经济增长，当今经济的客观形势已经到了必须用更多的创新而不是要素投入来驱动的时候。无论是国家还是个体都有更多的创新和创业的动力。这是当前大学生创业的有利的一面。

但从另一方面看，大学生创业是否能够有利于大学生就业的全局，并有助于改善社会公平，还是一个未知数。毕竟，现在大学生创业的基础与 80 年代、90 年代已经大不相同。近几年，"50 后"和"60 后"已经在开始将他们积累的财富、资本和人脉传给下一代。在珠三角，大约 1/3 的私营企业主在 2010 年就有接班计划。⑤ 这种代际的财富转移可能会通过创业加快新一代之间的经济与社会分层。但从另一角度来看，创业的成功依靠的也不完全是资本的力量，而更多的投资有时也意味着更大的风险。如果所有的大学生创业者都得到充分和平等的支持，创业也可能成为促进机会公平的一个办法。

---

① 《90 后大学生就业，农村生源就业率低于城市生源》，《北京日报》2015 年 1 月 26 日。
② 《就业最难年，如何破解？》，《北京晚报》2013 年 5 月 10 日。
③ 根据麦可思研究院《中国本科生就业报告 2016》，2015 年大约 3%，也就是 23 万大学生选择了创业，这一比例比三年前高出一倍。
④ 《超七成大学生创业曾获支持》，《环球时报》2016 年 7 月 26 日。
⑤ 《富二代如何接班》，《南方日报》2010 年 1 月 28 日。

"愤青"、"小资"和"小粉红"：新一代的意识形态光谱

在当今中国，青年的意识形态呈现出前所未有的多元化。这是改革开放以来从未有过的局面。80 年代的理想主义和自由主义，90 年代的民族主义和国家主义，再到新千年以后盛行的犬儒主义和享乐主义，在当代青年思想中都有体现。这种色彩纷繁的局面的形成得益于 90 年代中期以来的经济改革以及全球化，以及中国在全球视野中的重新崛起。在今天的新一代的思想世界，再难以看到 80 年代对自由、开放和西方的共识。取而代之的是几种不同类型的思想之间一种充满张力的共存。其中又以以下几种态度最为突出：对现实非常不满而又缺乏清晰愿景的"愤青"，对西方世界存在幻想的"小资"，对当下发展充满信心、倾向于国家主义和集体主义的"小粉红"或者"自干五"等。除此之外，还有代表着相当一部分青年犬儒主义思潮的"屌丝"文化。

在政治认同偏右的"小资"和偏左的"小粉红"之间存在一个广阔的政治光谱。一般来说，"小资"更容易支持经济市场化、政治自由化和文化上的相对主义，而"小粉红"则倾向于国家干预市场以及对社会和文化的有效控制。个人意识形态偏好在光谱中的位置往往受到许多社会因素的影响，例如出生地域、收入水平和文化程度。美国学者对反映当前中国年轻人的政治倾向的"中国政治坐标系"的研究表明，中国青年一代主体稍偏保守，少数倾向于自由主义，具体倾向自由还是保守与地域高度相关。一般地说，从经济改革中受益最大的沿海身份出生的青年要比中部、西部和东北的青年倾向于市场、法治和自由选择（"小资"）。教育程度和收入较高的年轻人也相对更偏向于自由主义，但这些因素的影响似乎远不如地域显著。[①] 但从总体上看，无论"小资"还是"小粉红"偏离中间立场不远，都属于支持社会和政治"稳定"和渐进改革的社会中坚力量。

随着年轻一代的崛起，国家与青年之间的互动模式也显得更加复杂和多元化。在过去十几年中，国家与新一代的交流方式发生了巨变。虽然学校里还有政治教育，网络上还有言论控制，但是整体上政府已经不再像以前那样

---

① Jennifer Pan & Yiqing Xu, "China's Ideological Spectrum," *MIT Political Science Department Research Paper*, *Vol.* 16, 2015.

开展大规模的政治动员，而是主要通过经济管理的方式调节国家与新一代之间的关系，例如维持大规模的教育投入、帮助大学生就业和相应的社会改革。

与经历了新中国成立和"文革"的老一代不同，中国新一代参与政治的最主要的平台是互联网。"愤青"、"小粉红"和"小资"这些青年政治文化的自我标签是在互联网上形成，再通过互联网来具体表达的。例如"愤青"作为一个群体的最突出的特征就是会在网络上发表各种对于社会或政策不满的言论。这些言论有时候直接批评政府政策，有时候则将怒火指向外国。总之，"愤青"的特点就在于他的情绪化，而缺乏稳定的价值认同和政治倾向。[1]

虽然网络对于中国年轻一代主要只是发表言论和寻求娱乐的地方，但偶尔也会成为政治行动的平台。当"80后"、"90后"选择将网络变成组织工具的时候，他们常常会组织起来。例如2012年发生在江苏的启东事件，其组织者主要就是"80后"和"90后"。他们通过网络互相联络、发布信息、统一行动，最后成功组织起1000人的大规模群体性事件，并成功阻止本地的PX项目。[2] 但这样的大规模群体性事件往往只是偶发事件，并未成为一种趋势。

近10年来，青年人的抗议行动已经成为许多国家政治不稳定的直接来源。到目前为止，中国的新一代还很少在网络之外发起集体行动。就这一点而言，中国社会远比中东、南亚，甚至许多欧美国家稳定。这当然不是因为这一代人由于高度的个体化而缺乏自组织的能力，而是因为中国经济的健康发展和社会管理的成功。

结论：年轻一代、城市化和社会治理

90年代以来的全球经济自由主义给世界各国的城市治理造成了许多共同的问题。青年的就业问题正是其中最严重的问题之一。近年来，中东、欧洲等地区在城市爆发的，以青年一代为主体的政治运动对许多国家的社会甚至政治稳定造成了严重影响。研究表明，这些政治动荡基本上都与青年失业问题密切相关，阿拉伯地区高达40%～50%的大学生失业率更是直接成为

---

[1]　Zheng Yongnian and Yang Lijun, "Angry Youth in Contemporary China," *Journal of Contemporary China*, Vol. 21, No. 76, (2012), p. 653.

[2]　参见 http://www.watchinese.com/article/2012/4586。

"阿拉伯之春"的导火索。① 尽管中国的年轻一代面临着这样那样的问题和挑战，但作为一个群体，他们并没有面临这种极端情况。在可预见的未来，他们并不会像阿拉伯世界的青年那样，成为社会稳定和政治秩序的破坏者。

中国新一代的历史地位决定了他们在政治上趋向于稳定的改革，而不是激进的革命。他们是受惠于经济改革的一代人，也是最适应后改革时代社会、经济和科技的一代人。即便是今天在网上随处可见的批评声音，基本上也还只是限于具体的政策和个人，而并不是针对国家体制。过去几十年的高速增长，加上对未来的经济增长、社会稳定和渐进改革的共识，使得新一代成为当前改革的强大的支持者。除非社会经济局势发生巨变，这一基本趋势将不会发生变化。

但另一方面，新一代面临的种种问题也对中国的社会管理提出了挑战。首先，就业是新一代最关心的问题。随着中国经济增长的放缓，未来每年的新增工作职位将难以保持过去那样的增长，而教育水平的逐年提高则意味着大学毕业生人数并不会随着出生人口的减少而迅速下降。因此，如何建立与高学历和知识型社会相匹配的产业结构，将是解决青年问题的关键。同样地，如何改变高等教育体制，强化职业教育体制，使其与未来的产业结构相适应，乃是同一个问题的另外一面。如果未来中国的产业体系和教育体系更加匹配，中国将能够维持并提高现在年轻一代的就业率和就业质量，从而创造出一个健康发展的经济社会基础。相反，年轻一代的就业问题如果没有得到妥善解决，必将会导致严重的社会和政治问题。

随着城市化和工业化向纵深演进，中国的年轻一代将更加聚集在城市，尤其是超大城市和城市群。因此，管理好年轻一代将是未来城市治理的关键问题。中国城市未来的面貌将取决于年轻人是否能够安居乐业，人心思定。从现在的情况来看，中国新一代总体而言还是一支促进城市稳定和发展的力量，虽然作为一个群体他们也面临着诸多的问题和挑战。最近 20 年来的市场化、货币化和网络化使得这一代人成为空前个体化的一代人，但是个体化的事实并不意味着他们缺少自下而上的行动能力。中国未来的城市是成为经济发展和社会建设的中心，还是会沦为社会和政治运动的温床，将取决于政府、企业和社会能否继续为年轻一代的个体发展创造空间、提供保障。

---

① 廉思：《世界范围内青年运动新趋势研究——对"茉莉花革命"、英国青年骚乱、美国"占领运动"的分析》，《中国青年研究》2013 年第 12 期，第 9～10 页。

香港政治研究

精英民主与大众民主的结合*

——2017 年香港行政长官普选方案的政治分析

张定淮　刘　剑**

摘　要： 行政长官普选不仅是关系到香港民主政治发展的大事，也是关系到国家整体利益的大事，必须把香港行政长官普选放在整个国家层面、放在"一国两制"的大框架下来考量，才能更准确地理解行政长官普选的重要意义。从政治学理论来看，2017年香港行政长官普选方案是香港社会彼此冲突的不同利益和原则相互竞争和妥协的产物，是精英民主与大众民主结合而成的结果。提名委员会制度体现了精英民主的精髓，行政长官普选反映了大众民主的要求。提名委员会制度和行政长官普选相互妥协、互为补充。香港只有依据《基本法》，结合历史和现实条件制定出适合自身发展要求的选举制度，才能走出适应本土的独特民主道路。

关键词： 行政长官　提名委员会　精英民主　大众民主　普选

民主的实践离不开自由和公正的选举。综观世界各地的民主选举制度，便会发现民主选举的制度和方法是多样化的，并不存在放之于四海而皆准的统一选举模式。无论是中国内地的民主政治发展还是香港、澳门等特别行政

---

    * 本文是 2013 年度国家社会科学基金重点项目"香港立法会普选背景下的功能界别制度改造研究"（项目编号：13AZZ015）的部分成果。

 ** 张定淮，政治学博士，深圳大学港澳基本法研究中心副主任、教授；刘剑，政治学博士，深圳广播电视大学人文科学系副教授。

区的民主政治发展，都应该根据自身的历史和现实条件制定出适合自身社会政治发展要求的民主选举制度，从而找到适应本土政治发展的独特民主之路。众所周知，民主政治依赖于竞争与妥协，依赖于社会上若干彼此冲突的、互不相容的原则和利益之间的竞争与妥协。2017 年香港特别行政区行政长官的普选方案就是这样一种不同原则和利益的竞争与妥协的结果。概括言之，2017 年香港行政长官普选方案是精英民主和大众民主相互结合、彼此妥协的产物。

一 精英民主与大众民主：理论与实践

（一）精英民主和大众民主的内涵辨析

自从人类有政治思想以来，"谁该来统治"就成为一个反复出现的论辩焦点。然而，自从 20 世纪以来，"谁该来统治"的答案变成唯一的标准答案：人民应该统治。迄今为止，也许还没有一种政治理念像民主这样赢得了几乎毫无疑义的认同乃至尊崇。世界上各个国家的从政者都迫不及待地声明他们的民主主张，甚至全力投身到他们认同的民主事业之中。从这个意义上，民主已经成为一种"好东西"，甚至成为一种"生活方式"。本文所指的民主是政治学意义上的、作为一种程序和方法的"政治民主"。正如熊彼特认为的那样，"民主方法是一种为做出政治决定而实行的制度安排，在这种安排中，某些人通过争取人民选票取得做决定的权力。"[①]

从字面上看，"民主"一词源自于古希腊语的 demos（意即人民）和 kratos（意即权力），原意是指"人民的权力"或"权力属于人民"。然而，现代民主绝不会意味着每个人都去当家做主，或者每个人都享有相同的政治影响力，而是指"多数人的统治"。可以说，词源学上的民主或者民主的理想并不能等同于现实中的民主。正如萨托利所指出的：（1）民主的理想不能界定民主的现实，反过来说，现实中的民主不是理想的民主，也不可能同它一样；（2）民主是从它的理想和现实的相互作用中，从应然的推动力和

---

① 〔美〕约瑟夫·熊彼特：《资本主义、社会主义与民主》，吴良健译，商务印书馆，1999，第 395 ~ 396 页。

实然的抗拒力的相互作用中产生和形成的。[①] 精英民主就是强调民主的实然方面而产生的一种政治理论和实践。

"精英"一词的含义是最高级的、最好的或最优秀的人。从经验角度来讲，精英是指在手中聚集着权力、财富或特权的少数人，而不论这是否正当。以韦伯、熊彼特和萨托利等人代表的精英民主理论家基于经验观察，批评了以"人民的统治"和大众参与决策为核心的实质民主观，提出了以"精英的统治"和竞争性选举为核心的程序民主观。

与精英民主相比，大众民主则是更为晚近的产物。在英语语境中，大众民主可以用 popular democracy 来表达，也可以用 mass democracy 来表述，其本意是"多数人的统治"。从历史来看，西方民主国家原来实行的是贵族精英民主。随着工业化和资本主义的发展，以资产阶级为代表的商业资本民主取代了贵族精英民主。资产阶级的崛起同时造就了工人阶级的壮大。不断成长的工人阶级也要求和资产阶级分享国家权力。工人阶级获得选举权是大众民主的第一步。随着各种民权运动的深入展开，妇女、少数族群也获得了参与政治的权利。自此，西方民主国家从精英民主逐步转型为大众民主。

从西方政治思想史的角度来看，直接以大众民主为主题的研究成果并不算多；[②] 相反，精英民主才是现代民主理论的主流，其底蕴就是对大众统治的合理性与可能性的质疑。从民主思想史的角度来看，熊彼特在理论层面实现了"人民民主"向"精英民主"的转变，民主从"人民统治"转变为"人民选择统治者"，复数的"人民"变成了单个的"选民"。民主变成了让人民在若干个相互竞争的精英团体中进行选择，民众参与政治的作用被限制在每四～五年选一次政府领导人的范围内。由此，塞缪尔·亨廷顿认为，"民主政治的核心程序是被统治的人民通过竞争性的选举来挑选领袖"[③]。在这个意义上，王绍光把从"人民统治"到"人民选择统治者"这一转型视为两大转变，分别是：从"人民"到"选民"的转变和从"民主"到"选主"的转变，其目的在于维护社会精英阶层的利益。[④]

---

① 〔美〕乔万尼·萨托利：《民主新论》，冯克利、阎克文译，上海人民出版社，2008，第20页。

② 郭为桂：《大众民主：一种思想史的文本解读与逻辑重构》，武汉大学出版社，2008，第14页。

③ 〔美〕塞缪尔·亨廷顿：《第三波：20世纪后期民主化浪潮》，刘军宁译，上海三联书店，1998，第4页。

④ 王绍光：《民主四讲》，三联书店，2008，第45、53页。

（二）精英民主和大众民主相互补充、相辅相成

在现代大型复杂社会中，如何建构一种民主制度，一方面要满足大众平等主义的诉求，另一方面又要避免因此可能带来的对自由秩序的冲击，这是任何以民主化为目标的国家和社会必须面对的现实问题。要解决这一问题，首先要厘清精英民主和大众民主之间的内在关系。

约翰·密尔认为，代议制是大众参与原则与精英统治原则的完美结合，是平等原则与效率原则的高度统一，是最理想的政体形式。[①] 尽管民主是个好东西，但我们也应该意识到，单纯的大众民主或者说不受限制的民主也是有缺陷的。欧洲启蒙运动就带有强烈的反民主色彩，它怀疑大众的智慧，进而怀疑用多数表决而不是由理性来作出决策的智慧。大众的非理性是从弥尔顿到伏尔泰的著作中的一个主题。[②] 托克维尔认为，大众文化施加了一种"多数人的暴政"，扼杀了个人的创造力，导致对个人自由的侵害。[③] 奥尔特加·加塞特也在《大众的反叛》一书中警告说，"大众民主的到来导致了文明社会和道德秩序的瓦解，为独裁统治者诉诸大众最粗俗的本能冲动来夺权铺平了道路"。[④] 概括言之，对大众非理性的质疑和批判是西方政治思想史的主流，基于财产、教育、性别、年龄等要求来限制大众参与政治事务是近代西方国家民主实践的重要形式。

19 世纪末 20 世纪初，由于成年男性获得了投票权，西方世界开始进入大众社会。现实政治中的秩序失范、民主虚幻和人们对自由的逃避，让帕累托、莫斯卡、米歇尔斯、马克斯·韦伯和熊彼特等思想家开始质疑大众民主的可能性，并建构出"一切统治都是少数精英操纵"的精英主义观点。精英主义认为，民众在任何情况下都不可能直接行使统治权，即使在民主政体内，民治的思想也不过是一种神话，它掩盖了由政党领袖组成的内部小圈子进行的实际统治，而恰恰是这个小圈子操纵着代表制度。[⑤]

---

① 李强：《自由主义》，吉林出版集团有限责任公司，2007，第 212 页。
② 〔美〕罗兰·斯特龙伯格：《西方现代思想史》，刘北成译，中央编译出版社，2005，第 275 页。
③ 〔法〕托克维尔：《论美国的民主》（上卷），董果良译，商务印书馆，1999，第 292～299 页。
④ 转引自〔英〕安德鲁·海伍德编《政治理论教程（第三版）》，中国人民大学出版社，2009，第 256 页。
⑤ 〔英〕戴维·米勒、〔英〕韦农·波格丹诺主编《布莱克维尔政治学百科全书（修订版）》，邓正来译，中国政法大学出版社，2002，第 238 页。

这种质疑并非没有道理。毕竟，大规模复杂社会中民众参与的困境构成了大众民主的主要限度。张灏担心，"一方面人民对政治参与的兴趣日减，另一方面，种种特殊利益集团的势力日增，置整个社会的公利与共益于不顾，但求以各种手段，操纵政府，影响政策图谋自利。在相当的范围之内，这种现象原是民主政治的常态，但是超过限度，它可以造成民主政治的瘫痪"。[1]如何维持适当的政治参与规模，既不至于造成"参与爆炸"又不能降低人民的政治参与兴趣成为困扰政治学家的一个难题。近年来，公共选择学派关于选民是理性自利的经济人的假设也受到了挑战。布莱恩·开普兰用"理性选民的神话"来质疑民主制度下的选民是理性的经济人的基本假设，因为选民的政策选择往往建立在对现实的根深蒂固且系统性的错误认识基础之上。[2]

尽管如此，精英民主也不能完全否定大众民主。因为民主价值在当今社会已经获得普遍认同，民主观念也早已经深入人心。在当今社会，不管什么人出于什么理由反对民主，都很难赢得理论上的强势论证和舆论上的广泛支持。毕竟，现代社会政治的实质是大众政治，任何一个现代社会都需要解决如何把大众有效地纳入政体中的问题。

简言之，精英统治和大众民主并不是相互矛盾的，而是相辅相成的关系。承认精英统治这个现实，并不等于忽视大众民主，因为不争取到人民的选票，精英就很难赢得政治上的合法性。大众民主的理想固然美好，但它存在难以克服的内在矛盾，实施起来的可操作性也不高。因此，大众民主与精英民主对民主政治来说都是不可或缺的。大众民主不能否定精英民主，同样精英民主也无法否定大众民主。在民主制度设计过程中，大众民主和精英民主要相辅相成，相互补充，才有可能解决民主转型过程中遇到的各种复杂问题。

二　提名委员会制度是精英民主的表现

在现代社会，精英治理获得合法性的最佳途径是民主。通过民主的方式，精英治理获得了人们的同意，也就取得了统治的合法性。香港是一个资本高度集中的商业资本主义社会，金融、贸易物流、旅游和专业服务是香港

---

[1]　张灏：《幽暗意识与民主传统》，新星出版社，2006，第129页。

[2]　〔美〕布莱恩·开普兰：《理性选民的神话》，刘艳红译，上海人民出版社，2010。

的传统四大支柱产业。根据经济基础决定上层建筑的马克思主义基本原理，香港的经济基础决定了精英民主是适合香港社会现状的。香港《基本法》第45条规定，"行政长官的产生办法根据香港特别行政区的实际情况和循序渐进的原则而规定，最终达至由一个有广泛代表性的提名委员会按照民主程序提名后普选产生的目标"。可见，提名委员会制度是一种独特的提名机制，在香港行政长官普选中占有极为重要的地位。提名委员会是香港民主化进程中"精英民主"一面的生动体现。

第一，提名委员会的制度逻辑是精英代表制。提名委员会的前身是选举委员会，是一个由选举产生的组织，其重要职能是选出香港特区行政长官。根据《基本法》附件一的规定，选举委员会委员共800人，由以下四大界别人士组成：工商、金融界200人，专业界200人，劳工、社会服务、宗教等界200人，立法会议员、区域性组织代表、香港地区全国人大代表、香港地区全国政协委员的代表200人，任期为5年。选举委员会诞生于1998年，它体现了一个赋予香港人民权力以选举最高行政长官的制度安排。"设立一个具有广泛代表性的提名委员会提名行政长官候选人"，其实质是由香港部分社会精英选举行政长官，根据香港社会实际、循序渐进地达成普选的最终目标。概括言之，提名委员会的制度逻辑是精英代表制，是中央期望通过精英代表的理性克制普选带来的不确定性。

第二，提名委员会的制度设计体现了"最大的包容"，兼顾香港社会各阶层的利益，体现了均衡参与的原则。一方面，香港是一个商业城市，工商界、金融界为香港贡献了近九成的生产总值，政治制度设计不可避免地要重点考虑香港资产阶级的利益和诉求；另一方面，香港也是一个公民社会高度发达的国际性大都市，其发展有赖于社会各界的共同努力，既有工商业者、专业技术精英，也有普通劳工阶层。因此，香港行政长官普选要兼顾各阶层的利益，使社会各阶层、各界别能够均衡参与，以反映香港社会的多元化政治诉求。强世功认为，提名委员会的机制设计体现了政治多元主义的理念，其中有社会各界别代表、各地区代表、各政治力量代表。因此，提名委员会是一个超党派、超地域、超界别的政治机构。提名委员会发挥着现代政治中政党提名的功能，同时又超越了政党的偏狭性，代表了香港社会各阶层的利益，乃至于代表了香港的整体利益。①

----

① 强世功：《香港特首普选提名机制之争：政治与法理》，《经济导刊》2014年第8期。

　　第三，提名委员会的制度设计符合香港实际，有利于资本主义经济的发展。根据香港《基本法》第 5 条规定，1997 年后的香港"要保持原有的资本主义制度和生活方式五十年不变"。也就是说，香港特别行政区的政治制度设计要符合有利于香港资本主义经济发展和长期繁荣稳定的要求，行政长官及其政府在这一过程中担当重要的政治角色。为了达到这个目的，提名委员会成为香港特区政治架构中不可或缺的一环，不得不发挥限制大众投票权的作用，维持一种特别的资本主义制度，确保香港社会、经济、政治的长期发展、稳定和繁荣。

　　第四，提名委员会的制度设计能够保证行政长官必须由爱国爱港人士担任，阻止极端的"与中央对抗的人"成功竞选行政长官。根据香港《基本法》第 43 条规定，香港特别行政区行政长官既要对香港特别行政区负责，也要对中央人民政府负责，因此，必须坚持行政长官由爱国爱港人士担任的原则。2013 年 3 月和 2013 年 11 月，全国人大法律工作委员会主任乔晓阳和香港《基本法》委员会主任李飞分别发言，阐述中央对普选行政长官的立场，表明中央不会接受与中央对抗的人成为香港的行政长官，同时说明提名委员会的提名程序属"机构提名"，必须体现提名委员会的"集体意志"。这是"一国两制"方针的基本要求，也是行政长官的法律地位和重要职责所决定的。行政长官普选办法必须为此提供相应的制度保障，提名委员会就发挥这样一种"筛选"的作用。

　　第五，香港社会可以对提名委员会尚待进一步解决的问题进行理性对话，凝聚共识，最终实现公正的普选。有些人把提名委员会视为一项过渡性的政治安排，是"商人治港"的表现。我们认为，香港的问题不是取消提名委员会，而是要改善和完善功能界别制度。尽管香港的功能界别制度还存在一些问题，但功能界别并不是不能民主化的。香港的功能界别制度经过改革，可以成为不同社会力量相互制衡的有效民主制度安排。从改善民主的角度来看，功能界别不应是临时的安排或者转型期间的安排，而是要把功能界别制度进一步民主化，使之成为香港民主政治的内在组成部分。[1]

　　简而言之，行政长官在香港政治体制中处于核心地位，其职责不仅在于协调香港社会各界的利益，还要协调中央和香港的关系。因此，行政长官一定要获得香港社会和中央政府的最多支持。提名委员会的重要意义在于，确

---

[1]　郑永年：《中国国际命运》，浙江人民出版社，2011，第 255～256 页。

保在行政长官普选过程中找出获得最多支持的行政长官。确保提名委员会独立运作，是香港资本主义长期稳定发展繁荣的重要保障，是保证香港社会"精英治港"的重要制度设计，也是保证"爱国爱港人士治港"的重要筛选机制。从这个意义上讲，提名委员会体现的是一种精英代表制的逻辑，是一种精英民主的现实运作方式。

三　行政长官普选反映了大众民主的要求

行政长官是香港特区政制的中枢，也是特区政制的精髓所在。实现行政长官普选是香港基本法第45条做出的郑重承诺，也是香港社会的广泛共识和共同意愿。由于受到各种客观条件限制和"循序渐进地逐步发展适合香港实际情况的民主制度"的法律规定，香港第一到第四任行政长官均未能够实现普选。2007年12月19日，第十届全国人大常委会第三十一次会议通过了《关于香港特别行政区2012年行政长官和立法会产生办法及有关普选问题的决定》。其中规定，2017年香港特别行政区第五任行政长官的选举可以实行由普选产生的办法。2014年8月31日，第十二届全国人大常委会第十次会议通过了《关于香港特别行政区行政长官普选问题和2016年立法会产生办法的决定》，确定了香港行政长官普选须遵循的四条规则。根据普选原则，香港全体符合资格的选民人人都有权直接选举行政长官，体现了选举权普及而平等的原则，反映了现代社会大众民主的基本要求，也是香港民主政治发展的历史性进步。

从英语语境来看，普选常用"universal suffrage"来表达。所谓普选，是指选举的普遍性和广泛性，强调享有选举权主体广泛性的扩大，对选举权主体资格设置尽可能少的限制条件。普选含有平等的价值取向，但不能等同于选举的平等原则或一人一票原则。[1] 陈端洪认为，普选是为了整合为一，通过选民意志的自由表达把政治体整合起来，通过周期性地更换代表者和统治者把国家权力收回来再授予出去，以便维持代表者、统治者与人民的同一性，防止前者异化及背叛后者。[2] 简言之，普选不等于直接选举和一人一票

---

[1]　王磊：《普选与直接选举的关系》，《港澳研究》2014年第1期。

[2]　陈端洪：《论香港特别行政区行政长官提名委员会的合理性与民主正当性》，《港澳研究》2014年第2期。

原则，而是对选民资格设置尽可能少的限制条件，通过普遍而广泛的定期选举把选民意志整合起来，以保证统治者代表选民的根本利益。

按照卢梭的主张，普选意味着人民的"公意"是政治权威合法性的唯一基础。[①] 而普遍而公正的选举是政治权威合法性的重要来源。行政长官普选是香港行政长官巩固合法性基础、实现大众民主原则的体现，主要表现为以下五个方面。

第一，香港行政长官普选体现了大众民主的基本原则。现代社会是大众的时代和舞台。普选本身就是大众社会的产物。大众民主的发展意味着民主化程度的加深，普罗大众也能够平等地享有政治权利和自由，参与国家和公共事务的治理。香港《基本法》赋予了特别行政区居民真实而充分的参政议政权利。香港《基本法》第 26 条规定，"香港特别行政区永久性居民依法享有选举权和被选举权。"这一规定是落实香港居民"港人治港"原则的具体体现，意味着香港永久性居民平等地享有政治权利和政治自由。《基本法》第 45 条和附件一明确规定了行政长官的具体产生办法。然而，从选举委员会选出行政长官到行政长官普选经历了 20 年的漫长历程。可以说，行政长官普选就是落实香港居民依法选举本地区最高管理者、参与香港特别行政区事务管理的权利，是"港人治港"原则的重要体现，也是大众民主基本原则的彰显。

第二，行政长官普选是香港民主政治发展的历史性进步，是香港特区政治体制的重大变革，也为中国民主政治的发展积累了宝贵经验。香港居民行使自己的民主权利，通过普选的方式选举特区行政长官，是落实"港人治港"原则的生动表现。民主政治在香港的真正确立，是在 1997 年香港回归祖国、实现"一国两制"之后。从英国的殖民管治到中国恢复行使主权，从"以华治华"名义下的英国人治港到"一国两制"下的"港人治港"，从没有民主制度到行政长官和立法会选举，直至实现普选，香港社会经历了宪政体制的重大变革，经历了民主政治的跨越式发展。[②] 同时，香港的行政长官普选和民主政治进步不仅仅是香港的大事，也是关系到民族国家整体利益和政治发展的大事。只有把香港普选问题放在整个国家层面、放在"一国两制"伟大事业的框架下来考量，才能更准确地理解行政长官普选对香

① 〔法〕卢梭：《社会契约论》，何兆武译，商务印书馆，2003，第 120 ~ 123 页。
② 饶戈平：《通向香港行政长官普选的必由之路》，《港澳研究》2014 年第 3 期。

港、对中国的伟大意义。

　　第三，香港行政长官普选不等于直接民主。当前，香港社会比较流行的观点是将普选等同于直接选举和一人一票。有人认为，行政长官候选人无须通过提名委员会提名；也有人认为，先经过公民提名、政党提名再将行政长官候选人提交到提名委员会；还有人认为，应取消功能界别制度，实施立法会议员直选。① 我们认为，普选不等于直接民主。所谓普选，是指全体居民普遍享有平等的选举权利，并不意味着行政长官或者议员由直接选举产生。所谓直接民主，是指"政治决策的权力取决于全体公民而不是通过诸如党派这样的政治组织来作为中介的政治形式"②。简言之，普选是横向层面的，是指公民享受选举权的广泛性和范围；直接民主是纵向层面的，是选民用直接投票的形式参与政治和公共事务。普选强调的是选民的投票权，但不同于一人一票；直接民主强调的是决策的形式，强调公民不借助于中介直接参与政治和公共事务。

　　第四，香港行政长官普选是中华人民共和国的一个地方行政区域的普选，不能等同于民族国家层面的选举民主。香港《基本法》第 12 条规定，"香港特别行政区是中华人民共和国的一个享有高度自治权的地方行政区域，直辖于中央人民政府。"也就是说，香港是单一制国家的一个地方行政区域，是中华人民共和国的一个享有高度自治权的特别行政区。香港行政长官普选是"一国两制"背景下的中国地方行政长官普选，受到香港《基本法》和全国人大常委会相关决定的制约，不能用"国家"层面的普选来理解和定义，只能是一种香港特色的地方性民主选举。因此，我们只有从香港作为"一个享有高度自治权的地方行政区域"的角度来理解和定义香港行政长官普选问题，才能准确地理解其政治价值和历史意义。那些抱持"港独论"、"香港城邦论"，漠视《基本法》乃至排斥《宪法》的人是无法清醒地理解香港行政长官普选的真正价值和意义的。

　　第五，功能界别是代议制民主中职业代表制的一种形式，不能用功能组

---

①　具体观点可以参见汤家骅《法律、政治与我》，香港经济日报出版社，2004；《选择香港，选择自己》编委会编《选择香港，选择自己》，香港商报出版社，2004；梁家杰：《你好！我系梁家杰》，香港 CPU，2005；陈文敏：《法政敏言》，香港经济日报出版社，2006；张炳良：《反思香港发展模式》，香港天地图书有限公司，2008；黄毓民编《人民最大——五区公投实录》，香港明报出版社有限公司，2010。

②　〔英〕戴维·米勒、〔英〕韦农·波格丹诺主编《布莱克维尔政治学百科全书（修订版）》，邓正来译，中国政法大学出版社，2002，第 216 页。

别否认普选本身。早在 100 年前，美国政治学者保罗·S. 芮恩施就指出，议会不仅要代表地方区域的利益，还要代表职业团体的利益。[①] 原因在于，现代人流动性强，频繁换居所并不少见，大多数职场人士日常生活中的切身利益是围绕工作而不是居住的地方展开的。因此，采取以工作或职业为单位的选举方式更能够反映这些市民的诉求。可以说，香港的功能界别制度是法团主义（Corporatism）的一种形式。如果说香港的普选是为了保障人民的民主权利，那么功能界别制度则是考虑到不同社会阶层之间相互制衡的需要。功能界别所体现的均衡参与，是基本法所要求的关于香港政制发展的一条重要原则，是适用于行政长官和立法会普选模式的制度安排。[②] 因此，功能界别是香港代议制民主的重要组成部分，不能用功能界别来否定普选。

概括而言，行政长官是香港特别行政区最具有权力的政治领袖。2017年由香港居民通过普选方式产生行政长官，体现了大众民主的基本原则，是香港民主发展的历史性进步，是香港政治发展的重要里程碑，也是中国政府推动民主化、践行"一国两制"的重要成果。

四　结论与讨论

现代政治学意义上的"民主"一般是指民族国家层面的选举民主，但香港行政长官普选是单一制民族国家内部的一个地方行政区域的选举问题。刘兆佳认为，香港是中华人民共和国的一个特别行政区，它并不拥有一般民族国家所具有的主权和相应的权力。香港在"一国两制"下获得的高度而非"完全"自治的权力来自中央政府的授予，因此，香港的政治发展过程和形态极为特殊，堪称"香港特色的民主化"，难以与其他社会的民主化经验相比较，只能从香港本身的历史背景和现实情况来理解、分析和论述。[③] 秉承这一理念，我们从精英民主与大众民主相结合的角度来分析 2017 年香港行政长官普选方案。

从政治学理论来分析，权力的制约与平衡是现代民主政治的要义所在。

---

① 〔美〕保罗·S. 芮恩施：《平民政治的基本原理》，罗家伦译，吉林出版集团有限责任公司，2010，第 24 页。

② 李晓惠：《香港普选保留功能组别的法理依据与可行模式研究》，《政治学研究》2012 年第 5 期。

③ 刘兆佳：《香港的独特民主路》，商务印书馆，2014，第 159 页。

在政治哲学家眼中，"民主需要作为一个对比性的概念来理解，因为它与其他政府形式不同，只有在这些对比中，民主的概念才能更好地为人把握。"[①]精英民主和大众民主就是一组相互制约和平衡的对比性概念。精英民主论者认为，民主是有限度的，并不意味着大众的直接统治。除了选票，大众在政治领域中的参与是危险的，也是不可能的。他们甚至认为，只要满足一项最低限度的要求，即个人投票者必须有机会在至少两个政治精英之间进行选择，该政治体系就具备了充分的合法性。这种精英民主理论有意无意地忽略了民主理论的内在价值层面，也忽略了民主政治的外在治理质量问题，难怪王绍光把这种"民主"称为"选主"了。相反，大众、群众和大众民主一直是欧洲启蒙运动以来思想家们质疑和批评的对象。同时，要让大众民主成为可能，必须建立民主规则共识，培养大众的开明、宽容、妥协等民主精神。由此可见，一方面，大众民主的平等主义诉求可以弥补精英民主合法性不足的问题；另一方面，精英民主可以防止大众民主的民粹化、非理性等现实问题。

2017年香港行政长官普选方案体现了精英民主和大众民主的辩证统一。经历过不同利益和原则的竞争与妥协之后的香港行政长官普选不仅是现代社会民主政治发展的基本要求，也是提供社会凝聚力、提高公共道德的必要制度。然而，民主不是一蹴而就的事情，而是一个需要永远努力和不断投入的过程。香港的民主化也不是举行一次或几次行政长官普选和立法会议员普选就能够顺利完成的，而是要全体香港人在《基本法》和"一国两制"的大框架下不断努力、博弈、协商和相互妥协，才能建立起具有香港本土特色的民主政治制度。

---

① 〔英〕杰弗里·托马斯：《政治哲学导论》，顾肃、刘雪梅译，中国人民大学出版社，2006，第252页。

香港媒体中的内地人形象研究综述及对提升香港青年国家认同的启示

林艺娜[*]

摘　要：近几年，香港人对内地人的偏见在加深，认同感在下降，这引起了社会各界的高度关注。本文采用文献综述法，对中国知网关于香港媒体中内地人形象研究成果进行梳理，发现香港媒体中主要呈现五类内地人形象：内地赴港游客、内地移民、内地普通民众、内地女性与驻港解放军，相关研究分别从不同的视角对五类内地人的媒介形象进行分析。本文通过对这些研究的归纳与整理，试图探讨香港人与内地民众日渐疏离现象背后的机理和实质，提出增进香港青年对国家认同的思考与建议。

关键词：香港媒体　内地人形象　国家认同

近年来，香港与内地的文化、经贸交往日益频繁，然而，在两地融合的主题下，由于历史、制度、文化和习惯等方面的差异，两地民众发生了多起冲突事件，矛盾日益加深，伴随而来的是香港人对内地人的疏离和排挤。香港中文大学的一项民意调查显示，香港人的"港人身份认同"越来越明显，有23%的受访者选择纯粹"香港人"身份，是自2008年以来的新高；认同自己纯粹是"中国人"的受访者只有12%，是1997年回归以来的新低点。[①]

---

[*]　林艺娜，中共佛山市委党校统战理论教研部副主任。

[①]　《"港人身份认同调查"引争议》，http：//finance. people. com. cn/n/2012/1113/c1004 - 19560482. html，2012年11月13日。

香港中文大学的此项调查还将受访者分成两批，一批为 30 岁及以下的"80后"，另一批则为"非 80 后"。调查结果发现，"80 后"受访者选择是"中国人"的只有 2.4%，"非 80 后"的比例有 15.9%，显示香港青年一代对"中国人身份"不太认同。香港近两年屡次出现诉诸"本土意识"和"香港人族群身份"的街头行动，有不少香港青年参与其中。香港青年协会 2015 年公布的一项调查结果则显示，香港青年认同自己是中国人的占 62.6%，远低于 2007 年的 92.8%。① 这些调查数据表明，近几年来，香港青年的国民身份认同感在持续下降，自我族群认同表现得更为强势，他们的"香港人"身份意识强于其"中国人"身份意识，甚至有疏离其"中国人"身份意识的趋势。

实际上，香港人接触内地人的数量是有限的，接触的场景和程度也是有限的，因此，各类香港媒体成为香港人了解内地人的重要渠道，它们在内地人媒介形象的构建中扮演关键角色。内地人的媒介形象经过香港报纸、电视、网络等媒介的传播，潜移默化中被香港大众所接受，形成了香港人对内地人印象的参照坐标和评价标准。在香港媒体报道中，大量的负面报道丑化和扭曲了内地人的媒介形象，"内地人"被贴上了各类有损身份的标签，这些"污名化"标签导致香港人在心理上形成一种社会成见，将内地人分离为"不同的"群体，产生了"我们"和"他们"的社会隔离，继而强化了香港人自我族群的认同。正如塞缪尔·亨廷顿（Samuel P. Huntington）所指出的："认同是一个人或一个群体的自我认知，它是自我意识的产物；我或者我们有什么特别的素质而使我们不同于你，或者我们不同于他们。"② 认同意识有对我群一致性的认知，也必然伴随着对他群的排除和隔离。由于对内地人形象的负面认知在加深，香港人进一步划定了自我族群的边界，削弱了其对"中国人"身份的认同。

本文旨在梳理、总结当前关于香港媒体中的内地人形象的研究概况，指出其特点及不足之处，探讨香港大众传媒对内地人形象的构建与香港青年对国家认同二者之间的内在联系，以期不仅对研究者，也对政策制定者有所帮助。

---

① 《调查：香港青年对内地认同感下降偏见加深》，http://hm.people.com.cn/n/2015/0116/c42272 - 26396289.html，2015 年 1 月 16 日。
② 〔美〕塞缪尔·亨廷顿：《我们是谁？美国国家特性面临的挑战》，程克雄译，新华出版社，2005，第 20 页。

一　香港媒体中内地人形象研究的文献分析

（一）文献的年份分布

为了梳理香港媒体中内地人形象研究的状况和主要观点，基于"中国知网"中的"中国期刊全文"、"中国优秀硕士学位论文全文"、"国际文献总库"及"中国会议"四个数据库，分别以"香港媒体内地游客"、"香港媒体大陆形象"为检索词，以"全文"为检索项，以"模糊"为匹配类型，时间不限，搜索关于"香港媒体中的内地人形象"的文献，搜索到文献共计192篇，剔除掉与本文研究不相关的内容后，有效样本量为29篇，可见，内地人形象的研究目前来说还是比较有限。通过对文献发表时间的统计分析，可以了解香港媒体中内地人形象研究的发展趋势。如图1所示，香港媒体中内地人形象研究的第一篇论文出现在2007年，即石川和顾涵忱的《族群认同与香港电影中的"北佬"形象》。[①] 2007年是香港回归十周年，十年间，香港与内地在经济和文化上的交往日趋频密，两地民众沟通与交流增多，香港媒体中的内地人的形象趋于多样化，研究者开始涉及"香港媒体中的内地人形象构建"这一课题，这是研究的起始阶段。随着"自由行"常态化，内地民众赴港游览人数不断递增，两地民众的互动不断深入，冲突与摩擦也相应增加，内地游客与港人发生口角、"双非"孕妇赴港产子等话题持续受到舆论的关注。2012年春节期间，一段内地小童在香港地铁上进食的视频引发了两地网民的激烈争论，诸如此类两地民众摩擦事件的多发，使得两地怨气加重，港人国民身份认同的话题有所升温。2012年，香港中文大学传播与民意调查中心进行了一项"港人身份认同调查"，结果显示，港人的国民认同感是1997年回归以来的新低点，有香港媒体的报道将调查结果解读为部分港人"抗拒中国人的身份"。[②] 本年度，"香港媒体中的内地人形象构建"为更多的研究者所关注，相关研究增多，2011年论文发表量为2篇，2012年则为4篇，2013年增加至7篇。

---

① 石川、顾涵忱：《族群认同与香港电影中的"北佬"形象》，《文化研究》2007年第11期。
② 《"港人身份认同调查"引争议》，http://finance.people.com.cn/n/2012/1113/c1004－19560482.html，2012年11月13日。

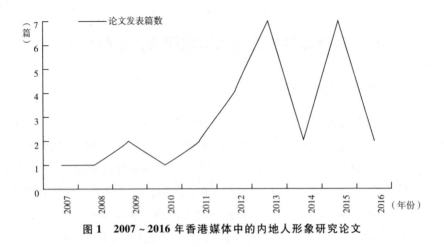

图1　2007～2016年香港媒体中的内地人形象研究论文

（二）　文献的主题分布

从文献的研究主题分布来看，赴港游客形象、香港媒体中的移民表述、香港影视作品中的内地人形象、影视作品中的内地女性形象、香港新媒体中的内地人形象、香港报纸中的内地群体形象、驻港部队的媒介形象、港人国民身份认同等问题是研究关注的领域，文献的主题分布见图2。

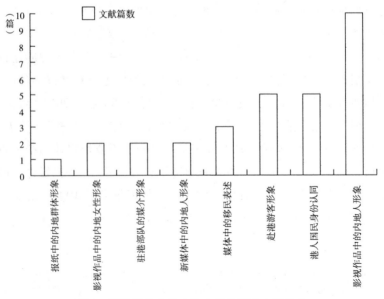

图2　香港媒体中的内地人形象研究主题分布

二　香港媒体中的五类内地人形象：研究内容与视角

对香港媒体中内地人形象的研究文献进行梳理，发现香港大众传媒主要呈现了五类内地人形象，包括内地赴港游客、内地移民、内地普通民众、影视作品中的内地女性和驻港解放军。其中，香港媒体对内地赴港游客、大陆移民和内地普通民众的呈现绝大多数带有倾向性的负面形象，只有影视作品中的内地女性角色塑造有所转变，呈现出一定程度的正面形象。此外，驻港解放军也是内地人群体的重要组成部分，这一群体备受香港媒体的关注，相关的研究文献发现，驻港解放军以积极的公众沟通获得了香港社会的接纳。香港大众传媒所构建的五类内地人媒介形象，对香港民众认知内地人群体产生了很深的影响，同时又塑造了香港民众对内地人群体的情感和态度。

（一）内地赴港游客：两个视角及对策研究

2003 年内地游客赴港"自由行"制度开始实施，并在 2004 年由第一批开放"自由行"的 4 个城市扩展至华南及华东的 32 个城市，内地游客迅速成为香港旅游市场的主体客源。根据香港政府统计处的数字，从 2001 年至 2006 年期间，内地赴港人数从每年的 445 万激增至 1360 万，在旅游收入方面，由内地游客所贡献的旅游收益由 2001 年的 158 亿港币增长到 2006 年的 397 亿港币。"自由行"的联动效应让香港的零售业、酒店业、运输业、金融服务业等相关产业纷纷受益。① 与此同时，一些普通港人却逐渐感受到，内地"自由行"游客大量到来，令香港居民的普通日常生活受到严重挤压，如物价上涨、交通紧张等，"双非"孕妇赴港产子问题更是挤占了香港的医疗卫生资源和教育资源。开放"自由行"的巨大社会成本，由大多数的香港市民来承担。此外，内地游客在香港的诸多不文明行为被广泛报道，引起了港人的强烈反感。香港民众与内地游客之间的摩擦时有发生，"内地赴港游客"成为香港媒体关注的焦点，这一群体屡现报端，内地游客形象建构问题受到了研究者的关注。

---

① 《十年记忆：香港开放内地居民个人游》，http：//news. qq. com/a/20070615/002355. htm，2007 年 6 月 15 日。

一些研究从媒介效果的角度，探索研究香港媒体报道内地游客的方式及特点。[①] 选取纸质媒介为对象，对香港媒体的报道形式、报道主题、报道事件性质及报道态度等进行分析，从而发现有关内地游客的报道中正面事件的报道数量相当少，而报道的负面事件中最多的是内地游客的不文明现象。有研究以旅游纠纷报道为对象，联系现实个案，分析香港媒体旅游纠纷报道中的语义，反映出众多港媒报道中的明显倾向性，[②] 这些报道强化了对内地赴港游客的社会偏见。从媒介效果角度出发的研究中，研究者提出的对策落脚点在香港媒体，提出为了减少两地民众的认知差异，增进理解和沟通，香港媒体应重视正负新闻的平衡性，最大限度地保证新闻的客观与真实。

也有研究[③]从旅游目的地居民对旅游者行为感知的角度，分析香港居民对内地游客旅游行为的感知态度，进而探讨其感知与态度的影响效应。实证分析反映出部分香港居民对内地游客持有负面的感知与态度，这种负面感知态度集中体现在对于内地游客不文明旅游行为的针对感知。研究还涉及香港社会对内地自由行的情绪反应，[④] 认为香港社会对内地游客赴港旅游的态度出现了政府企业的"爱"和底层市民的"恨"两极分化的现象。政府须制定内地赴港游客的合理容量，同时针对因两地商品质量、政策不匹配而造成的水货走私等问题制定有效政策，从而解决旅游负效应引起的问题。

（二）内地移民：纸媒和影视作品中的社会边缘人形象

香港是个典型的移民城市，而内地是香港最主要的移民源。1841年香港开埠时，本地居民只有5650人，而到2011年，香港人口已达710万，其中半数左右是外来移民。仅1997年7月至2009年底，就有超过62万内地居民移居香港。[⑤] "香港是移民与流亡者的城市"[⑥]。移民问题多年来一直是香港社会讨论的热点，是不可回避的重要社会症结。关于内地移民媒介形象

---

① 陈美玲：《内地和香港差异视域下港媒对内地游客报道分析》，《东南传播》2015年第1期。

② 白杰华：《旅游纠纷报道存在的问题及对策》，硕士学位论文，内蒙古大学，2015。

③ 文彤、廖海牧：《香港居民对内地游客旅游行为感知研究》，《旅游论坛》2009年第4期。

④ 孙根年、李红、周功梅：《香港社会对内地自由行及入境旅游激增的情绪反应》，《经济地理》2016年第2期。

⑤ 《统计称香港回归后超过62万内地居民赴港定居》，http://news.qq.com/a/20101022/000839.htm，2010年10月22日。

⑥ 〔美〕大卫·波德威尔：《香港电影的秘密：娱乐的艺术》，何慧玲译，海南出版社，2003，第42页。

的研究主要围绕香港中文报纸和影视作品两个方面展开。

探析香港纸媒上的新移民（居港时间不满七年者被纳入"新移民"范畴）形象构建，有观点①认为，香港中文报纸通过有意识地设定报道标题、使用负面的短语和形容词、操纵数据等方式，给新移民群体贴上"贫困、懒惰"的"标签"，从而影响公众对这一群体的认知，公众形成的态度反过来又影响媒体的报道取向，如此，大众媒体和公众之间形成"合谋对话"（Dialogue of Collusion），将新移民群体模板化为"社会问题的制造者"。

电影是社会意识形态的窗口，研究者以不同的理论和视角，关注了香港电影中的内地移民形象这一话题。喻映雪在《80年代以来香港移民题材电影研究》中谈到，早期香港电影中有几种典型的内地移民形象：早年移民抵港的内地人士、妓女、悍匪，这几种移民形象要么土气、落后，要么是社会边缘化的弱者，要么对港人的生存构成威胁。② 这些形象都被建构成为被歧视的"他者"。20世纪90年代后，香港电影中出现的新移民形象"他者化"逐渐消失，更为关注新移民群体的宿命与漂泊，反映全球化的时代背景下人们如何寻求自我身份、自我文化的认同，折射出香港对内地文化从排斥开始隐藏认同。罗任敬在其硕士学位论文《论后九七香港电影的移民表述》中则认为，1997年是一道时间边界，1997年之前的香港电影的移民表述体现了身份的隔膜与疏离，1997年之后香港电影的移民表述则有着更多的切身观察与体会，关照移民群体的苦难与辛酸。③

（三）内地普通民众：传统媒体与新媒体中的形象演变

在香港与内地交往更加紧密，各领域交流不断加强，两地民众互动加深的背景之下，研究者对于内地人媒介形象领域的研究兴趣日渐浓厚。学者们在研究中对内地普通民众（无特定针对群体的整体内地人）的形象演变等问题进行了更多有意义的探讨，有两个代表性的观点值得关注。

第一，在港人自身身份认同的历史变迁下，香港影视作品与传统媒体中的内地普通民众形象发生了演变。有研究者对近30年香港电影塑造的内地

---

① 熊科伟：《香港媒体对大陆移民家庭的偏见性描述研究》，载《媒介化社会的社会文明建构——第四届"华中地区研究生新闻传播学术论坛"优秀论文集》，2013。

② 喻映雪：《80年代以来香港移民题材电影研究》，硕士学位论文，华中师范大学信息与新闻传播学院，2013。

③ 罗任敬：《论后九七香港电影的移民表述》，硕士学位论文，南京师范大学，2014。

人形象进行了梳理和分析，力图描绘出 30 年来香港电影塑造的内地人形象的文化流变轨迹。① 提出流变过程分为四个时期（见图 3）：回归前严重的偏见期，对内地人形象的极端化呈现；矛盾的过渡期：将内地人塑造成入侵和掠夺香港社会的"他者"；回归后的融合期：对内地的小人物表达平和的关照；后 CEPA（全称《内地与香港关于建立更紧密经贸关系的安排》）时期：对内地人形象的"去身份化"。

图 3　香港电影中内地人形象的流变过程

有研究指出，港剧中内地人形象的演变呈现出三个阶段：从遥远极端的"北佬"，到多元混杂的远亲，再演变为身份模糊的"同胞"。②

也有研究以香港英文报纸对内地人的新闻报道为研究对象，结合内容分析和个案分析，试图挖掘在香港人身份认同的历史变迁下，内地人形象的演化过程。③ 并认为，香港人的身份认同变迁分为三个时期：恐慌迷惘期、试图融合期与矛盾抗拒期。对内地人的形象评价也相应地反映为：在港违法的内地人、一掷千金的内地人以及抢夺资源的内地人。不管是对影视作品还是对传统媒体中的内地普通民众形象进行的思考，最终均回归到香港人对身份认同的问题上，认为内地人形象演变的反复是港人身份认同的角力。

第二，香港新媒体中的内地人"新形象"逐步被构建。在以往的研究中，已出现专门探讨香港报纸、电影、文学作品中的内地民众形象的研究，然而，对于香港居民，尤其是香港的青少年而言，网络媒体是他们获取信息的主要途径，影响程度甚至高于传统媒体，但是 2015 年以前研究者对于香港新媒体中的内地人形象建构问题并没有赋予关注。2015 年黄荟云的学位论文《框架视域下的新媒体传播与群体形象构建——基于香港高登社区的

---

① 赵慧：《近三十年香港电影塑造大陆人形象的文化流变（1980—2011）》，硕士学位论文，渤海大学，2012。

② 任思燕：《近三十年港剧中内地人形象演变与身份认同》，硕士学位论文，南京师范大学，2013。

③ 冯枫：《身份认同与香港英文报纸对内地人形象建构研究》，硕士学位论文，上海外国语大学，2014。

内地人形象分析》关注到了这一话题，拓宽了研究的视野，呈现出研究的亮点和新意。① 这一论文联系传播理论，选取香港最具影响力的网上论坛中与内地人有关的帖子进行样本分析，研究发现，内地普通民众是香港网友最为关注的内地人群体。通过对比，发现在香港网络论坛上，有别于传统媒体中的"暴发户"和"土包子"，内地人正在逐步被构建为以"蝗虫"为代表的"新形象"。这样的形象是建立在网友对内地游客认知的基础上，并被网友放大到整个内地人群体。研究的主要结论有三点：第一，香港青年群体对内地人整体构建出了较为负面、消极的形象框架。究其缘由，与内地本身在经济上的显著发展与社会改革进程中的一系列突出问题之间的差距有密不可分的关系。第二，港人对内地人的负面形象感知会对两地关系产生不良影响。第三，较之传统媒体，网络新媒体对于内地人形象框架构建更具优势，这种优势源于受众可以更大范围地参与框架的建设。

（四）内地女性：影视作品中的形象变迁

关于内地人媒介形象的研究中，一部分文章以女性主义的视角，将香港媒体中的内地女性形象作为研究重点，着眼于香港电影中内地女性形象的变迁。如《香港电影中的内地女性形象》，研究者从香港人身份认同的角度切入，分析了20世纪70年代以来香港电影中内地女性形象的演变。② 研究认为，出于港人满足自我建构的需要，早期香港电影中的内地女性形象是奇观化与威胁性的"他者"，例如缺失女性特质的内地赴港公干的女公安干警，又或是来自内地的"北姑"；回归前港人出于矛盾的身份认同，在电影中塑造出既是自我又是他者的女性移民形象。回归后由于两地生活方式相互渗透，港人的国民认同感上升，香港电影中开始出现了美化的"他者"，如美丽知性的内地女性移民。

（五）驻港解放军：以公众沟通实现民众的正面认知

由于部队的特殊性及敏感性，关于香港媒体中的驻港解放军形象的研究相当少，仅有的两篇文章其中一篇来自军事期刊，另一篇则出自新华社

---

① 黄荟云：《框架视域下的新媒体传播与群体形象构建——基于香港高登社区的内地人形象分析》，硕士学位论文，暨南大学，2015。

② 曹娟、张鹏：《香港电影中的内地女性形象》，《电影文学》2011年第14期。

记者。然而众所周知，置身于新闻资讯高度发达的特殊环境，驻港部队官兵的一举一动、言谈举止备受舆论的关注。驻港部队进港前，香港传媒曾就驻港部队总部选址问题进行过一次调查，有80%的市民认为应在偏远的"新界"，这一"民调"的潜台词包含了相当程度的不信任感，因为当时驻港英军的总部设在香港的中心地带——中环。[①] 2011年7月，香港青年民建联用网上问卷形式收集香港青少年对驻港解放军的意见，调查结果发现，有45.6%的受访者对驻港解放军的印象良好，且有67%的受访者认为，香港市民有权利自愿参加解放军。如果解放军能够向港人提供自愿军或非正式军人编队，将会有46%的受访者表示有兴趣参加。[②] 探析香港民众对驻港解放军感知的转变原因是驻港解放军媒介形象研究的出发点。

研究指出，自驻香港部队1997年7月1日进驻以来，截至2012年5月，香港主要媒体《东方日报》《南华早报》《明报》《苹果日报》《文汇报》《大公报》《香港商报》等有关驻军的文字报道达6190篇。凤凰卫视、亚洲电视、无线电视、有线电视、香港电台等电子媒体报道2000余条。[③] 香港媒体对驻军的报道历经三个阶段：1997年7月至1999年初的高度关注阶段，月平均报道高于50篇；2000年至2007年，从新闻性报道向深度报道过渡，月平均报道30篇；2008年至2012年的平稳发展阶段，月平均报道降至20篇。香港媒体对驻军的报道呈现多元化特点，但无论报道的差异有多大，正面、客观报道始终占据主流位置。[④] 多年来对驻军组织的军营开放、青少年军事夏令营等公开活动，未出现任何负面报道。究其原因，一方面是驻港部队严格自律，另一方面还在于驻港部队遵循香港媒体运作规则，通过开办军事夏令营、军营开放媒体观摩体验等公众沟通活动主动加强与香港社会团体、香港市民和香港媒体的良性互动，实现了香港社会对驻港解放军"从陌生、排斥到接纳、再到认可"的态度转变。

---

①　《严守纪律、受人尊敬——香港人眼中的解放军驻港部队》，http：//news. sohu. com/40/47/news201954740. shtml。

②　《驻港部队形象良好　67%受访港人盼有权自愿参军》，http：//news. xinhuanet. com/mil/2011 - 08/02/c_121758322. htm。

③　赵东、刘汉卿：《香港媒体有关驻军报道的变化及思考》，《军事记者》2012年第10期。

④　《驻香港部队15年新闻宣传工作的实践与探索》，http：//news. xinhuanet. com/newmedia/2012 - 12/20/c_124122069_2. htm。

三　香港媒体中内地人形象研究的特点及不足

不难发现，香港媒体中的内地人形象研究总体上呈现出几个特点，也存在着一定的问题，两者都为今后的研究做出了有益的提示。

一是关注现实的思维导向下实证研究趋于细化。如在对虚拟社群、公众舆论的研究中，研究往往是从具体网络社区、特定的传播媒体入手，进行传播特点、传播意图、引导方式的具体分析论证；一些研究文章呈现出深入细节、聚焦微观的特点，联系现实个案，进行个案考察，增强了理论研究的说服力。

二是结合实践力图多维度多方法推进内地人媒介形象的学术研究。一些研究力求通过实证分析方法，对香港报纸、网络社区进行量化分析；一些研究致力于文本内容的分析，以期更清晰地构建媒介塑造社会偏见的路径；一些研究着重于中外电影对群体形象构建的文化比较分析，为两地文化的融合寻找切实可行的途径。这反映出量化和质化研究相结合的学术研究诉求，为今后的研究提供了有价值的研究思路。

三是注重学科交叉和融合的研究之路。跨学科的交融是近年来学科研究的一个明显倾向，这一特征在内地人媒介形象研究中也得以体现。如在媒介对特殊社会群体的形象构建研究中，借鉴了社会心理学的分析范式和理论工具；对于社会情绪反应的研究，借用经济学和旅游影响理论；心理学与社会认知理论相结合的研究也显示出跨学科的意味。

但也应当看到，研究中也表现出明显的不足：关于香港媒体中内地人形象的研究总体呈升温趋势，但这一领域仍未受到研究者的广泛关注，因而可供研究分析的样本数量偏小。一些研究成果只是流于表面的应时之作，有的只是做动态变化的经验总结。研究方法方面，有些实证研究选取的媒体样本代表性不足，有较大的局限性。在提供解决方法的研究上，多为互相重复且大而化之的建议，有些是头痛医头式的被动应对策略，实践意义不大。一些文章虽然注意到了细微的角度，但难以抽象出有价值的理论观点。此外，问题导向和论证过程也有待于深化，研究视野仍须进一步拓展。这些都有待今后的研究加以调整和改进。

四　污名化的影响

梳理有关香港媒体中内地人形象的研究，发现不管是香港大众传媒还是香港民众，对于内地人的认知明确表达出各种负面评价，甚至是一些超出客观事实的负面评价，实际上这是对内地人群体的污名化现象。本文试图探讨对内地人污名化起到的建构地域族群边界的作用，对这一问题的研究有助于揭示香港人和内地民众日渐疏离现象背后的机理和实质，有可能为促进两地民众的融合提供解决问题的思路。

（一）　内地人媒介形象负面化形成了公众污名

污名（stigma）、污名化（stigmatization）等核心概念由美国社会学家戈夫曼（Erving Goffman）提出。德国社会学家诺贝特·埃利亚斯（Nobert Elias）将污名化界定为将人性的低劣强加于一个对象和加以维持的动态过程。[①] 科瑞根（P. W. Corrigan）在戈夫曼的研究基础上进一步完善了污名化的概念。他认为，污名由公众污名和自我污名构成，公众污名是一般意义上的社会群体对某个受污名群体形成的负面的刻板印象；自我污名则是伴随公众污名形成之后而出现的自我低评价。[②]

在戈夫曼看来，"在任何人身上，都不存在一种内在特征使他们被污名化。"[③] 也就是说，污名化实际上是一个社会建构的过程，一个群体被污名化并非因为其自身特征所导致，而是因为社会、文化因素等导致了污名的构建。污名化过程包含了施加污名者和承受污名者，当内地人的媒介形象被贴上负面标签并形成污名后，内地人就成了与香港人有显著差异的"他者"。诺贝特·埃利亚斯认为，污名化反映的是两个社会群体间的一种单向"命名"的权力关系。污名化形成的基本过程包括了贴负面标签、区别对待、产生社会隔离、承受污名者地位丧失、形成污名，最终公众污名化形成这几

[①] 王向然：《污名化与族群关系研究——基于西安地区河南人群的调查》，博士学位论文，中央民族大学，2013。

[②] 王向然：《污名化与族群关系研究——基于西安地区河南人群的调查》，博士学位论文，中央民族大学，2013。

[③] S. C. Ainlay, L. M. Coleman, G. Becker, "The Dilemma of Difference: A Multidisciplinary View of Stigma," *Stigma Reconsidered*, ed. S. C. Ainlay, G. Becker, L. M. Coleman (New York: Plenum Press, 1986).

个步骤。在这个动态的建构过程中，处于强势的实施污名者通过贴标签将被污名者的某些负面特征加以扩大，直至形成固定的刻板印象，这是污名化的第一步。第二步是由刻板印象导致偏见的产生。偏见属于态度的范畴，心理学家阿尔波特认为，偏见是基于错误和固执的概括而形成的憎恶感。[①] 一旦形成偏见，就会仅仅根据某些群体的成员身份而对其形成一种否定或敌意的态度。偏见继而导致歧视这一行为反应，即对承受污名者不公平的对待。

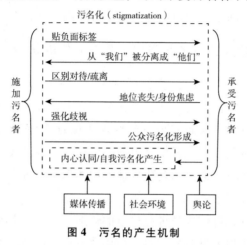

图 4　污名的产生机制

资料来源：〔美〕欧文·戈夫曼《污名——受损身份管理札记》，宋立宏译，商务印书馆，2009，第 24 页。

在香港大众传媒中所主要呈现的五类内地人形象：内地赴港游客、内地移民、内地普通民众、影视作品中的内地女性和驻港解放军，在他们当中，影视作品里出现了美化内地女性的形象，但这一类人物形象毕竟带有虚构的成分。而香港青年民建联的一项调查结果显示，74.2% 的受访者对驻港解放军的印象主要来自媒体报道，[②] 香港媒体对驻军的报道以正面和客观的占主流地位，相应地只有这一真实群体获得了香港社会很大程度的正面认知。

而事实上，香港媒体的报道策略以"负面叙事"最为突出，尤其对于社会新闻类报道，香港媒体尤其关注社会的阴暗面和渲染悲情，以抓住读者眼球。而在叙述手法上，一些香港媒体由于其市场化导向，对新闻报道极尽夸张煽情之能事。同时，绝大部分香港媒体都是私人所有，有其各自所属组

---

① 杨心德、彭丽辉、黄莺：《污名及其有效的应对策略》，《宁波大学学报》2009 年第 1 期。

② 《驻港部队形象良好　67% 受访港人盼有权自愿参军》，http://news.xinhuanet.com/mil/2011 – 08/02/c_121758322.htm。

织，报道相应体现其组织的政治立场和倾向性，因此一些香港媒体对内地新闻体现出负面的价值取向和情感倾向。"在两地的文化摩擦上，香港媒体不仅对具体问题添油加醋，还经常拔高一些具体摩擦的性质，烘托对立。"①在言论偏颇、挑起读者情绪的负面报道中，内地赴港游客、内地移民和内地普通民众的媒介形象被贴上"贫困"、"懒惰"、"落后"、"土气"、"蝗虫"等各类"污名化"的标签，这些标签导致香港民众对内地人在文化和心理上形成思维定式，随之产生对内地人这一群体的公众污名。

（二）对内地人的污名化强化了香港人族群认同

特纳（Turner）提出的社会认同理论（social identity theory）观察到，人们为了维护己群的社会同一性，会在某些方面比较己群体和他群体，偏爱己群体，贬低他群体，从而满足自己追求积极自我评价和自尊的需要。因此，污名化他群也是增强己群凝聚力的有效途径。香港人选择一些文化、制度上的差异作为标志，通过污名化内地人群体划定了香港人族群的边界，产生了自我满足的优越感。

而在族群内部，群体成员进行信息的传递、交换、归类、整合，成员之间传播和共享对内地人群体的评价。群体内成员对内地人的评价不会完全相同，但在信息的交换和传播过程中，一些支持对内地人刻板印象的信息被有意选择，一些反刻板印象的信息被有意忽略，最终群体意见趋同（见图5）。这一群体认识趋同的过程在网络社区的意见整合中表现得尤为明显，在香港的一些网络社区中，专门开设有讨论内地人群体的论坛，论坛中对内地人形象评价中立或正面的帖子往往无人问津，而呈现内地人负面形象的帖子则通常引发意见统一的回复。意见趋同的结果形成了绝大多数香港网民对内地人形象的负面认知，进而造成他们对内地人抵触的情绪和行为，最终产生对内地人群体的污名化。另一方面，根据社会认同理论，共同评价和共享信息的过程会进一步拉近群内成员的关系，促进群内成员产生亲密的情感和群体的一致性。

污名化在族群边界的建构中还起到有力的动员作用。当污名化行动被有组织地操纵，可以快速建构族群，迅速引发社会分裂和族群冲突。② 香港的

---

① 《环球时报刊文：香港媒体频繁炒作"中港矛盾"》，http：//politics. people. com. cn/n/2013/1015/c70731 - 23201144. html。

② 王向然：《污名化与族群关系研究——基于西安地区河南人群的调查》，博士学位论文，中央民族大学，2013。

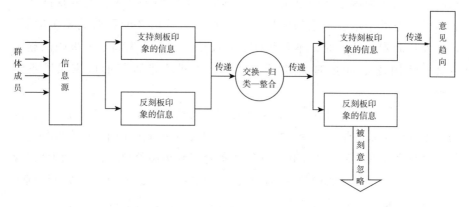

图5　群体意见趋同流程

一些极端政治团体充分利用两地交往过程中产生的问题激化内地人和香港人之间的矛盾，污名化内地人群体，煽动香港人的对立情绪，促使香港社会特别是年青一代产生"去中国化"的动向，在诉诸"本土意识"的街头行动中以"中国人滚回中国"、"我不是中国人"等口号将内地人定为攻击对象。通过有意识地操弄香港人的族群意识，这些政治团体得以实现其政治目的，为其个人或所在组织谋得相应的社会资源、权力资本和利益。在政治利益的引导下强化内地人和香港人族群的做法，对两地民众的交往与融合起到阻碍与隔离，甚至引发族群关系的撕裂。

五　增进香港青年国家认同的思考与建议

对内地人的污名化强化了香港人尤其是香港青年的族群认同意识，近几年香港屡次出现诉诸"本土意识"或以"争取社会公共利益"为名但以内地人为攻击对象的街头行动，参与者呈现低龄化倾向。2015年香港新界发生的多起"反水货客"示威活动，核心成员多为年轻人。香港警方在示威活动中以涉嫌破坏社会安宁罪名拘捕了7名示威者，他们的平均年龄只有17岁，其中最小的年仅13岁，是名初中二年级的学生。近年来成立的一些极端本土派政治组织的成员也以青年人为骨干，例如"本土民主前线"的成员约有60人，其中"90后"占90%，另一个激进政治组织"全国独立党"成员的年龄介于21岁至34岁之间。香港青年一代的本土认同出现了滑向分离主义的极端化动向，对此我们应高度重视。"香港人的本土认同和国家认同总是交织在一起，当这两种互为补充的认同达到和谐时，有助于增强国家的凝聚力。相反，一旦两者的和谐关系被削弱，甚至发生激烈的冲突时，本土认同走向极端，就会产生离心力极强的族群主义，使国家认同出现危机。"① 为此，增进香港青年的国家认同不容忽视。

第一，加强政府引领，构建多元化的公民教育课程。一些研究族群认同与国家认同关系的学者认为，培养国家认同或国民身份认同，最有效的途径是公民教育实践。西方许多国家将公民教育提到很高的位置，法国的公民教育由国家直接干预，法国教育部负责公民教育统一标准的制定，设置课程年限和教育大纲，规定教材和参考资料内容，任何人不得更改。

有鉴于此，香港特区政府在公民教育政策上应加强政府的引领作用，引导构建多元化的国民教育课程体系和内容。首先是把历史文化教育作为强化国家认同感的纽带，提升对香港青少年的中国历史教育，使香港学生了解中国的历史发展和取得的成就。港英政府时期的中国历史科大量删减介绍近代中国的内容，2000 年特区政府取消了中国历史作为初中必修科的规定，2009 年进行的课程改革又大幅削减了选修科目，学生多选择容易修读的科目而舍弃内容较多的中国历史，造成青年一代的历史意识断层，因不了解历史而对国家产生误解甚至抗拒。只有了解国家历史，才能清晰地知道自己来自哪里，才能增强民族自信心和国民自豪感，才能提高向心力和凝聚力。其次，公民教育的课程应分阶段进行，具体而言，在小学阶段主要是培养对国家标志物，如国旗、国歌、重要人物的认知，学习关于政治、政府和历史的基本常识；在中学阶段的公民教育内容则有一定深度，重点放在政治制度、政治运行过程等内容，使学生认识到自己享有的公民身份，明确公民的权利与义务。此外，还应为教师设立与国民教育相关的培训课程，例如为香港教师提供赴内地交流学习机会，结合国家改革开放成就和两地融合等议题开展参观访问，让香港教师了解国家的现况与发展，加深对推行国民教育的认识。

第二，拓展沟通的方式方法，广泛开展两地社会交往。社会心理学理论表明，沟通是解决群际冲突的最佳方法，广泛开展两地社会交往有助于促进融合。（1）增进内地与香港的文化交流。"文化认同在两地交流中的功能不

---

① 辉明、徐海波：《香港人双重身份认同评析》，《岭南学刊》2016 年第 2 期。

容忽视，两地政府应该大力提倡文化交流理念。"① 开展香港青少年文化寻根之旅，让青少年深入了解国家的历史文化，寻找民族文化根源；运用青年人喜爱的方式，采取公益跑步、音乐表演、青年交响乐团交流演出等交流方式。在文化交流互动中消除群体之间的偏见，逐渐形成对香港文化与内地文化双文化认同的趋向。（2）创新两地青年交流模式。邀请香港青少年定期到内地的政治、经济、文化机构参观，增进了解，强化认同；扩大资助香港青年到内地实习的名额，加深香港青年对内地政府或内地企业运作的认识，提升他们对"中国发展机遇"的感受，增长香港青年到内地工作的意愿；鼓励两地青年参与公益志愿服务交流，开展支教助学、文化推广、医疗服务等各种范畴的义工服务；设立创业基金，支持香港青年充分利用内地的资源和商机创业；研究证明，不同群体之间的通婚有助于促进族群关系的融洽，举办形式丰富的两地青年相亲活动也为两地跨境婚姻搭建了桥梁。（3）"走出去"与"请进来"相结合。以往对港交流更多是"请进来"，今后还要注重"走出去"。心理学的研究表明，刻板印象的改变必须满足两个条件：一是接触到的外群体成员要表现出与刻板印象不一致的行为，二是这个成员还要被认为是该外群体的典型成员。② 鉴于此，今后开展两地的校际交流，应建立两地优秀学生互读制度，安排内地优秀学生赴港交换就读，实现两地学生的广泛交往，也对香港学生产生正面的激励作用。另外，还应安排熟悉香港和内地的学者赴港举办讲座，向青年讲解国家的发展战略及对外关系。两地交流计划的各个环节应制度化，并将责任考核和激励要素纳入其中，确保交流计划取得实效。

　　第三，培育共同利益，形成"命运共同体"认知。现实利益冲突理论（realistic conflict of interests theory）认为，对利益的争夺会造成群体间的摩擦和冲突。群体中社会地位较低者比社会地位较高者对污名化对象表现出更强的排斥态度。③ 一方面，长期以来，香港人对于内地一直有高人一等的优越感，但近年来，内地经济高速发展，香港的竞争力则不进反退，面对这种新形势，一些港人失去了自信，部分香港青年看不到出路，产生了心理焦

---

① 何志平：《香港青年：问题与出路》，《港澳研究》2015 年第 1 期。

② 翟成蹊、李岩梅、李纾：《沟通与刻板印象的维持、变化和抑制》，《心理科学进展》2010年第 3 期。

③ 王向然：《污名化与族群关系研究——基于西安地区河南人群的调查》，博士学位论文，中央民族大学，2013。

虑。另一方面，在两地交往过程中产生的一些问题造成香港市民的基本利益受到影响，如前几年备受关注的大量"双非"内地孕妇赴港产子问题，港人认为原本所拥有的公共资源被侵占。而内地游客赴港自由行的政策，因为没有充分考虑到香港接受内地游客的空间和接待能力，令香港人感受到生活空间被挤占。凡此种种，造成香港民众对内地的排斥和抗拒。

为此，中央和特区政府有必要调整相应政策的制定，一是两地政府主导的合作应充分把握民意走向，在政策层面预防两地交往过程中的矛盾和冲突。二是中央制定的惠港政策应更多关注基层市民的利益，通过调整利益分配格局，让利益惠及广大香港市民。三是加速两地经济一体化进程，实现两地同发展、共进步，使香港民众认识到内地是香港经济发展的强大依托，从而培育共同的利益认同。

第四，善用新媒体手段，拓宽公众沟通渠道。（1）积极探索对香港青年的政治吸纳途径。通过梳理文献，发现驻港解放军是获得香港民众正面认知程度最高的一个群体。香港中文大学的一项调查结论显示，过去10多年来香港人对国歌或解放军等国家象征自豪感上升，1996年，只有10%的受访者对解放军有好感，及至2012年已增至21.5%。[①] 因此，驻港解放军与香港公众沟通的做法值得研究借鉴。应积极探索采取政治吸纳途径，例如对香港市民参军入伍为国防事业贡献力量的意愿诉求积极回应。当前港人参军的法理依据尚未建立，短时期内港人的从军愿望难以实现。中央可否从法律依据、可行性等多方面积极探索，如成立辅助部队"后备役志愿军"等，让香港人自愿加入解放军，有利于培育其国家意识。（2）树立互联网思维。注重运用新媒体手段，变传统内容输出为信息化的产品输出。如针对香港青少年缺乏对中国历史的认识，设立"中国历史网"，为香港青年更好地认识国家历史搭建网络平台。

污名化理论告诉我们，对一个群体的污名化一旦形成，除非该群体具有足够的资源和影响来左右公众对其行动的态度，否则污名难以消除。因此，未来伴随着内地与香港两地民众的日渐融合、族群边界的逐渐模糊、香港人对国家认同的增进，内地人的污名化相应消除也是题中应有之义。

[①]　《"港人身份认同调查"引争议》，http://finance.people.com.cn/n/2012/1113/c1004 - 19560482.html。

论新阶段完善香港政制发展的难点问题

张树剑*

摘　要：在新的历史阶段，香港政制发展状况令社会各界感到沮丧，香港社会面临前所未有的挑战。香港政制发展的内外矛盾、"三权分立"的政制实践、香港与中央关系的终极挑战、中国国际地位的崛起和香港抛弃传统优势的交互效应等方面暴露出的问题，成为完善香港政制发展的难点问题。如何化解这些矛盾、处理好中央与香港关系，将影响未来香港的政治走向。

关键词：香港政制　央地关系　基本法

香港回归祖国已近二十年。结合国际经济、政治大趋势来看，香港在原有优势领域的光环有所减退，然而舆论并没有就此表达过多的焦虑，倒是回归后香港社会在政治方面的风云突变，特别是香港与中央的关系这一中国《宪法》《香港特别行政区基本法》所最为关注的问题，持续引起了国内外的高度关注。其中，从香港社会内部的视角分析，香港政制的发展状况令社会各界感觉如鲠在喉，担心一旦没有解决好政制完善的大课题，香港社会将面临前所未有的被撕裂风险。特别是 2014 年夏天发生的"占中"事件、2015 年香港立法会否决中央关于香港政改的方案、2016 年新一届立法会候任议员宣誓事件，迫使人们思考在新的阶段完善香港政制发展的各种难点问

---

* 张树剑，深圳大学城市治理研究院/深圳大学当代中国政治研究所副教授。

题，以求保持香港持续的繁荣与稳定。本文试图解释其中的一些香港政制发展过程中的独特现象以及中央与香港在《宪法》和《基本法》框架下的关系问题。

一　香港政制发展的新阶段及其内外矛盾

1. 香港社会政治属性的历史与现实

政治历来不是香港社会的主流表现形式。无论香港作为中国的固有领土，在中国统治下，还是英国用武力占领香港、管辖香港，香港都从来不是一个政治实体，从不享有任何独立的主权和治权。[①] 香港社会缺乏政治上的归属感，这是一直以来的现实，是历史决定的。香港社会这样的属性与新中国成立时中英两国的政治默契不无关系。[②] 中国出于经济和外交以及国际格局的考虑，没有在 1949 年直接收回香港，而是当解放军推进到深圳河时突然停止前进，英国在这个时机抢先承认了新中国，于是香港又有了在英国管治之下 40 余年的历史。[③] 香港给世人的印象，只是一个经济上高度发达的城市。若不是中国经过谈判恢复行使主权，又有谁会料到如今香港的政治发展，会成为众人关注的话题。

香港社会在民主的道路上，并没有经历过历史阶段性的大开大合，其间民主发展的标志性事件，并非宏大的社会或者制度拐点，英国更是从未打算给予香港社会这样的机遇。换句话说，香港的政治人物或者说领袖阶层，从未尝试用民主的手段来改造这个社会的意识形态和政治生态。但是在 1997 年香港回归前的十几年时间里，香港的民主生态的的确确被末代港督彭定康操弄过一次，而且那一次政治操弄给香港社会带来了长期的影响。经历了百年经济增长和集权统治的香港社会一夜之间被急速配给了意想不到的民主进程，港英当局这种拔苗助长式的民主加速行为，让香港社会来不及适应，并且为之后香港与中央的关系出现不利的局面埋下了伏笔。

众所周知，最近几年，香港社会内部在政制发展方面表现出来的张力前所未有，部分社会力量加速冲撞中央和《基本法》的底线。2014 年夏天的

---

① 董立坤：《中央管治权与香港特区高度自治权的关系》，法律出版社，2014，第 22 页。
② 王赓武：《谈香港政治变迁》，载刘青峰、关小春编《转化中的香港：身份与秩序的再寻求》，香港中文大学出版社，1998，第 31～32 页。
③ 李昌道：《香港政治体制研究》，上海人民出版社，1999，第 51～52 页。

"占中"事件，紧接着 2015 年立法会又否决了中央酝酿很久的政改方案，直到 2016 年新一届立法会出现骇人听闻的候任议员"辱华"宣誓事件以及不断出现的激进的"港独"主张，让全世界都开始对香港社会的发展前景觉得迷茫。有较多的分析认为，香港政制发展到这样的局面，原因在于多年来香港社会的阶层分化和贫富差距的扩大。但实际上香港社会分化一直有，香港经济一直以来都是因为背靠祖国大陆才得以发展，这是事实，提出"港独"的主张与解决香港民生、贫富差距等问题根本没有任何逻辑关系。问题的关键更在于香港泛民主派与本土激进派引导香港青年一代不断制造社会政治事件，制造一种"闹事没成本"的氛围，因为香港社会内部已经形成一个闭环，中央对香港事务插手的手段不多，而且国际势力（特别是美国）近年来对香港事务进行干涉的兴趣达到新一波高潮。①

2. 新一届立法会的新趋势

2016 年新一届立法会选举后，泛民主派内部出现了变化。资历较老、相对较为理性的议员落选，而年轻激进的议员补充了进来。这与多年来泛民主派内部的资深政治人物与年轻一代政治代表对各自党派的现状和理念分歧有很大关系。公民党议员汤家骅在 2015 年政改表决后立即宣布辞去立法会席位并退党，其解释主要是认为公民党已与创党时的理念发生严重偏离；民主党资深党员黄成智也因为在政改立场上唱反调，而面临被开除出党的窘境。

新老交替的泛民主派内部呈现一种进退两难的情绪，但是泛民主派缺乏远见与耐心，这会对香港社会发展产生深远的负面影响。随着政改表决的落幕，香港社会长期失去了全面推进民主的机遇，这样的责任不是泛民主派可以负得起的。从历史长河来看，香港的民主才刚起步，泛民主派从来没有历史功绩可言，但是民主的征途却在摇篮里被扼杀，实在令人惋惜。从逻辑上来分析，假如泛民主派真的非常在意选举的实质意义，他们似乎更应该看重与自身，也与整个社会更密切相关的立法会选举，因为泛民主派一直以来视香港代议机关选举制度的弊端为民主政治发展的桎梏，而一旦行政长官选举方案通过，泛民主派距离叩开立法会普选的大门近在咫尺。在这个时候选择放弃，令人难以理解。

3. 激进且令人不安的思潮

泛民主派之外，在香港还有一种情势更让中央不安，那就是本土激进派

催生出来的"港独"思潮。其实说是催生，也并非首次，香港历史上在新中国刚刚建立之初就有本土势力想在新的政治环境下谋求香港新的政治生态，但终究没有在香港形成极大的气候。但是现在的本土激进派的号召力已经将触角伸向基层和青少年一代，他们比老一代的反对派更具攻击性。本土激进的"港独"派的基本理念抑或特点就是：为了争取独立的政治地位，任何违法、非理性甚至暴力的事件都是正当选项，新一届立法会的"辱华"宣誓事件中的两位主角就持有这样的政治主张。本土激进派的抗争行为变得越来越没有法律和道德底线，出现袭击内地游客、使用爆炸性武器等有组织的斗争方式，这让中央对于新阶段香港政制的走向产生了非常强烈的不安。

这种强烈的不安不仅中央有，甚至老派的泛民主派人士也有。李柱铭等老派的泛民主派还争论所谓的剩余权力，而现在的本土激进派连剩余权力都懒得争论，直接和中央摊牌，其后果堪忧。而这样会严重影响香港社会走向的政治趋势。2016年9月新当选的偏年轻、偏激进的泛民主派议员是否有足够多的、负责任的思考和应对不得而知。这样残酷的政治和社会现象留给香港反对派别的空间其实并不大，其最终会以何种形式进行力量的整合，对于香港的立法会，乃至香港社会的意识形态、中央对于香港的政制发展的最后决定，都会产生巨大的影响。

二 香港"三权分立"的政制实践

1. "三权分立"与香港政治的未来

对于香港有没有"三权分立"的政制，香港到底需不需要三权分立，以及为何现在香港部分政治势力在努力做实三权分立体制这样的问题，确实是难以一概而论的。即使在香港社会相当有地位和名望，并且分别出任过香港特区政府和民意机构的政界人士的说法也并非一致。

《基本法》保障香港资本主义制度和生活方式50年不变，但这更容易理解为经济和社会生活方面的体制，至于香港的政治制度，如果完全要与三权分立画等号，这是非常难的。但是在形式上，香港有民选的立法会，并且《基本法》第72条赋予立法会的职权、第83条赋予司法机关的职权都相当大，造成了表象上的三权制衡局面。在近几年的香港政制实践中，泛民主派更是已经充分发挥、扩张了三权之间的互相牵制、否定权力。而本土激进派对于三权分立的政制似乎兴趣不大，只是偶尔拿司法独立来作为保护自己的行为不受中央干涉的挡箭牌。但是在新一届立法会，泛民主派和本土激进派的比例继续增加的情势下，未来反对派在三权分立政制的方向上会不会越来越激进，很难预测，但是对中央来讲，至少不是太乐观。

在得知中国将收回香港之后，港英当局在 20 世纪 80 年代强行仓促推出早熟的代议政制架构。港英政府积极谋求改变立法局构成，扩大立法局的权力，使其从原来殖民统治时期的立法咨询机构逐渐转变为拥有实权的代议机构。[①] 殖民统治时期的总督不再兼任立法局主席，在立法局民选议员逐步增多的情势下，而他们的立场又多与政府不同，故立法局将会变得难以控制，立法局将凭借其特权终究会有一日凌驾于行政机关之上。这也正是港英当局改革的目的所在。[②] 现在香港立法会的体制很难与"一国两制"配合，香港回归后赋予立法会如此前所未有的权力空间，终有一天会成为火药桶。

2. 政党政治

港英当局加速供给香港社会代议政制空间，直接导致的结果就是香港开始政党政治的迅速发展。政党政治很容易与代议政制挂钩，而代议政制要求选民有政治自决权，这种自决权基本等同于国家主权，而香港先天缺乏这种要素。所以要给现在香港政治发展中的政党政治定性非常困难。但是与政党政治有着天然联系的立法机构的选举制度越来越使得政党在香港政制中的分量越来越重，并且议员本身也变得越来越离不开政党组织的支持。

香港进一步发展政党政治，会让中央对香港的影响更加困难，因为越来越坚实的社区、选民基础会让政党对特区行政力量的牵制越来越大，在三权分立政制愈演愈烈的形势下，司法机关和立法机构对特区行政部门的支持会越来越弱，假如中央哪天丧失了选任一个配合中央的特首的能力或者立法会某一派别拥有推翻行政长官决定的多数席位，那香港在政治上将提前进入与中央进行零和博弈的时期。因此，有学者提出要对香港的政党政治发展进行预防，要对具体政党的发展进行法律上的规范。在预防主义的立场下，只要政党的目的及行为表现出反宪制的意图，政党制约机制即可被启动，对其进行规制。这反映了现代民主制度对反宪制政党的自我防卫姿态。[③]

---

① 朱孔武：《香港特别行政区立法会特权与调查权研究》，厦门大学出版社，2016，第 8 页。
② 朱孔武：《香港特别行政区立法会特权与调查权研究》，厦门大学出版社，2016，第 9 页。
③ 林来梵、黎沛文：《防卫型民主理念下香港政党行为的规范》，《法学》2015 年第 4 期，第 20 页。

三 香港与中央关系的终极挑战

1. "港独"问题

对于"港独"思潮，有的学者认为香港没有独立的条件，港人从来没有进行使香港"独立"的政治运动。香港被英国占领后，占香港人口95%以上的华人从未割断与祖国母体的联系，从未否认自己是中华民族的一分子，始终心向中国。[①] 但事实上这次的"港独"思潮比历史上曾经出现过的"港独"力量更具群众基础，这样的群众基础未必理性，但是很现实地存在着。2016年初的旺角骚乱事件并非偶然，其背后的动因值得中央和香港社会深思。

香港依然有可能构成"根本改变或颠覆中国的现状"的一个重要因素。自香港进入回归的历史进程，为避免香港在回归后成为外部势力颠覆国家政权的"桥头堡"，香港基本法起草委员会在起草基本法时就已在相关条文中融入了保障"国家安全"的规范性元素。[②] 然而这样的预设显然没有起到应有的作用。并且，人们一直在忽略一个本应引起高度关注的问题：香港作为直辖于中国中央政府的一个特别行政区，虽然享有中央授予的高度自治权，但这样一个区域性社会及其成员，是否应当承担起对国家的基本政治责任？[③] 因此，从国家安全和香港社会的长期繁荣稳定角度看，对于"港独"的行为，在中央与香港之间，终会有一次甚至多次相当激烈的摊牌和对抗，包括对"港独"行为的法律诉讼行动、全国人大常委会的释法问题，甚至更令人担忧的武力压制等。

2. 《基本法》解释的难题

对于《基本法》的解释问题，主流理论分析基本认为全国人大常委会的基本法解释权是终极的、至上的。全国人大常委会可以解释宪法和法律，并对最高人民法院和最高人民检察院行使监督权。全国人大常委会对《基本法》的立法解释权，相比中国最高人民法院和香港终审法院的司法解释权，有着更高的法律地位。[④] 全国人大常委会授予香港终审法院的基本法解

---

① 刘曼容：《港英政治制度与香港社会变迁》，广东人民出版社，2009，第410页。
② 林来梵、黎沛文：《防卫型民主理念下香港政党行为的规范》，《法学》2015年第4期，第16页。
③ 张定淮：《香港政改的历史与民主政治的发展》，《中国法律评论》2015年第3期，第36页。
④ 梁美芬：《香港基本法：从理论到实践》，法律出版社，2015，第52页。

释权，不是代为行使全国人大常委会的立法解释权，即使最高人民法院的法律解释权也不能认定为立法解释权。① 香港的终审法院即便拥有一般的关于香港法律的解释权，但是一旦发现终审法院的司法解释涉及中央与香港的关系问题，全国人大常委会的释法对香港终审法院的司法解释实际上拥有推翻的权力。

然而，《基本法》第 158 条确实授予了香港终审法院很大的基本法解释权，事实上回归近二十年来，这种解释权越来越与香港本身一直在运行的普通法体系相结合，延伸出了很多司法解释权的范畴。虽然《基本法》规定案件涉及中央管辖的事务或者中央与香港的关系的条款解释时，香港终审法院须在作出终局判决前提请全国人大常委会就有关条款进行解释，但是关于案件是否属于上述类别的决定权在于香港终审法院，而即使有关解释问题提交给了全国人大常委会，案件最后的判决仍由香港终审法院作出。② 而且，自回归后这么长时间内，对于任何有争议的案件，香港终审法院从未有主动提请全国人大常委会解释基本法的行动。不但没有提请，甚至都是抢在中央的决策之前进行判决，以期稳固终审法院在香港政治生态中的至上的裁判地位。《基本法》实施现在看来缺乏一个可靠的监督机制。观察香港基本法实施的监督机制，必须把它放在整个国家的宪法、法律监督制度的框架内，放在整个国家宪政体制的运行轨道上，否则就可能失之偏颇。③

3. 终审权带来的问题

香港司法权的两次大飞跃与中英关系的博弈有很大关系。回归前，香港民主突然被港英当局提速，司法权也获得了可以监督最高行政权力的地位；回归前开始制定的《基本法》授予了香港司法终审权，这在世界上是没有先例的。④ 英国始终都没有给香港终审权。有学者对香港终审法院的终审权提出过类似的看法，认为《基本法》将完全的终审权赋予香港，放弃了中央的司法主权，但香港又是中央主权下的一级地方政府，所以司法主权的唯一性遭遇挑战。⑤ 这确实是事实。

---

① 朱国斌：《香港基本法第 158 条与立法解释》，《法学研究》2008 年第 2 期。
② 陈弘毅：《九七回归的法学反思》，载刘青峰、关小春主编《转化中的香港：身份与秩序的再寻求》，香港中文大学出版社，1998，第 167 页。
③ 邹平学：《香港基本法实践问题研究》，社会科学文献出版社，2014，第 871 页。
④ 刘兆佳：《回归十五年香港特区管治及新政权建设》，商务印书馆，2012，第 209～211 页。
⑤ 闫晶：《〈基本法〉架构下的特区政制及其实践——以香港特区行政、立法、司法的关系为视角》，《行政法学研究》2011 年第 2 期。

关于如何解决这对矛盾，有学者认为一旦香港特区行政长官实行普选产生，就应该取消香港特区的完全司法终审权，或者说是对香港特区的完全司法终审权进行限制。① 有意见提议在香港基本法委员会之下成立一个法律小组，专门就与基本法有关的法律问题进行研究。法律小组由内地及香港司法界代表组成，拥有最终的基本法解释权。② 也有学者认为，香港终审法院与全国人大常委会之间有良好共存的可能，但是制度一定要完善。之前香港终审法院在审理案件时援引过宪法。因此中央可以每次都等香港终审法院的解释意见出台后再看实际效果再做决策，这样的结果取向性也不失为一种妥协办法。③ 终审权带给中央一个大麻烦，如果全国人大常委会不释法，那么香港终审法院的判决就是在普通法传统下有拘束力的终局判例，如果释法，那么每次释法必将被香港社会解读为政治倾向性事件。如果当时《基本法》不授予香港终审法院终审权，或许只能考虑设立最高人民法院香港特别法庭作为香港上诉案件的终审法庭，但那样做又会带来一系列的司法问题和麻烦。

四　中国国际地位的崛起和香港抛弃传统优势的交互效应

1. 中国社会的发展与中央对港政策的可能变化

中国如今所处的国际地位自晚清以来处在最强的阶段，这是笼罩在香港问题之上的重要政治环境。中国有完整的领土治理能力，有统一且强有力的执政党和有效的中央—地方政府体系，周边没有太强大的被侵略威胁，经济发展在国际社会中的分量越来越大，与世界各个地区的国际交往能力显著提高。2014 年 6 月发布的《"一国两制"在香港特别行政区的实践白皮书》第一次提出中央对香港的高度自治权有"监督权力"，白皮书虽无可操作性细则，但这是一个新的角力的开始，香港各界应当充分重视。

任何社会都有现实的一面。香港泛民主派应当充分考虑基本法框架的存在和中资企业在香港经济的分量这两点重大现实。随着中国在世界经济和政

① 王英津：《"双普选"对香港政治发展的影响与应对》，《探索与争鸣》2012 年第 6 期。
② 朱国斌：《香港基本法第 158 条与立法解释》，《法学研究》2008 年第 2 期。
③ 王振民、孙成：《香港终审法院适用中国宪法问题研究》，《政治与法律》2014 年第 4 期。

治舞台的表现，欧美主要大国美国、英国和日本等对华的态度和战略，都在发生实质性的转变。甚至泛民主派议员也承认，自身在与中央沟通方面存在较多不妥的地方。在这样的情况下，随着中国内地以及其他地区的优秀人才大量移入香港社会的步伐，泛民主派有责任从大处着眼，思考香港民主发展在整体上要打造什么样的社会基础。

英国是世界上民主发端的国家，但让香港实行极不民主的政体，却取得了经济上的巨大成功；而现在，香港回归祖国，中央政府的政治体制与香港的政制发展情况戏剧性地颠倒了。现在的香港处在极其尴尬的局势，在经济发展的黄金阶段，没有勇气和胆量向英国提出民主的要求，然而现在的香港本身的经济地位（重要性）在急剧下降，却偏偏在这个时候出了政治难题。

2. 香港依然握有很大的主动权，但前路迷茫

香港的繁荣靠的是法治，而不是政治。法治是香港社会作为一个独立程度相当大的区域对人类文明的发展所做的最大贡献，这一点和新加坡非常相似。香港良好的社会治安状况和市民素质一直是内地游客愿意大量前往的主要原因之一。香港原有的政治体制中"强行政主导、高效的公务员体制、咨询制度"有其优点，香港经济之所以能发展到如此繁荣的程度，又能同时保持社会稳定，与这个体制密切相关。[①] 香港高效、廉洁、中立的公务员体系的建立，在华人政治文化背景下是非常难能可贵的，多少中国内地的城市对于此可望而不可即。中国政府也非常理性地希望在内地复制出多个香港。

中国内地的日趋强大与香港地位下降的情势导致本土激进派极易用极端手段彰显"港独"思潮。因此，也有学者对此悲观的局面做了相当负面的评估，做出了关于 2047 年香港政制的三种局面的猜想：第一种局面是中央与香港高度政治互信达成，一国两制得以继续，香港实现全民普选，法治传统得以维持；第二种局面是中央与香港始终无法实现政治互信，一国两制于 2047 年 6 月 30 日午夜按时结束；第三种局面是香港政治态势持续恶化，社会运动不断激进、暴力化，导致发生极端暴力的社会骚乱和叛离活动，中央政府宣布一国两制提前结束，香港成为中国境内由中央政府直接派员管治的城市。[②]

---

① 曹旭东：《香港政党政治的制度空间》，《法学》2013 年第 2 期。
② 阎小骏：《香港治与乱：2047 的政治想象》，人民出版社，2016，第 200～201 页。

东南亚政治研究

新加坡是不是成功的典范?

——关于新加坡政治发展中几个关键问题的思考

肖　俊[*]

摘　要：新加坡被认为是非西方世界中国家现代化的一个成功范例，是许多后发展国家学习和仿效的样板。繁荣的新加坡体现出的主要特征有：国家适度管制下的自由的市场经济、精英治理下秩序良好的威权主义国家体制、有限竞争的选举政治、鲜明的儒家政治文化特点。在一些东亚、东南亚国家看来，新加坡经验是可以借鉴的，因为他们认为相对于西方模式而言，新加坡模式是更适合自己国家的发展路径。但如果从全球比较视角来看，新加坡并不是一个十分符合西方现代化普遍化模式的"成功"国家，新加坡模式究竟是不是一个现代化的"成功"模式存在不少争议。如此说来，新加坡的发展经验就是有限度的，不加分辨地学习借鉴多少显得有点盲目。本文认为，需要从比较政治学的视角，就新加坡政治发展中的几个关键问题来重新检视新加坡发展模式，思考新加坡经验的意义与限度。

关键词：新加坡　发展主义　官僚-威权主义　统合主义

不论从经济还是政治角度看，现在的新加坡都是一个令世界为之瞩目的国家。在第二次世界大战之后至今的国际政治经济体系里，新加坡早已是现

---

* 肖俊，南京大学行政学硕士，中山大学哲学博士，现为深圳大学副教授，深圳大学当代中国政治研究所研究员。

代化语境里的一个发展典范。毋庸置疑，新加坡的发展经验不仅在理论上有不可忽视的价值，在实践层面也可能成为其他国家诸种路径依赖中的"优先路径"。尤其对于那些分布于威权主义政治光谱上的国家来说，对新加坡经验具有近乎本能的亲和性。在他们看来，新加坡的成功经验蕴含了不可忽略的东方智慧和价值，相对于西方现代化而言更适合东方的地方性。尤其是中国，十分重视新加坡模式所蕴含的参考价值，从政治体制到经济模式都成为其学习借鉴的内容。①

其实每个国家的具体情境是不同的，现代化理论也不赞成简单"移植"，对模式的普遍性和适用性都持谨慎态度。虽然新加坡是世界上经济自由度、廉洁指数最高的几个国家之一，但是政治制度与美国、英国等西方主要国家的民主政治存在一定的差异，在西方民主家眼里，"后李光耀时代"的新加坡依然是一个具有威权主义色彩的国家。② 尽管自李光耀执政以来就遭遇各种批评，新加坡仍以事实证明威权政治并非不能达到民主的某些目标，甚至在经济增长和社会治理方面比一些民主国家表现得要好得多。

新加坡的"成功"，依现象学来看，不过是某种观念基础上的"镜像"。在经济学、比较政治学研究专家眼里，新加坡是成功的，它没有动荡、没有反复、一切都显得非常有序；但是在信奉自由主义的人来看，则未必足称"成功的典范"。本文试图对"新加坡政治发展"所呈现的不同"镜像"做进一步思考，尤其是对亨廷顿、威亚尔达等比较政治学家对新加坡乃至发展中国家的政治现代化所做的实用主义解释做进一步检视，探讨新加坡政治发展经验的价值及其限度。

---

① 中国政府派出的干部学习班主要去往新加坡和美国。由于行政支出受限，派往新加坡的干部比去美国的多。20 世纪 90 年代以来，中国大陆各级政府究竟派出了多少干部去新加坡学习，无法详尽统计。另外，各国有单位派出多少干部学习班去新加坡学习，也无法统计。国内在研究国际政党经验时也基本上认为新加坡人民行动党长期执政的政治模式是比较适合中国的模式。最近几年也有学术界和官方人士公开表示中国的国有企业改革也应当借鉴新加坡淡马锡模式。

② 著名政治学家塞缪尔·亨廷顿认为，"在世界上富裕的国家中，新加坡是一个威权主义的儒教的反常现象"，认为李光耀与韩国的李承晚、朴正熙，菲律宾的马科斯，印度的甘地，印尼的苏加诺等领导人一样，并没有多少民主的信念，他们通过选举制度而赢得了权力，却运用他们得来的权力来削弱选举制度。〔美〕塞缪尔·亨廷顿：《第三波：20 世纪后期民主化浪潮》，刘军宁译，上海三联书店，1998，第 361～366 页。

发展主义范式的反思：经济发展必然带来政治民主吗？

在亨廷顿《第三波》里，新加坡一般被列为第二波民主浪潮的产物，即二战后反西方殖民浪潮中产生的新国家。在苏联解体之前，新加坡是一个主权国家，但出于国际关系的需要也一度是东南亚抗拒共产主义的前沿；实行资本主义制度，但在国际政治体系中一般被看成是第三世界国家中的一员。不过随着苏联解体，世界格局已经发生了巨大变化，继续沿用三个世界的划分已经没有意义。威亚尔达尝试结合经济发展和政治发展标准做了新的分类，其中新加坡属于第一类，即"那些经济和政治上都获得成功的国家"，也就是说已经发展出了多少较为稳定、有效的民主政府。[①]

依现代政治理论的政体分类，新加坡在形式上是多党竞选的民主国家，这一点是毋庸置疑的。但是，在现代化的普世话语中，新加坡经验未必能够验证现代化发展主义范式中"经济发展必然带来政治民主化"这一命题。也就是说，以发展主义来解释和概括新加坡经验是有问题的，以发展主义来解释和概括其他发展中国家的发展进程也同样是有问题的。

"20世纪40年代末、50年代以及60年代早期，一大群新独立的国家突然出现在世界舞台上"，但是由于大部分国家是从殖民地转变为主权独立国家，"这些国家中很大一部分根本或者几乎没有拥有国家身份和自我治理的经验，它们的边界常常模糊不清，它们贫困而欠发达，缺少最基本的社会、政治制度和机构，没有学校和大学，没有卫生保健、市民社会、利益集团、政党和现代官僚"，"许多新兴国家面临同样的难题：起草新的宪法、解决

---

① 第一类国家包括智利、哥斯达黎加、中欧东欧东北欧国家、墨西哥、韩国、新加坡、印度等。第二类国家指处于中间状态的国家，"这些国家在民主的进程中取得了一定的进步，但它们的经济却常常是脆弱的，还没有建立起坚实的民主基础"。这些国家包括俄罗斯等独联体国家、埃及、约旦、黎巴嫩、印尼、菲律宾等。第三类是指那些失败的国家，即"那些停滞的、进步不大的或者濒于分裂的国家……这些国家不仅经济上和政治上不成功，而且从外交政策的意义上看，它们也最有可能成为美国和国际社会干预的对象，因为只有这样才能使其免于贫困和混乱"，这些国家包括海地、尼加拉瓜、撒哈拉沙漠以南大部分国家、中东的部分国家、中亚南亚东南亚的部分国家等等。〔美〕霍华德·威亚尔达：《新兴国家的政治发展——第三世界还存在吗？》，刘青、牛可译，北京大学出版社，2005，第27页。

边界争端、发展政党和健全国家机构"①。这些国家不仅面临国内百废待兴的现实困难，且不得不被卷入冷战时期国际阵营之间意识形态和军事对抗之中。它们如何发展，它们又将怎样处理国际关系，都是国际社会非常关心的。发展因而成为这些新国家的首要目标，而有关发展的研究，特别是现代化理论中后发展国家的发展研究逐渐成为学术热点。在 20 世纪 60 年代的10 年中，对后发展国家的发展研究著作的数量激增，发展主义的研究取向成为学界的主流。②

　　威亚尔达依据发展中国家政治民主化的实际状况，深刻反思了充斥于经济学和政治学研究中的发展观。发展的概念起源于启蒙运动和 19 世纪时关于国家和个人进步的思想，威亚尔达指出："20 世纪 60 年代，在比较政治学领域和对外政策/国际关系领域里，研究的重点都从欧洲转向了发展中国家，这同时表明出现了学者们所谓的'范式转移'（paradigm shift）。这意味着不仅研究的地域和国别发生了转移，而且基本假设、理论、预见和学者们的兴趣都发生了变化，甚至学者和政策制定者们的焦点，以致他们思考民族国家变迁、发展和现代化的整个方式都发生了变化。"③

　　威亚尔达不客气地批评了 20 世纪 50～70 年代政治学、社会学、经济学等领域中那些著名学者的现代化与发展研究，认为他们的观点带有普遍的决定论色彩，即普遍坚持"经济发展和社会变化总是发展的推动力，而政治和统治看起来则是因变量，它们自身不能独立地发挥作用，只是其他要素的衍生物"④ 的线性发展观，他们的现代化理论认为"所有的国家都经过近似的现代化道路，而经济发展和社会变化最终会带来民主，并且这些进程是不可避免的和普适的"⑤。在对外政策上也是如此，根据罗斯托和李普塞特等学者的理论，"只要建设基础设施（水坝、道路等），注入外援和刺激投资，就能创造出稳定的环境，壮大中产阶级，带来社会的多元性，而所有这些合

---

① 〔美〕霍华德·威亚尔达：《新兴国家的政治发展——第三世界还存在吗？》，刘青、牛可译，北京大学出版社，2005，第 31 页。

② 〔美〕霍华德·威亚尔达：《新兴国家的政治发展——第三世界还存在吗？》，刘青、牛可译，北京大学出版社，2005，第 44 页。

③ 〔美〕霍华德·威亚尔达：《新兴国家的政治发展——第三世界还存在吗？》，刘青、牛可译，北京大学出版社，2005，第 50 页。

④ 〔美〕霍华德·威亚尔达：《新兴国家的政治发展——第三世界还存在吗？》，刘青、牛可译，北京大学出版社，2005，第 41 页。

⑤ 〔美〕霍华德·威亚尔达：《新兴国家的政治发展——第三世界还存在吗？》，刘青、牛可译，北京大学出版社，2005，第 40 页。

在一起又能够导致政治的多元化和民主的实现"，"这一系列颠覆是自发的、必然的和普适的"①。

威亚尔达对发展主义方法做了较为细致的全面梳理与批评："首先，发展主义的研究方法是建立在罗斯托、帕森斯、李普塞特和阿尔蒙德等人提出的抽象的、理论化的公式基础上。……他们所使用的理论模型或得自抽象的演绎推理（即如果这样，那么会怎么样），或得自西欧和美国这些发达国家的经验，但却都没有建立在对第三世界进行过经验研究的基础上。……无论罗斯托的'增长阶段'、帕森斯的'模式变量'，还是阿尔蒙德的'功能'类别，都与他们在那儿看到的实际情况不相符。现实通常既不是'利益的聚合'，也不是'规则的裁定'，而是充斥着严重的贫困、军人和文职精英对权力的争夺、暴力、腐败、庞大的庇护关系网、任人唯亲、对有变革倾向的团体的镇压、革命、内战和政治崩溃。"② 威亚尔达还指出发展主义研究方法的其他几个问题：发展主义研究的基础假设是"经济发展——社会变迁——民主化"是和谐地同步前进的；方法带有种族主义偏见；不仅未能正确对待第三世界国家的"传统"制度与伦理习俗，甚至因为激烈地破坏传统使政局更不稳定；脱离了第三世界国家发展所面临的全球化背景，低估了发展所遇到的困难和实际所需要的时间。③

例如，有一种观点认为经济发展会使教育水平提高，教育水平提高就会促进社会多元化，社会多元化就会促进民主。然而，实际的发展道路并不是按照学者的设计进行的。有学者指出："教育水平的提高不一定就会导致民主——很多威权主义和极权主义的政权当时发展教育的目的并不是为了加强民主，而是用来培养对领导人或者政党的个人崇拜，这实际上是在阻碍民主——只是民主一般与较高的教育水平有密切关系"④。实际上，民主并不必然会自发地、普遍地产生于经济发展和社会变迁之后，威亚尔达赞成亨廷顿的看法："这些变化非但没有促进民主，事实上，它们还破坏了民主，导

---

① 〔美〕霍华德·威亚尔达：《新兴国家的政治发展——第三世界还存在吗?》，刘青、牛可译，北京大学出版社，2005，第45页。

② 〔美〕霍华德·威亚尔达：《新兴国家的政治发展——第三世界还存在吗?》，刘青、牛可译，北京大学出版社，2005，第51~52页。

③ 〔美〕霍华德·威亚尔达：《新兴国家的政治发展——第三世界还存在吗?》，刘青、牛可译，北京大学出版社，2005，第52~54页。

④ 〔美〕霍华德·威亚尔达：《新兴国家的政治发展——第三世界还存在吗?》，刘青、牛可译，北京大学出版社，2005，第40页。

致了 20 世纪 60 年代后期和 70 年代发展中世界普遍出现的威权主义和政治压制的浪潮。"①

威亚尔达指出:"事实已证明罗斯托等人的早期发展理论完全弄错弄反了:不是经济发展带来民主,而是首先需要一个致力于正当使用资金的较为民主的政权,然后才能实现真正的经济发展(但东亚是个例外)。"② 威亚尔达批评罗斯托等早期学者限于冷战思维,只预见到了共产主义的或者是资本主义的这两种发展道路,"事实上,除了这两种模式而外,还存在着众多不同的发展道路:威权主义的道路、国家主义的道路和统合主义的道路","正确的图景不是'两条道路',而是像在花园中用来支撑玫瑰或是其他攀藤植物的格子架,具有多样的发展路线,众多的交叉图案和多种混合的、重叠的萌芽——它们有的时候也会出现倒退,成长会受到抑制或阻碍"③。

官僚威权主义:要面包还是要自由?

在多数西方人眼里,新加坡始终是一个威权主义国家。然而,新加坡领导人却不愿意接受这样的定性。李光耀在阐述其"亚洲价值观"时试图重构一种现代的集体主义政治文化,频频回击来自各方的批评。那么新加坡的威权主义究竟是一种怎样的体制,其中究竟包含了多少民主的内容?又包含多少不民主的内容呢?

制度经济学家桑巴特·钱堂冯以政治学家托克维尔的经典著作《论美国的民主》一书中所揭示的美国民主的基本原则为基础,来对照分析第三世界国家(主要是亚洲国家)的政治与西方(实则是美国的)民主之间存在的差别。他认为亚洲一些国家的现代化起源于民族独立运动,一批接受过西式教育的精英通过组织政党,发起民族解放运动并取得了民族独立。但是这些运动并非源于美国革命中"由成熟而深思熟虑地对自由的兴趣",而是"由某种模糊而不确定地对独立的本能所引起的"。而且亚洲的民族革命往

---

① 〔美〕霍华德·威亚尔达:《新兴国家的政治发展——第三世界还存在吗?》,刘青、牛可译,北京大学出版社,2005,第 41 页。

② 〔美〕霍华德·威亚尔达:《新兴国家的政治发展——第三世界还存在吗?》,刘青、牛可译,北京大学出版社,2005,第 46 页。

③ 〔美〕霍华德·威亚尔达:《新兴国家的政治发展——第三世界还存在吗?》,刘青、牛可译,北京大学出版社,2005,第 48 页。

往是"暴力的、破坏性的、贵族式的"，"大多数民族主义运动不是对所有的传统、所有的道德规范、已确立的权利和社会价值观进行挑战，并且以新的建立在民主主义的标准之上的内容取而代之，而看上去是主要集中力量接管政权。"桑巴特·钱堂冯指出："亚洲的民族革命倾向于强化国家权力而在社会的精神方面没有做出多大的改变……与在政治和公民自由的气氛中长大因而喜爱政治活动的英籍美国人不同，亚洲的群众既没有愿望也没有必要的技能参与现代的政治活动。"①

亚洲国家独立之后，大多数并没有真正建立起符合美国民主标准的民主体制。桑巴特·钱堂冯发现，那些"受委托负责管治一个独立国家的少数新派精英们，感到他们应拥有巨大的灵活性以使用必需的方式进行某种家长式的独裁统治……虽然他们中的许多人的确是真心诚意地关心群众的悲惨状况，但他们的关心肯定不是那种对平等地位的人的关心"②。这些新派精英成了新兴国家的新型贵族，在他们掌控的国家里，"政治活动如同官僚机构一样，为有野心的少数人所垄断。最后，政治上的独立将这些新的精英转变为新的统治阶级成员，负担着建设国家和使国家现代化的主要责任。"③

托克维尔认为美国民主的精髓是平等。然而"当不平等成为社会的一般规则时，最大的不平等是不会引起注意的"，同理，"在亚洲社会里，存在普遍的条件不平等和牢固建立的命令等级制，因此如果新的军事或政府精英获得比其他人更多的'自由'或'特权'，这对大多数人民来说自然是无关紧要的。"④ 在桑巴特·钱堂冯看来，亚洲国家的所谓民主并没有给这些国家提供稳固的社会基础，现代化和工业化反而导致了更大的集权和更严重的条件不平等，一些国家出现了托克维尔所担忧的新型专制主义（具有非政治化倾向和行政国家特征的国家模式）。⑤

---

① 〔美〕桑巴特·钱堂冯：《托克维尔的〈美国民主制〉与第三世界》，载文森特·奥斯特罗姆等编《制度分析与发展的反思》，王诚等译，商务印书馆，1992，第58页。
② 〔美〕桑巴特·钱堂冯：《托克维尔的〈美国民主制〉与第三世界》，载文森特·奥斯特罗姆等编《制度分析与发展的反思》，王诚等译，商务印书馆，1992，第58~59页。
③ 〔美〕桑巴特·钱堂冯：《托克维尔的〈美国民主制〉与第三世界》，载文森特·奥斯特罗姆等编《制度分析与发展的反思》，王诚等译，商务印书馆，1992，第60页。
④ 〔美〕桑巴特·钱堂冯：《托克维尔的〈美国民主制〉与第三世界》，载文森特·奥斯特罗姆等编《制度分析与发展的反思》，王诚等译，商务印书馆，1992，第64页。
⑤ 〔美〕桑巴特·钱堂冯：《托克维尔的〈美国民主制〉与第三世界》，载文森特·奥斯特罗姆等编《制度分析与发展的反思》，王诚等译，商务印书馆，1992，第68页。

某种程度上说，新加坡就是这样一个国家。新政府通过实施公共住房补贴计划、通过建立廉洁高效的文官制度和国有企业，保证了工业化政策和福利政策的顺利实施，使新加坡很快成为世界上最成功的、最繁荣的资本主义国家之一。"新加坡迅速的经济社会发展必然将强调的中心从政治转向经济。按照人民行动党领导人的观点，他们只有在将新加坡转变为一党制而可以不用过多考虑'政治'时，才能成功地推进人们的福利。该政体在公共住房、交通运输、保健、教育以及社区组织等领域的成就已经说服了大多数感到满意的民众，使他们相信除了人民行动党所提供的方式外，根本不存在其他办法能够保证其经济上的生存。"① 桑巴特·钱堂冯说，正如一位敏锐的观察者所指出的，看起来"政治"已经从新加坡消失了。根本不再有政治活动；只有"一个行政管制的国家"②。

由政治精英和技术官僚管理的国家似乎一切都显得很美好。然而，桑巴特·钱堂冯也指出了新加坡繁荣背后的关键问题。他转述了一个模拟托克维尔的学生的语气来发问："如果普通公民倾诉其怨气和所受的折磨的主要方式是报纸上竖着读的字母或者政治谣言的传递，那么这个吃得最好、管制得最好、教育得最好的国家还有什么意义呢？"③ 因此，桑巴特·钱堂冯说，新加坡和菲律宾两者看起来差异巨大，但实际上属于同一种类型。

参照托克维尔的观点，桑巴特·钱堂冯指出政治发展必须把"自由的观念——开始于选择的自由——必须被认为是任何发展努力的一个基本部分……发展本身必须不仅仅被看作是一个目标，而且要看作是一个人民在其中可以建设性地相互结盟的过程"④。要实现充分的发展，"无论是一个国家还是一个个人都必须首先是自由的。没有民主，就没有自由，也不可能进行真正意义的发展。当人们学会如何管理自己因而社会变成自治性时，发展便可以完成了"⑤。

---

① 〔美〕桑巴特·钱堂冯：《托克维尔的〈美国民主制〉与第三世界》，载文森特·奥斯特罗姆等编《制度分析与发展的反思》，王诚等译，商务印书馆，1992，第72～73页。

② 〔美〕桑巴特·钱堂冯：《托克维尔的〈美国民主制〉与第三世界》，载文森特·奥斯特罗姆等编《制度分析与发展的反思》，王诚等译，商务印书馆，1992，第73页。

③ 〔美〕桑巴特·钱堂冯：《托克维尔的〈美国民主制〉与第三世界》，载文森特·奥斯特罗姆等编《制度分析与发展的反思》，王诚等译，商务印书馆，1992，第74页。

④ 〔美〕桑巴特·钱堂冯：《托克维尔的〈美国民主制〉与第三世界》，载文森特·奥斯特罗姆等编《制度分析与发展的反思》，王诚等译，商务印书馆，1992，第80页。

⑤ 〔美〕桑巴特·钱堂冯：《托克维尔的〈美国民主制〉与第三世界》，载文森特·奥斯特罗姆等编《制度分析与发展的反思》，王诚等译，商务印书馆，1992，第82页。

桑巴特·钱堂冯完全是依照美式民主来评价新加坡政治，西方中心（抑或美国中心）论的色彩十分浓厚。作为东方国家，是否可以接受这种评价（或者批评），对于某些政治家来说也许要依据政治需要来决定。然而，在全球化时代，人们获取参照信息的途径极为方便，价值观的普及越来越广泛，利益表达就离不开自由的制度安排。一些官僚—威权主义国家，很自然会突出行政国家色彩，淡化政治情绪，以绩效表现来获得合法性支持。不过，随着国家的经济繁荣和社会成长，绩效合法性是否具有可持续性，需要打个问号。

普遍性与多样性：儒家政治文化可以开出民主之花吗？

关于传统文化与现代民主之间的相关性，有不少学者进行过非常有价值的研究，其中大部分研究均认为在东亚国家政治发展进程中不能忽略政治文化的特殊性与持久性。白鲁恂（Lucian Pye）的观点就很有代表性。他认为东亚儒家思想对于人民对权威的理解仍有很大的影响，因而限制了政治反对运动的发展。"假如将政治文化的定义理解成，不仅包括大众对权威的信念，而且还包括上层文化的本质，那么在那些仍持续受到儒家思想影响的国家，儒家思想对政府所持的伦理观点是妨碍民主反对运动发展的重要障碍。这种观点乃是，政治上的妥协是令人厌恶的，认为知识阶级领导国家是天经地义、责无旁贷之事（不承认有相互竞争的各种利益），对国家采取集体主义与有机论的概念（不利于政治竞争规则的建立）。"[1]

儒家思想对民主化究竟是不是一种阻碍，存在不少争议。威亚尔达说："儒家思想不应被视为一种西方意义上的宗教，而应被视为一套伦理原则：纪律、秩序、服从、荣誉、教育、家庭义务、意见一致、团体内部的团结以及共同体意识，长期以来，这些原则被认为是保守的和传统的，阻碍了东亚的发展和民主化进程。"但是东亚国家先后实现了腾飞，成为 20 世纪 70 年代之后世界上经济增长最强劲的区域。于是，"人们开始用一种新的眼光来看待儒家思想的原则，认为它们提供了支撑亚洲经济发展的工作伦理，也提

---

① 〔美〕詹姆斯·科顿：《东亚民主政体的进步与局限》，载刘军宁编《民主与民主化》，商务印书馆，1999，第 285 页。

供了使民主得以成长并制度化的一致性和稳定性。"①

然而，在西方比较政治学家们看来，东亚国家的民主是一种与西方不同的民主，东亚国家的民主更强调一致、团结内部的团结、连续性以及精英的作用。而且随着自信心增强，它们认为东方有自己独特而且重要的价值（亚洲价值），较之西方价值更为优越，认为自己的民主制度也比西方优越，对来自西方国家的批评和说教甚为不满。特别是那些躲藏在"亚洲价值"背后的国家，往往将亚洲价值作为为权威主义进行辩护、抵制西方价值输入、反抗普遍现代性的盾牌。②

关于东亚发展的文化阐述，有几个主要的视角和颇有影响力的观点值得关注。首先是杜维明为代表的港台新儒家们关于"儒学第三期开展"的阐述，他们在 80 年代后期对"工业东亚"（也即后来的新兴工业国家）社会的崛起做过一些文化阐释研究。杜维明认为，"所谓工业东亚，毫无疑问是受到中国文化的影响，但是工业东亚的精神资源非常多，不能武断地说就是儒家传统"③。杜维明等人受唐君毅、徐复观、牟宗三等现代新儒家思想的影响，认为儒学不仅与现代科学民主不相抵牾，而且可以在儒家思想的基础上开出现代的科学之花、民主之花，可以走出一条内生文明之路。

其次是马若然（R. MacFarquhar，也译为麦克法夸尔）在 1980 年的《经济学人》上发表了一篇很有影响的文章——《后期儒家的挑战》（The Post-Confucian Challenge），阐述了他颇有些惊世骇俗的观点："以日本为代表的工业东亚所带来的不是苏联式的军事武力或中东式的金融财政，而是一种全面的生命形态，代表完全不同的价值体系、发展模式和前景。……将来面对 21 世纪，就不是大西洋的世纪，而是太平洋的世纪，甚至可能是中国人的世纪"④，"放眼 21 世纪，将来取代以基督新教伦理为核心的西欧资本主义精神，很可能即是以儒家伦理为动源的东方企业精神。"⑤ 马若然的观点代表了一种乐观的东方文化优越论⑥。

---

① 〔美〕霍华德·威亚尔达主编《民主和民主化比较研究》，榕远译，北京大学出版社，2004，第 15 页。
② 〔美〕霍华德·威亚尔达主编《民主和民主化比较研究》，榕远译，北京大学出版社，2004，第 15 页。
③ 杜维明：《杜维明文集（二）》，武汉出版社，2002，第 546 页。
④ 转引自杜维明《杜维明文集（二）》，武汉出版社，2002，第 531～532 页。
⑤ 转引自杜维明《杜维明文集（一）》，武汉出版社，2002，第 514 页。
⑥ 狄百瑞、安乐哲、季羡林等人也属于这一类学者。

威亚尔达认为，在发展中国家，人民对于民主的愿望和渴望是相当普遍的。但是人民对民主的渴望与不同的文化传统之间往往难以协调。不过，他依据经验指出这种不协调会随着时间的流逝而改变。他说："东亚就是一个最好的例子：在过去，儒家传统经常支持权威主义或独裁统治，而现在却在好几个主要国家转变成为对稳定的民主政府的支持力量。"他认为有五个因素导致了这种转变：（1）战争和军事占领；（2）各种国际实力和强权之间变化着的均衡关系；（3）社会和经济发展；（4）全球化；（5）变化中的政治文化。①

威亚尔达借东亚政治民主问题的讨论进一步探讨了"民主究竟是否具有普遍性"这个争议很大的话题。他指出，在20世纪的后30年里，民主和人权已经是一种日益增长的共识，"如果我们看一下过去三十年的世界历史，我们就会发现存在着对这个观点的强有力支持：在世界的许多地方发生了相当显著的民主化转变，全球范围内的民主国家的数量急剧增长，不同文化背景的人们对作为最好政府形式的民主发出了压倒性的公共支持"②。

威亚尔达也列举一些相反的观点，这些观点也是强有力的。其中有的断言："没有什么事物是具有普遍性的，文化观念界定和制约着所有的权利、价值和政治制度。因此……就不会有得到普遍接受的民主标准"，"儒家和印度传统更多地强调的是义务，而不是权利；这又如何能够与美国的或普遍的民主与人权观念相协调呢？"也有观点认为民主普遍性的观念是西方强加给非西方国家的，以达到支配第三世界的目的。还有观点认为，民主会使穷国和弱国引起社会分裂和两极分化，相对而言在发展的早期阶段权威主义在保证稳定和经济增长方面更有效率。③

针对普遍性民主与亚洲政治文化特殊性之间如何协调的问题，威亚尔达表达了自己的观点："有某些核心原则是所有国家，无论属于何种文化，为了能成为一个民主国家都应当遵循的。这些原则包括诚实、带有竞争性的选举，基本的政治权利和人权，一定程度的多元主义和平等，军事力量服从文

---

① 〔美〕霍华德·威亚尔达主编《民主和民主化比较研究》，榕远译，北京大学出版社，2004，第176页。
② 〔美〕霍华德·威亚尔达主编《民主和民主化比较研究》，榕远译，北京大学出版社，2004，第176~177页。
③ 〔美〕霍华德·威亚尔达主编《民主和民主化比较研究》，榕远译，北京大学出版社，2004，第177页。

人权威，以及公共资金和项目管理上的诚实与透明。"虽然各个国家的文化、历史、传统发展程度有很大的不同，实际政治体制也存在各种差异，但是只要符合了上述基本原则，这个国家就可以成为民主国家。①

同时，威亚尔达指出，在尊重各个国家传统与现实政治的基础上，也应"倡导接受不同程度和等级的民主，以及正处于民主制度发展过程中的各种中间形式"，因为"权威主义和民主不是截然对立的，而是构成一条光谱、一个连续体"，"必须承认一些国家是未完成的或者部分的民主国家，它们缺少民主所需要的根基和基础设施，因此经常将某种程度的民主与某种程度的权威主义相混合"②。由于存在着各种混合形式、各种等级和各种独特变化的民主，因此需要承认"许多国家的民主不是一种非此即彼的命题，而是一个连续体，一段旅程，一个正在进行着的过程。我们需要运用一系列的范畴——有限民主、部分民主、不完全民主等等，以便我们不仅能够理解和把握各种等级的民主，而且也能够理解和把握民主可能具有的各种独特的、由文化条件所限定的形式"。这种态度的意义在于，"这将不仅为我们评估民主在全球范围内的条件和现状提供一种有用的、现实主义的方式，而且也将对我们促进民主在未来的发展奠定一个良好的基础"③。

新加坡政治转型：统合式威权主义还是竞争性政治民主？

在国际政治近半个世纪的风云变幻中，似乎一切都在印证福山"历史的终结"这一判断。西方的资本主义民主基本停滞，亚洲的威权主义政治似乎也趋于停滞，民主的前途似乎变得暗淡无光。不过，威亚尔达并不赞成"历史终结"的停滞论："这里出现了一种奇怪的现象：发展主义的主要理论被质疑，'官僚－威权主义'的兴起使得民主的前途变得暗淡；然而，现实世

---

① 〔美〕霍华德·威亚尔达主编《民主和民主化比较研究》，榕远译，北京大学出版社，2004，第177页。
② 〔美〕霍华德·威亚尔达主编《民主和民主化比较研究》，榕远译，北京大学出版社，2004，第177～178页。
③ 〔美〕霍华德·威亚尔达主编《民主和民主化比较研究》，榕远译，北京大学出版社，2004，第182页。

界中，在人们的真实生活中，变迁、现代化和真正的发展却在不断地发生。"①

在西方国家眼里，亚洲国家政治给予它们的印象几近刻板，几乎都是威权主义政治。在二战之后的比较政治研究中，对于威权主义发展模式的评价也似乎形成了一套固定的话语，首先是肯定威权主义对发展的积极面："威权主义往往能够提供秩序、纪律和稳定，而这正是大部分第三世界国家实现发展所需要的。因为大部分发展中国家在制度建设上都很薄弱，缺乏组织良好的、多元的利益团体、能发挥作用的政党和有效的政府机构，所以要发展的话，它们就需要一个强有力的掌权者来总揽大局。尤其是在冷战期间，威权主义政权还被认为很好地控制住了共产主义分子和左翼分子，防止了工会造成的混乱，并成功吸引了外来投资。"此外，威权主义政权还能够比民主政权更好地完成既定目标，能更好地实施大型基础设施建设项目。②

其次，也包含了很多的批评："从定义上看，威权主义政权压制民主，并往往践踏人权——尽管各国的程度和层次不同。由于缺乏相互制衡的机制和政治多元性，威权主义政权还会经常犯错误，出现腐败和不人道的现象；而且还没有纠错的制度机制。在应付变化或者适应新的社会和政治现实上，威权主义一般做得也不太好；因此，尽管它们可以提供十年、二十年，或者最长的例子是三十年所必须保持的稳定，但长期来看，大部分威权主义国家最终都陷入了混乱，因为它们无法解决从一个独裁者到下一个的换代问题。"③ 也就是说，相对于西方民主，威权主义政治存在难以克服的弊病。这些都是长久以来形成的刻板印象。

事实上，亚洲的威权主义不仅存在多样性，每个政治主体也在发生不同的变化。威亚尔达考察了拉美和东南亚一些国家和地区的发展状况，认为威权主义也出现了一些新的形态，比如新加坡、墨西哥、台湾地区的统合主义。统合主义（Corporatism）虽然仍是威权主义的一种统治形式，但是它们的统治不再血腥残暴专制。统合主义指的是"对社会和利益集团的存在进行支配、限制和管制"，它将国家和社会看作是有机的和整体的，认为其中

① 〔美〕霍华德·威亚尔达：《新兴国家的政治发展——第三世界还存在吗?》，刘青、牛可译，北京大学出版社，2005，第51页。
② 〔美〕霍华德·威亚尔达：《新兴国家的政治发展——第三世界还存在吗?》，刘青、牛可译，北京大学出版社，2005，第62页。
③ 〔美〕霍华德·威亚尔达：《新兴国家的政治发展——第三世界还存在吗?》，刘青、牛可译，北京大学出版社，2005，第63页。

所有部分都是相关联的。"鉴于自由主义认为国家或者政府与社会（利益集团）是分离的，极权主义意味着国家对所有的利益集团实行绝对的控制和摧毁，统合主义则认为国家能够将利益集团吸收进来。它不会像极权主义那样摧毁它们，但是它们也不可能享有自由主义下那般的独立。在统合主义下，像有组织的商业、劳工、农民、专家、宗教团体等利益集团都是国家的一部分，是官方的政府机构。"①

在威亚尔达看来，统合主义可以作为极权主义和自由主义之外的第三条道路，而且可以成为唯一一个可以接受的和可行的选择。之所以统合主义对威权主义有巨大的吸引力，是"因为它能使政府对其周围的利益集团进行管制、限制和控制，并将其纳入到政权中，而不是给予它们独立地位从而可能走向民主。统合主义不允许有自由的联合，也不允许像美国那样让成千上万的利益集团进行近乎无政府的竞争。相反，它对利益集团的活动进行组织安排，与某些能够控制住的利益集团进行合作，而对其他的进行打压"。威权主义政府的一个明智的做法就是随着经济的发展和社会变迁建立新的统合主义集团，使之合法化并进而纳入到政权中去，"通常每一种团体对应着一个现代化所促生的新的社会部门，比如官方的劳动组织、官方的农民团体、官方的妇联等等。以这种方式，一个威权主义政权就能够不断地适应变化，并维持它的控制力，将这些新兴的同时也是比较危险的社会团体吸收到官方国家体系中来，从而扫除了它们选择革命和颠覆这些危险的可能。"②

无疑，新加坡的政治领导人是明智的，他们在创建政党和国家时并没有完全排斥民主架构，在施政策略上也一直表现得比较包容。在新加坡早期国家建设进程中，就十分注意吸收和重用知识分子精英参与国家建设，将他们充实到执政党和政府中，维持政府和执政党在智识方面的强大优势。虽然人民行动党长期获得选举多数而成为长期执政的政党，但是并未堵塞民主的通道。不过在 20 世纪 80 年代之前，反对党的竞选活动受到一定程度的制度限制。80 年代之后，尤其是 21 世纪以来，人民行动党主动在多党制的框架中引入竞争因素，主动消除自身的垄断性基础，为广大民众和反对党监督执政党创造条件。人民行动党制定实施了非选区议员和官委议员制度，旨在保证

---

① 〔美〕霍华德·威亚尔达：《新兴国家的政治发展——第三世界还存在吗?》，刘青、牛可译，北京大学出版社，2005，第 67~68 页。
② 〔美〕霍华德·威亚尔达：《新兴国家的政治发展——第三世界还存在吗?》，刘青、牛可译，北京大学出版社，2005，第 68 页。

国会中反对党代表的存在，以反映独立和超党派的意见。在 2011 年大选前，新加坡国会修正选举法案，将非执政党议员议席比例从 13% 增加至 20%，将非选区议员上限从 6 名修改为 9 名，为反对党预留了更大的政治空间。①

不论是人才吸纳，还是选举法修改，都可以看成新加坡政治从威权主义向统合主义转变的趋势。这种转变也说明新加坡领导人受到儒家文化的熏染，并不赞成和维持尖锐的政治对抗，但若由此断定他们心中就一定希望新加坡彻底转变为竞争性民主则言之过早，至少在 2011 年、2015 年新加坡大选之后并未从领导人的一些讲话中看到他们明确的态度表示或者理念阐述。因此，新加坡的统合主义仍是一种可控的威权主义政治。至少在人民行动党看来，开放一定幅度的竞选并不会危及自身的执政地位，反而可以获得更多积极评价。在 2015 年大选中，人民行动党一改前两次大选得票数下降的趋势，获得了历史第二高的得票数，可以看成是这一策略的成功表现。②

对于中国学者来说，研究新加坡除了一般性的学术兴趣外，或许还有文化的亲和性和政治方面的特殊需要。然而如果中国学者不能摆脱亲和性及政治需要的先在立场，对新加坡的研究就可能会夸大其经验的价值与适用性程度。因此，在研究方法上应采取更为客观的方法，摒弃随意性阐释。对此，国内已有学者从方法论的角度探讨了单一国家研究需要注意的问题，指出单一国家研究需要引入比较方法："单一国家研究吸纳比较方法的必要性在于一国研究产生的概念应用到其他国家通常不可避免地会导致概念的延伸和定义的扩展，以及同一模式的不同应用；进而，如果把既定模式或概念放到多种不同的环境中去应用，那么通常会出现一些逻辑上和经验上的错误，从而使研究成果缺乏精确性"，"在一国研究中缺乏比较方法的应用可能使一国研究减少对众多现象的归纳性，致使其成果有很大的局限性，这也说明它借鉴或吸收比较方法的必要性，而把比较政治分析中的主要方法和检测方式应用到单一国家研究之中，显然会增加单一国家研究的严密性与结论的广泛性和合理性"③。

① 孙景峰、刘佳宝：《2015 年新加坡大选与人民行动党理念嬗变》，《厦门大学学报》2016 年第 1 期。
② 陈文、袁进业、黄卫平：《新加坡人民行动党长期执政的合法性建构研究——基于 2011 ~ 2015 年新加坡大选的跟踪调查》，《中共浙江省委党校学报》2016 年第 3 期。
③ 李路曲：《从单一国家研究到多国比较研究》，载李路曲主编《比较政治学研究》（第三辑），中央编译出版社，2012，第 104 ~ 106 页。

　　比较政治总是离不开比较和评价的标准，亨廷顿等学者的研究无法摆脱西方民主的基本标准。而在萨义德等后殖民理论家的视野里，试图使"东方"成为一个与"西方"平等的叙事主体，又有坠入相对主义、虚无主义泥潭的危险。因此，在东方和西方、传统和现代交汇的论域里，简单地谈论新加坡成功的经验或许会遭到不同价值立场的质疑。

　　本文主要回顾了新加坡研究中几个关键问题的文献，通过这些文献可以理解新加坡研究的不同视角及其代表性观点。以亚洲的观点看，新加坡是非常成功的，但以西方的观点看，新加坡模式是不成功的，尤其是其中的威权主义政治特征，其经验是有限度的。从学习者的立场看，则应超越"单一国家"视域，以比较的视角看新加坡或许可以更好地认识新加坡政治体制及其发展模式的实际意义。

海外中国研究

美国的中国问题研究：历史、方法和前景

张春满 何 飞[*]

摘 要： 中国曾经一度忽视了海外世界，但海外世界从来就没有忽视和停息对中国的关注和研究。这篇论文从历史、方法和前景三个方面试图对美国的中国问题研究进行一个简要的评述。我们发现，中国问题研究在美国经历了巨大的转变，随着中国的崛起，中国问题研究会在美国学术界处于一个更加重要的地位。中国学者在美国的中国问题研究领域也在发挥更加积极主动的作用。通过了解中国问题研究在美国的历史和发展状况，我们要增强自己的理论自信，积极努力搭建中国本土的知识体系，从而更好地介绍、解释和引领中国的发展。

关键词： 中国研究 历史 方法 美国学界

前 言

中国曾经一度忽视了海外世界，但海外世界从来就没有忽视和停息对中国的关注和研究。从一般意义上讲，海外中国研究可以分为中国学和汉学。

---

* 张春满，美国约翰·霍普金斯大学政治学系博士候选人；何飞，武汉大学政治与公共管理学院中外政治制度专业博士研究生。

其中，中国学又被称为中国问题研究（China studies）或中国研究（Chinese studies or research），显著区别于传统意义上的汉学研究（Sinology）。汉学研究是指海外学者对中国的语言、文字、历史、哲学、文化等方面进行诠释、训诂、比较的人文科学研究。传统汉学研究在美国的历史跨度比较长，先后涌现出卫三畏、夏德、劳费尔、叶理绥、费正清等代表性汉学家。中国问题研究是建立在汉学的基础之上，是海外对中国的政治、经济、社会、科技、国际关系等领域的全方位研究和探讨，其学科属性是社会科学研究。需要说明的是，中国问题研究不是一个独立的学科，在美国大学中很少有一个系叫中国问题研究系，中国问题研究更多是散落在各个独立的系里。但是因为中国问题研究的重要性不断攀升，很多学校往往整合这些分散的学术力量，从而组成一个非实体或者半实体的中国问题研究中心。这类研究中心会提供很多资源给该校从事中国问题研究的学者。总体来说，中国问题研究在美国的发展历程并不是很长，费正清成为美国实现由传统汉学向现代中国问题研究转向的标志性学者，他培养的或者受他影响的学者包括大卫·兰普顿、库恩、鲍大可、沈大伟、黎安友等人现在都是美国中国问题研究的权威学者。本文明确区分传统的美国汉学研究和当代中国问题研究，目的在于撇开传统的美国汉学研究，专门从历史、方法和前景等角度聚焦于美国的中国问题研究。值得注意的是，现今美国的中国问题研究越来越有被整合到研究区域范围更大的东亚研究之中的趋势。例如，美国约翰·霍普金斯大学和加拿大的不列颠哥伦比亚大学的东亚研究项目和亚洲研究院都是把中国问题研究与其他东亚国家并列在一起。

本文的后续内容分为五个部分。第一部分简要介绍中国问题研究在二战结束之后在美国的兴起历史。第二部分介绍美国学术界在研究中国问题时采用的研究方法。第三部分将会讨论中国问题研究作为一种地区研究与政治学作为一种学科的互动关系。第四部分讨论中国问题研究在美国的发展前景。文章最后一部分是结论。

一　中国问题研究在美国的历史

事实上，二战以前，全美仅有屈指可数的几位教授教中国方面的课程，会中文并能以中文发表文章的学者更是凤毛麟角。直到新中国成立的最初10年里，美国研究当代中国问题的成果，也是寥寥不多的仅有关中国哲学、晚清政治、清代外交关系和共产主义的起源等著述。也就是说，美国的中国问题研究的基础在二战结束之后是比较薄弱的。那么为何二战结束之后，美国兴起了中国问题研究呢？道理在于，二战结束后，美国综合国力超过战争内耗受损严重的英法德等国，从而跃升为世界实力版图上的"霸主"，开始填补欧洲实力式微留下的真空地带、扩张其势力范围。出于其实用主义的传统和服务美国国家战略的需要，美国迫切需要了解包括中国在内的发展中国家。因为如果不理解这些发展中国家，美国就无法在全球推行和扩展自己的领导地位。中国之所以进入美国人的研究视线，一方面是因为中国是世界上最大的发展中国家，美国不得不加深对中国的了解。更为重要的是，新中国成立后，共产党政府"换了人间"似的改变了国民党执政时期的"亲美"政策，全面开启"一边倒"的外交政策立场，加入了苏联社会主义阵营，这极大地刺激了美国朝野上下反思追问一个问题："谁失去了中国"（*The Men Who Lost China*）。为了加深对中国问题的了解和研究，美国研究人员积极拓展信息资料获取渠道，通过利用大陆官方的报纸、在香港收听的大陆广播和第三方（香港、台湾等）了解中国大陆的情况，尽最大可能地规避和减少对中国局势的误判。但是这一时期的美国中国问题研究存在很多"不明真相的主观思考"，意即受制于资料的限制加入了很多主观的想法甚至是猜测。简单来讲，战后美国学界对中国问题的思考和研究是以一种"研究对手"的心态进行的。

　　这一时期虽然研究中国的学者不多，但是美国的中国研究人员中却不乏如费正清、本杰明·施瓦茨等这样的顶级学者。更难能可贵的是，费正清等不仅认识到中国共产党政府与苏联的区别，而且深刻认识到"帮助美国人民接受共产党中国的现实是美国国家利益的必然需要"；同时，作为美国实现由传统汉学向近现代中国问题研究（中国学）转向的标志性学者，他发挥了承前启后的开创性作用，富有远见地深刻认识到近现代中国研究是一种综合性的社会科学，必须以其明显的政策性和现实性与传统的汉学研究区别开来，同时必须依赖和发挥各个领域的学人的合作努力。为此，费正清分别极力游说卡内基和平基金会和福特基金会，成功促成哈佛大学东亚研究中心的建立，借此与哈佛-燕京学社一道成为全球范围内中国研究的两大主要基地，培养了一大批中国问题专家。费正清的改革和努力，使美国的中国学研究最终形成了自己的研究视角和方法。

在美国对中国问题研究的历史过程中，具有重要里程碑意义的一件大事必须得到铭记，那就是 1959 年当代中国联合委员会（Joint Committee on Contemporary China，JCCC）的成立。它首次促使美国的当代中国问题研究具备了组织保证和资金保障，从而使得该项研究逐步进入群体化、规范化的发展轨道。从此以后，随着中美之间的接触、建交、互动交流越来越频繁和中国国家实力、地位的逐步相对提升，了解和研究中国问题变得越来越有必要甚至迫切，理解中国已然成为美国的必修课，中国问题研究大有成为美国"显学"之势。概括而言，当今美国的中国问题研究呈现出以下四个比较明显的趋势。

趋势一：相关研究资料信息越来越公开和便捷获取

中美建交和关系正常化之前，资料信息的贫乏是美国学者研究中国问题的巨大难题。改革开放和中美建交以后，中国大陆的信息逐渐向世界尤其是美国开放，使得当时相关研究资料空前丰富，既有大量领导人的回忆录问世，也有各种解密的档案材料和相当宝贵的经济统计数据，同时开禁了领导人接受外国媒体采访。另外，美国学者能够通过研读中国学者撰写的大量研究论著，得以首次比较全面了解中国的研究现状和开展学术对话交流。

趋势二：越来越多的美国学者来到中国"田野"现场，开展实地调研

事实上，中美建交和中国的改革开放，不仅使得相关研究资料信息越来越公开便捷，同时打开了中国之前紧闭的国门，使得越来越多的美国学者能够来到中国"田野"现场，开展实地调研。例如：1979 年以后，政治学家裴宜理，历史学家黄宗智、孔飞力，社会学家戴慧思、傅高义等一批致力于中国研究的美国学者来到中国开展了大量的田野调查和资料收集工作，获得了中国研究的现场感和体验感。其中，傅高义更是在 1987 年受邀前往改革开放前沿阵地的广东省，花了 8 个月的时间访问和考察了广东 14 个地级市、3 个经济特区、70 个县和大量企业，以此为基础写出了他有关广东发展的第二部著作《广东先行一步》。同他早期的《共产主义下的广州》（1969）相比，该著作充分体现出彼时当代中国研究的新趋势，即研究者开始将自己的视野指向"过渡中的社会"的成长过程。这种研究资料的极大丰富和学者有机会来中国开展实地调研，最终激发了美国越来越多的年轻学者把目光投向中国研究，推动了研究队伍的扩大和研究领域的扩展。

趋势三：越来越多的中国留学生赴美深造进入当代中国研究领域

在美国学者纷纷进入中国"田野"现场的同时，也有越来越多的中国学生赴美留学。在这些留学生中，大多数人选择的研究领域是物理、化学、生物等硬科学，但是也有一部分学生选择了社会学、政治学等软科学。这批留美学人包括周雪光、边燕杰、陈向明、王绍光、赵鼎新、史天健、阎学通、钱颖一、谢宇等等。他们大多都是"文革"时期在农村插队后留学美国的一代，对中国的基层社会有着比较深切的了解和体验，之所以进入当代中国研究领域，或许主要与他们的年龄、经历和阅历不无关联。中国赴美留学生带着对中国问题的疑惑不解和反复思考，系统接受着规范的西方现代社会科学的训练和培养，从而有利于把本土经验事实与西方经典理论有机结合起来，为美国的中国问题研究注入了新鲜血液和提供了不同的视角。当越来越多的中国留学生在美国选择中国问题研究作为自己的研究课题时，很多美国籍的中国问题研究学者的内心存在着一丝隐忧，他们担心自己根本无法与这些从中国来的学者进行竞争。美国学者的担心有几分道理，因为毫无疑问，从中国来的学生确实"天然地"比美国学者更了解中国，加之这些中国学生又在美国接受了正规的社会科学训练，他们自然是能够在学术界的中国问题研究领域占据很大优势。但是后来我们发现，中美学者之间的竞争并不如我们想象的那么激烈，因为纵然中国学生具有"本土优势"，美国学者往往具有"主场优势"，美国的学者在语言和研究视角上的天然优势，为他们更好地介绍和推广自己的研究成果做出了很多贡献。因此，中美学者之间只是良性的竞争，而且最新的趋势是中美学者开展了越来越多的合作。

趋势四：中美学者合作研究当代中国

20 世纪 90 年代以后，当代中国研究开始进入一个新阶段，其中一个最为突出的特征就是，在西方尤其是美国当代中国研究领域涌现出数量可观的中国年轻学者，而中国大陆也同时出现了当代中国研究的热潮，由此为中美学者合作研究当代中国创造了条件和可能。对此正如加州大学圣地亚哥分校赵文祠（Richard Madsen）教授所言："我们目前比以往更多地与中国同事一起从事研究，而不仅以他们为研究对象。"不仅如此，中美学者联合研究项目陆续建立起来，最具代表性的如南京大学－霍普金斯大学中美文化研究中心以及新近成立的复旦－加州大学当代中国研究中心等。这些当代中国研究的联合项目植根于学术，为中美两国相关学者提供了相互了解和交流的学术平台，有利于当代中国研究走向更高的层次和水平。

二 美国中国问题研究方法论

美国的中国问题研究根据研究的具体问题不同，研究方法亦随之不同。具体而言，一般常见的研究方法有质性研究、量化研究（包括计算机辅助）、实验研究、混合研究。这四种常见的研究方法各有所长，下面结合具体的研究案例分别予以说明。

1. 质性研究方法

质性研究方法包括单一案例研究、比较案例研究和其他以小样本案例作为出发点的研究方法。在西方中国研究领域的期刊中，《中国季刊》刊发了大量优秀的质性研究文章。在此，我们以一篇 2016 年 3 月发表的文章作为案例进行说明。这篇文章的研究题目是《外国商业组织对中国法律制定的影响》。通过对《深圳市集体协商条例》和《广东省企业民主管理条例》的个案调查，该研究展示了在中国的跨国资本如何通过结社性的力量和结构性的经济力量向国家和地方政府游说和施压，以推行其利益。这个问题是一个很重要的研究问题，案例研究之所以成为本课题的一个适宜的研究方法，主要在于我们没有足够多的数据来分析两个自变量——资本的结社性理论和结构性力量对因变量——中国的立法过程的影响。但是通过访谈商会的负责人员、地方官员、中国的劳工部门、法律部门，我们能够以两三个案例得到比较广义的解释。通过案例研究，作者以霍尔和索斯克斯"资本主义多样性"的理论为基础，发展了"跨国资本多样性"的概念，以此来解释不同的海外商会为何对中国两个法规采取不同的态度。从研究方法角度考察，该研究使用的质性研究方法完全达到了文章的研究目的。

2. 量化研究方法

从美国 20 世纪 60 年代行为主义革命以来，量化研究在政治学、社会学等社会科学领域大行其道。中国问题研究不可避免地也接受了这股方法论的革新，因此在很多期刊中用定量统计的方法研究中国问题的文章越来越普遍。这里以一篇政治学领域的顶级期刊《美国政治科学评论》2012 年的一篇讨论中国共产党精英政治的文章作为案例进行说明。这篇文章的作者用了大量的时间，通过使用网络上和纸质材料中的中国共产党中央委员会成员的人物传记，建立了一个新颖的中共精英数据库。这个数据库可以用来测量很多变量之间的关系。比如，通过这个数据库，我们就能发现哪些中共官员具有同学、同乡、同事这三类社会关系。再比如，我们还能测量他们的经济绩效与其他变量之间的关系。在这篇论文中，三位作者关心的问题是官员的晋升受到了哪些因素的影响？因为中国有大量的关于晋升的数据，所以采用质性研究方法往往只能了解到一些晋升制度方面的知识，而无法得到一个全局性的细致的分析。那么通过使用贝叶斯估计方法，三位作者发现在中国，精英的晋升主要取决于官员满足最高领导人政策目标的能力。换句话说，晋升的标准并不是唯一的，并不是我们很多人所想象的地方经济的发展绩效，而是一个动态的、有很大变动性的标准。这项开拓性的研究丰富了学者对精英政治的研究视野，刺激了更多的人投入到这个领域中来。随着数据可视化技术的兴起，一些学者在这些数据库的基础上开始使用社会网络分析方法来展现这些官员之间的联系。此外，这篇论文也很好地体现了中美两国学者合作的状况。

3. 实验研究方法

第三种比较常见的研究方法是实验研究法。实验研究是硬科学中最基本的研究方法，在很长一段时间内都没有在社会科学中引起重视。究其原因就在于，很多学者认为社会科学的复杂性不适宜使用实验方法。但是近些年来，实验方法开始在社会科学中尤其是中国研究中兴起，这得益于方法论学者对实验方法的改进。社会科学中的实验研究方法不是物理、生物等学科中的实验室实验法，它的本质其实是加强对非测量变量的控制，从而检验被测量的自变量对因变量的影响。下面以一篇发表在《美国政治学期刊》上的论文来说明如何开展实验分析方法。越来越多的研究表明，威权体制会回应社会行动者，但是这种回应性来自哪里还不是非常清楚。这篇论文通过对中国的 2103 个县进行现场实验，考察了在威权背景下有哪些机制会影响官员对民众的回应。

它的研究设计的精巧之处在于利用了中国不断推行的政府网站建设。很多政府网站都有一些老百姓反映诉求的论坛或者信箱，论文作者虚构了一个老百姓向政府提出低保户申请的故事，看看在哪种情况下政府会回应这一低保要求。他们的实验变量分别是：采取集体行动、向更高一级政府单位上访和表明自己的党员身份。这个研究发现，大约有 1/3 的县政府会回应民众在线表达的诉求，而集体行动的威胁和企图向上级政府上访的威胁促使县政府更表现出回应性，然而确认作为忠诚的、持久的共产党员身份并不增加县政府的回应性。此外，该研究发现集体行动的威胁使得地方官员更加乐于公开回应诉求。总之，所有研究结果表明，自上而下的监督机制和自下而上的社会压力可能是威权体制的回应性源头。

4. 混合研究方法

最后一种要介绍的研究方法是混合研究方法。所谓混合研究方法，就是研究者为了更好地研究问题而把两种以上研究方法结合起来而开展的研究方法。下面我们再次以《美国政治科学评论》中的一篇文章作为案例。这篇论文的研究问题是中国基层的治理绩效。在中国的地方社会中，作者发现一个有趣的现象：有些地方明显比其他地方治理好很多。如何解释这种现象？

该文的作者 Lily Tsai 在中国做实地调研的过程中，对这个问题越来越感兴趣。她首先在福建省进行了很深入的实地研究，得出了一个初步的假设，那就是乡村社会中的连带组织（祠堂、庙会、教堂）会为基层官员提供一种非正式的问责压力，从而提高本地的治理绩效。在从福建省的个案得到这个假设之后，下一步需要思考的问题是，这个假设是否具有普遍性的意义？为此，她对全国 316 个乡村进行了问卷调查。通过把深度个案研究和问卷调查相结合，她发现，即便正式问责制度不发达，地方官员依然受限于促使他们履行公共义务的非官方规则与规范。这些非正式问责制度由具有包括性和嵌入性的连带团体提供。排除所有其他因素，具有这些类型团体存在的乡村相比没有连带团体存在的乡村更可能提供更好的地方政府公共产品。这一研究既用到了个案研究方法，也对 316 个乡村进行了定量问卷研究，算是中国问题研究中混合研究方法运用的一个典范。

三　中国问题研究与美国的政治学

不同于自然科学研究，社会科学研究有自己固有的时空地域性和主体性。即便如此，这并不根本影响社会科学的科学性和学术性，反而更能说明和佐证社会科学的复杂性、丰富性，同时也决定了社会科学研究不可避免地有其理论的生产场域和消费场域。从这个意义上讲，作为西方理论的美国的中国问题研究，主要是运用西方社会科学理论和方法对中国现实问题进行解读、解释和研判，研究者即使自觉尽力摒弃也难以走出西方意识形态和强势话语权的窠臼，难以克服作为"他者"进入的身份困境，从而也就难以达致对中国历史、文化和现实等丰富性的"同情的理解"。美国的中国问题研究，其理论的生产场域当然是美国，进入解释中国这个消费场域势必出现一些意料中的"水土不服"，因而有时难以真正达到解释中国的目的。例如产生于西方场域的现今仍非常流行的理论"国家建设"、"公民社会"、"联邦主义"、"分权化"、"民主化"等，用于解释中国社会则会出现明显的"南橘北枳"类的适用性难题。同时，在全球化语境下，如前所述，越来越多华人和其他身份背景的学者进入美国的中国问题研究领域，学术交流与合作也前所未有地越来越频繁，从而使得中国问题研究更面临着多元主体性和更深丰富性的新现象、新形势和新问题。这种新情况也意味着美国的中国问题研究不仅面临着新机遇，同时遭遇着新的更大挑战。

另一方面，"他山之石，可以攻玉"，从"我"的角度而言，美国的中国问题研究是对"我"的思考和研究，显然对"我"之问题的认识和研究具有启示和借鉴作用，其研究问题的视角和方法值得我们学习取经。例如前文已有提及的"国家建设"理论，虽属于"土生土长"的西方理论，但可以帮助我们在充分理解西方现代国家成长历史和逻辑的基础上，借鉴思考中国近现代历史时空过程中的政治发展。总之，对待美国中国问题研究的正确态度应该是既不崇拜迷恋，又不封闭拒斥，而是践行"洋为中用、为我所用"的原则。

在思考中国问题研究与美国学术界的关系时，最惹人注目的就是中国问题研究与美国政治学的关系问题，因为政治学要比社会学、国际关系等领域带有更多的争议性。在很长一段时期内，国外学者都是把西方理论拿过来分析中国，中国只是一个单纯的解释或者验证西方理论的试验场。但是近些年来，国内外的学者都开始注意到，要思考中国案例如何反哺西方理论的问题。所谓中国研究反哺西方理论是指研究者以中国案例作为出发点提出新的概念、观点和理论，从而丰富和检验西方理论。例如近年来传播甚广的"依法抗争"、"天下体系"、"朝贡体系"、"中国模式"等都是中国研究反哺西方理论的生动体现。

四　中国问题研究的前景展望

在这一部分，我们将简单地讨论一下中国问题研究的发展前景。总体来看，三个重要的发展方向值得关注：中国问题研究将体现出强烈的国际话语权之争；中国问题研究将进一步学科化和科学化；中国问题研究的议题和问题域在发生变化。

中国问题研究将体现出强烈的国际话语权之争

在20世纪90年代以前，中国虽然发展迅猛，但远远谈不上是与美国实力相当的国家。因此那一时期的中国问题研究，学者的关注点主要是中国内部的社会关系和经济发展等具有中国特色的研究问题。例如，很多学者分析中国的户口制度和单位制度，这些研究的目的是帮助外国理解中国的特殊性。但是随着中国加入世界贸易组织，中国迅猛发展的外贸把中国变成了"世界工厂"，成为全球第二大经济体，中国经济实力的提升又发展了其他领域的实力。今日的中国综合实力虽然还是低于美国，但多少是跟美国处于一个量级了。而美国一向对其他大国持不信任的立场，因此中国问题研究开始出现包含了很多话语权的争论。其中最主要的争论就是中国的发展模式好还是美国的发展模式好？一些中国问题研究的结论是美国的发展模式好、中国的发展模式不好，因此全世界应该继续在美国的领导下，学习美国。但已经有一些中国问题研究的结论是中国的发展模式也很好，而且对其他国家有很强的借鉴意义，发展中国家可以学习中国的经验。随着中国的进一步发展和美国的进一步衰落，未来的话语权之争在中国问题研究领域会进一步发酵，但是在相当长一段时间内，可能处于一种"比较胶着但是美国略占上风"的状态。

中国问题研究将进一步学科化和科学化

另外一个发展前景则是中国问题研究的进一步学科化和科学化。所谓学科化，是指淡化中国的区域研究特性，转而追求普遍性的学科意涵。所谓科学化，是指在研究方法上采用更多具有硬科学属性的研究方法。那么从哪些方面可以看出这个发展前景呢？最重要的一个方面就是美国学术界的职称升迁机制。在21世纪之前，如果一个美国大学的年轻的助理教授能够有几篇论文发表在中国研究的三大期刊上，他应该能够非常顺利地获得终身教职。但是近些年来，这种情况已经发生了根本性的改变。如果不能在学科性的期刊如《美国政治学评论》《比较政治》《美国社会学评论》《国际安全》等代表性的学科期刊上发表成果的话，助理教授将会很难晋升为终身教授。在研究方法上，质性研究方法能够选择的期刊越来越少，更多的期刊是只接受量化、实验或者混合研究方法。虽然一些地区研究性质的期刊还在接受大量的质性研究成果，但是这些研究成果的研究设计也非常科学化，而不仅仅是作为一种描述性的分析。

中国问题研究的议题和问题域会发生改变

第三个值得探讨的发展前景就是中国问题研究的议题。美国的中国问题研究在问题域上正在经历更新换代。一些研究问题已经逐渐淡出人们的视野，比如很少有论文再讨论中国的单位制度。中国对外政策和对外影响的研究变得越来越多，已经可以与中国内政研究"分庭抗礼"。简单来讲，我们提出三个前沿的中国研究问题域。第一个是中国的政治发展，意即中国的政治转向问题。精英政治的研究也属于这个问题域。第二个是中国的环境治理，随着国内外学术界对中国环境问题的关注度越来越高，关于环境制度变迁、邻避运动、环境运动、环境抗争等研究正在大量出现。第三个是中国崛起的对外影响。中国的影响已经扩展到几乎全球的所有角落，从非洲肯尼亚的基础设施建设到智利铜矿的开发，从英国的核电站建设到巴基斯坦的中巴经济走廊，中国正在深刻影响着世界政治的版图。像《国际安全》《外交政策》等美国期刊对中国崛起的关注度越来越高，而未来这一领域还会继续扩展。

五　结论

本文从历史、方法和前景三个方面完成了对美国的中国问题研究的一个简单的梳理。我们的目的不仅仅是介绍美国的中国问题研究的发展情况，更是希望能够推动国内中国问题研究的发展和壮大。从本体论上来讲，中国本土的学者是最有希望对中国的情况作出权威的理论工作的。因此，我们要有理论自信，要相信自己的理论建构和理论扩展能力。美国学术界的辉煌是一百多年的发展铸就的。随着中国崛起，未来中国学术界的影响力一定能从本土扩展到海外。这不仅是中国学者的光荣，也是中国学者的责任。在美国受过正规社会科学训练的学者应该加入到这一潮流之中，积极与本土的学者开展合作，为做大做强中国学术作出自己应有的贡献。

《当代中国政治研究报告》征稿启事

《当代中国政治研究报告》为广东省高校人文社会科学重点研究基地——深圳大学当代中国政治研究所主办的系列学术出版物，是国内最早以"当代中国政治"为主题的学术集刊，在国内外政治学与行政学界产生广泛影响，成为研讨中国政治改革、发展与变迁的重要学术刊物，入选 CSSCI 来源辑刊（2008—2009），为中国知网数据库和人大复印资料索引期刊，被哈佛大学、剑桥大学等国外著名高校图书馆收藏。

《当代中国政治研究报告》长期秉持"探讨真问题、运用真方法、发表真文章"的办刊宗旨，专门关注中国政治发展中具有重大现实意义的理论问题和具有重大理论意义的现实问题的研究成果，尤其是建立在广泛实证和调研基础上的理论研究成果。

本报告只刊登未公开发表的稿件，不接受一稿多投，实行匿名评审制度。来稿字数一般在8000到2万字之间，参照社会科学文献出版社的技术规范，应有摘要和关键词。来稿电子版请发：ccpri@ szu. edu. cn；或纸质版请寄：深圳市南山区南海大道3688号深圳大学文科楼1427室《当代中国政治研究报告》编辑部收，邮编：518060。联系人：陈文、谷志军，电话：0755 – 26958062。

研究报告公开出版后，将向作者支付优厚稿酬。欢迎国内外政治学（行政学）界的专家学者赐稿支持。

《当代中国政治研究报告》编辑部

附：《当代中国政治研究报告》引文注释规定

《当代中国政治研究报告》由社会科学文献出版社出版发行，遵照社会科学文献出版社的引文注释规定。本集刊的引文出处、注释，采用当页页下注的方式；一般不采用书后注及夹注。中文书刊出处标引次序，除古籍、经典应与所据版本一致外，一般应为著者（译者），书名，出版者，年份，页码。

如：

①×××（作者）：《××××》（书名），××××（出版社），××××（年份），第×页。

②×××（作者）：《××××》（文章名），《××××》（期刊名）×××年第×期。

③×××（作者）：《××××》（文章名），《××××》（报纸名）×××年×月×日，第×版。

④〔国籍〕××××（作者）：《××××》（书名），×××译，××××出版社，××××（年份），第×页。（译文选自期刊、报纸，体例同②、③）

⑤〔朝代〕×××（作者）：《××××》（书名），××××（出版社），××××（年份），第×页。

⑥×××（作者）：《××××》（书名）卷×（用汉字），×××版。（标引线装书）

⑦×××（作者）：《××××》（书名），第×页，××××出版社，××××（年份）。（新出古籍的注释格式）

⑧×××（作者）：《×××》（文章名），《×××》（书、刊名），×××（出版社），××××（年份）。

⑨特例：篇章、作者的解释用"＊"。

需注意，年份只用数字表示，不用写上"年"字，如年月日连用，则"年、月、日"三字应写全；如作者名之后有"著"、"编"、"编著"、"主编"、"编译"等词语时，则不再加冒号，作者姓名前有"见"、"参见"者也不加冒号。

如：

①×××（作者）编《××××》（书名），××××（出版社），×

×××（年份），第×页。

②参见×××（作者）《××××》（书名），××××（出版社），×××（年份），第×页。

外文出处，保留原书编排风格，按原文项目次序排列，其中书名（刊物名）排斜体（俄文书名用正体排加书名号，刊物中的论文题目加引号用正体），编辑加工时在原文书名下方划横线，加以标示，并允许文中见引注等编排。章末或书后所附参考文献标示项目及顺序大体相同，但字体要与正文有所区分，序号不用圈码。

原则上外文的注释应尽可能译成中文，将外文的原文标注在后，并用"（）"括起。作者、书名、篇名应尽量译全。

1. 参考文献为书籍时，按照：作者名，书名（斜体），（出版社所在城市：出版社名称，出版年份），引用页码。

例如：Wendy Doniger, *Splitting the Difference* (Chicago：University of Chicago Press, 1999), p. 65.

（1）参考文献为书籍中的某个篇章时，按照：作者名，"所引用篇章名"，所在书籍的书名（斜体），ed. 该书编辑姓名（出版社所在城市：出版社名称，出版年份），引用页码。例如：Yamamoto, Tadashi, "Emergence of Japan's Civil Society and Its Future Challenge," *Deciding the Public Good*：*Governance and Civil Society in Japan*, ed. Tadashi Yamamoto (Tokyo：Japan Center for International Exchange, 1999), pp. 97 – 124.

（2）当两个引文出处一致时，第二个引文使用"Ibid."代替。

2. 参考文献为期刊时，按照：作者名，"所引用篇章名"，期刊名（斜体）卷次（出版年代）：引用页码。例如：Douglas D. Heckathorn, "Collective Sanctions and Compliance Norms：A Formal Theory of Group Mediate Social Control," *American Sociological Review* 55 (1990)：370.

"公元"在公元前的要写完整，公元后 1000 年以内的要用"公元"二字。帝王在位年代要标示清楚，如（1001 ~ 1008 年在位）。

《当代中国政治研究报告》编辑部

图书在版编目(CIP)数据

当代中国政治研究报告. 第15辑/黄卫平,汪永成
主编;深圳大学当代中国政治研究所编. -- 北京:社
会科学文献出版社,2017.7
ISBN 978 - 7 - 5201 - 0855 - 3

Ⅰ.①当… Ⅱ.①黄…②汪…③深… Ⅲ.①政治改
革 - 研究报告 - 中国 - 现代 Ⅳ.①D62

中国版本图书馆 CIP 数据核字(2017)第 114739 号

当代中国政治研究报告(第 15 辑)

编　　者/深圳大学当代中国政治研究所
主　　编/黄卫平　汪永成
执行主编/陈　文　谷志军

出 版 人/谢寿光
项目统筹/王　绯　黄金平
责任编辑/黄金平

出　　版/社会科学文献出版社·社会政法分社　(010)59367156
　　　　　地址:北京市北三环中路甲 29 号院华龙大厦　邮编:100029
　　　　　网址:www. ssap. com. cn
发　　行/市场营销中心(010)59367081　59367018
印　　装/三河市尚艺印装有限公司

规　　格/开　本:787mm × 1092mm　1/16
　　　　　印　张:15　字　数:254 千字
版　　次/2017 年 7 月第 1 版　2017 年 7 月第 1 次印刷
书　　号/ISBN 978 - 7 - 5201 - 0855 - 3
定　　价/68.00 元